大师渊范

中国人民大学
名师大家专访集

DASHI YUANFAN

中国人民大学校报编辑部 编

中国人民大学出版社
· 北京 ·

立学为民

治学报国

靳诺

学堪当代范
行为百世师
刘伟

编者的话

大学之大，非大楼之大，乃大师之大。大学因学术大师的存在而积淀文脉，涵养人文气息；大师因有大学之造就而得以修文治学，广育天下英才。大师是一所大学的学术灵魂和中流砥柱，他们始终挺立于学术潮头，引领学术风气之先，他们治学严谨、学而有术、坚持真理、情操高尚，他们的学林佳话如群星般在学术殿堂中闪耀，为世人留下无数熠熠生辉的思想遗产。

80 年来，中国人民大学从陕北公学、华北联合大学、华北大学一路走来，始终与党和国家同呼吸、共命运，逐步发展成为“人民共和国建设者的摇篮”“人文社会科学高等教育的重镇”和“马克思主义教学与研究的高地”。作为中国共产党亲手创办的新中国第一所新型正规大学，中国人民大学培养和造就了一大批学术大师，学术大师也成就了这所学校。在这座精致的校园里，大师们焚膏继晷、兀兀穷年，于沉浮曲折中坚守初心，不仅为中国哲学社会科学的繁荣发展和学科建设做出了奠基性、开创性的贡献，更以独特的人格魅力激励着一代又一代后辈学人和莘莘学子。正是由于他们的不辍耕耘，学校的学科建设、人才培养和科学研究之基才日益深厚坚实。正是由于他们的口授心传，才有了 26 万为中华民族的伟大复兴无私奉献青春与热血的革命者和建设者，为新中国高等教育事业做出了不可磨灭的贡献。正是由于他们执着的学术坚守，中国人民大学才成为涌动着勃勃生机的创新之地，才有了人大精神 80 年薪火不绝传承至今。

为了弘扬老一辈人大学人的治学品格和道德风范，我们特辑《大师渊范——中国人民大学名师大家专访集》一书。囿于时间和篇幅所限，本书展现了 55 位著名人大学人的风采，以《中国人民大学》报历史文稿为主要依据，兼顾《人民日报》《光明日报》《解放日报》《中国高等教育》等国内主流媒体的相关稿件，仅选取了部分作品集结成册。这 55 位名家大师既具有相当的学术造诣和深厚的学术资历，更具有广纳英才而育之的慧眼与胸襟。对他们负笈求学、追求真理、勤于治学、教书育人的人生历程进行梳理和再现，可以使青年学子在字里行间仰望学术之崇高，为广大读者展示中国人民大学 80 年来与党和国家同呼吸、共命运，展现“始终奋进在时代前列”的人大风骨。

目录

吴玉章

(1878—1966)

四川省荣县人。早年是戊戌变法维新运动的拥护者和宣传者，后来参加孙中山领导的同盟会和辛亥革命。1925 年加入中国共产党。1927 年参加南昌起义。1928 年到 1937 年，由党派往苏联和法国等地工作，参加过共产国际第七次代表大会等。早在上世纪 40 年代就与董必武、林伯渠、徐特立、谢觉哉一起被誉为中国共产党著名的“延安五老”。新中国成立后，吴老任中国人民大学校长兼中央社会主义学院院长，担任中央人民政府委员、全国政协常委、全国人大常委、中国文字改革委员会主任、中国科学院哲学社会科学部委员、中国教育工会主席等职。在吴老 60 寿诞之际，毛泽东称他是“一辈子做好事，不做坏事，一贯地有益于广大群众，一贯地有益于青年，一贯地有益于革命”，中共中央致贺词称赞他为“中国革命最先进最觉悟的老战士”。邓小平则在 1987 年题词评价吴老是“我国杰出的无产阶级革命家、教育家、历史学家、语言文字学家”。

吴玉章：一辈子做好事

隋昕

吴玉章是我国杰出的无产阶级革命家、教育家、历史学家、语言文字学家，中国人民大学的第一位校长。他原名永珊，字树人，1878 年生于四川省荣县双石乡蔡家堰，于 1966 年病逝，享年 88 岁。吴玉章的一生经历了旧民主主义革命、新民主主义革命和社会主义建设三个历史时期。他一生坚持革命，坚持办教育，获得了党和国家领导人的高度评价，得到了人民的爱戴。毛泽东曾称赞吴玉章“一辈子做好事，不做坏事，一贯地有益于广大群众，一贯地有益于青年，一贯地有益于革命”。这正是吴玉章一生的写照。

最后的胜利一定属于广大的人民

吴玉章少年时期就立志将来要“做点有益于人有益于国的事情”。而他一生中所铺就的革命之路，的确不负此崇高理想。

吴玉章是革命的拥护者、宣传者和实践者。1903 年他浮槎东渡留学日本，后来不仅加入中国同盟会、创办了《四川》杂志，还从事有组织的革命活动。吴玉章投身革命，组织共进会，参加广州起义，领导四川人民的保路运动，策应促成了武昌起义的成功。在辛亥革命中，吴玉章坚定地追随着革命领袖孙中山，参加了中华民国临时政府总统府秘书工作。吴玉章还参加了“二次革命”“护法运动”等革命活动，也因此受到袁世凯的通缉。吴玉章在1913年流亡法国，到巴黎法科大学学习，回国后又在北京、四川等地继续着革命的斗争。

在走过曲折的道路后，1925年吴玉章经赵世炎介绍加入中国共产党，成为一名无产阶级先锋战士。他的浩然气节从未被革命的艰险所磨灭。在曾家岩50号我党的一次会议中，吴玉章看到窗外有人影晃动，他敏锐地察觉到有人想窃听会议内容。果然，一个国民党特务军官探头进来。吴玉章愤怒地斥责：“我斗争了几十年，什么人没见过！不要说一些小特务，你们的孙元良、蒋介石，我也要当面训斥他！”几句话使得军官无地自容，红着脸缩头下楼走了。

吴玉章革命立场坚定。1938年4月，吴玉章从欧洲回到了战火纷飞的祖国，奉命前往国统区组织抗日民族统一战线工作。当年年底，在国民参政会后，蒋介石趁机拉拢吴玉章，两次利诱他回国民党作强有力的骨干。吴玉章斩钉截铁地回应：“我深知只有共产主义才是社会发展的唯一正确道路，对于这一点我决不动摇，决不会二三其德！”蒋介石哑口无言，只得悻悻而退。

吴玉章为革命牺牲了小我。在悼其亡妻游丙莲时，他以悲痛决然的笔触写道：“亲爱的丙莲，我们永别了！我不敢哭，我不能哭，我不愿哭。因为我中华民族的儿女牺牲得太多了！哭不能了事，哭无益于事。最后的胜利，一定属于广大的人民，以慰你在天之灵。”回顾前半生峥嵘岁月，吴玉章深知，于己于国，什么才是正确的选择。他也毕生坚持着这一选择。

历史是一门老老实实的学问

吴玉章在史学方面深有造诣，他是中国共产党内最早运用唯物史观从事历史研究的学者之一。

吴玉章于30年代到苏联东方大学任教，编成《中国历史教程》《中国历史大纲》作为教材。在中国近现代史学史上，《中国历史教程》属于唯物史观学派少数拓荒性的著作之一。吴玉章还以自己的革命经验为基础、以马克思主义思想为指导，完成了《论辛亥革命》《历史文集》等历史论著。吴玉章以历史发展共同性和特殊性的辩证统一作为自己治史的原则思想。他说："历史发展的规律，有其共同性，也有特殊性，因此，说到一般的共同性外，一定要把握它的特殊性。""我们虽然是用马克思唯物史观的方法来研究历史，但却不可拿抽象的社会学的公式来代替历史叙述。"他所强调的这一原则影响很大，范文澜即把这一观点运用到了他最主要的学术观点"西周封建论"中。吴玉章还对《中国通史简编》的编撰工作给予了很大的指导，在指导思想、史料选用、编辑体裁上都提出了建设性的意见。

新中国成立后，吴玉章被推举为中国史学会副会长，筹划和领导了史学界许多重要活动，为发展中国历史科学做出了重大贡献。当时已经年逾八十的吴玉章在主持辛亥革命50周年学术讨论会时说："历史是一门老老实实的学问，是不能偷懒和取巧的。"吴玉章对史学的关注和热爱一直未削减。

我必须坚持文字改革

文字改革是吴玉章毕生从事的革命与教育事业中一个重要的组成部

分。1931年在苏联任教期间，他就与瞿秋白等人一起探讨文字改革问题，从《中国拉丁化字母草案》开始了中国文字拉丁化的初步尝试，并帮助旅苏的10万华工进行文字扫盲。在他的推动下，中国新文字第一次代表大会于1931年召开。会后短短几年时间，全国范围内就兴起了新文字运动的热潮。吴玉章曾任边区新文字协会会长，他回到延安后，在陕甘宁边区和敌后抗日根据地军民中利用新文字进行扫盲，提高工农文化水平。他创办《新文字报》《新文字丛书》等书刊，并把过去的研究成果整理为《新文化和新文字运动》等著作。

新中国成立后，吴玉章直接领导我国文字改革工作，先后任中国文字改革协会理事会主席、中国文字改革研究委员会副主任委员、中国文字改革委员会主任。他大力推广简化字，制定普通话标准，身体力行地前往多个省市推动汉语教学。在他的努力下，简化汉字与汉语拼音方案在群众中试教、试学、试用，逐步推行了起来。吴玉章始终把普及教育、提高广大人民群众的文化素质作为文字改革的目标。“我已经80岁了，从小习用汉字，如果单为个人，完全不必提倡文字改革，然而为人民大众和子孙后代，我必须坚持文字改革，为它奋斗到底。”吴玉章在1958年全国政协上作报告时如是说。这样厚重温暖的胸怀，来自身为文人的担当，更来自对国家、对人民深切的爱。

用心办好人民的教育

吴玉章一生办学，把教育事业作为革命事业的一部分。他早年参加和组织了留法预备学校的工作，担任过成都高等师范学校校长和重庆中法大学校长；抗战时期，吴玉章担任延安鲁迅艺术学院院长和延安大学校长；解放战争时期，他担任华北大学校长。

新中国成立后，为了适应经济恢复和建设的需要，中共中央决定成立中国人民大学——这是中国历史上第一所新型正规大学。吴玉章被任命为校长。

中国人民大学建校之初，吴玉章四处奔波，多方联系，解决校舍等硬件问题。他带领教师、干部边干边学，初步建立了一支能担负行政后勤和教学工作的教工队伍。在紧张筹备后，中国人民大学于 1950 年 10 月 3 日正式开学，揭开了由中国共产党亲手创办社会主义新型正规大学的新篇章。

在招生问题上，吴玉章经过深思熟虑，决定向工农开门。吴玉章对这些学员十分关心，组织学校为其设计教学方案，真正做到了因材施教，使工农学员都能顺利完成学习任务。

吴玉章从始至终都正确地贯彻着党的教育方针。他主张办学要将理论与实践相结合，将马列主义、毛泽东思想作为办学的指导方针，要求学生“都要用马列主义毛泽东思想武装起来”，以便完成“培养新中国的各种建设干部的任务”。

吴玉章一向重视教师队伍的建设。为提高教师教学水平和教学质量，吴玉章经常组织试讲，他也经常亲自讲课，并召开学生座谈会听取学生意见。吴玉章主张教学相长，为人大培育了师生间密切联系、相互尊重学习的优良风气。

吴玉章坚持从严办学，为学校制定周密的计划，尤其注重教学计划的准确与翔实。他制定了严格的组织纪律，不允许任何无组织无纪律的现象发生。一次，一位教师来上课时迟到了五分钟，随即受到了全校指名通报批评。吴玉章严正说道：“教师上课要准时到课堂，这正如学校要求学生准时上课一样，如果都可以随便迟到或不上课，这个学校就办不好了。”人大严谨的学风是与吴玉章校长的言传身教断然不可分的。

在五六十年代接连不断的政治运动浪潮中，中国人民大学在吴玉章的主持下仍努力贯彻党的知识分子政策，即使在“左”的错误严重冲击下，依然想方设法地保护了一大批教师。在 1960 年 8 月下旬一次批判教师的会议上，当时已 82 岁高龄的吴玉章亲自到场，虽体力难支，却整整在会场听了半天。会后，他沉痛地说：“不能这样批判同志嘛！”吴玉章直到生命的最后，都在尽力地保护人大的教师。思及吴玉章的爱护，许多教师和学者都怀着一份厚重的感激。

吴玉章担任中国人民大学校长的时间长达 17 年。在他的领导下，中国人民大学为国家培养了各类建设人才近 5 万人。他所创立的适合中国建设与发展需要的教育理论和教学方法，使得中国人民大学迅速成为新中国高等教育特别是人文社会科学教育领域的一面旗帜。吴玉章出色地完成了党赋予他的使命，也为人大奠定了宏伟的基业。

吴玉章曾写下这样一首自励诗：“春蚕到死丝方尽，人至期颐亦不休。一丝尚存须努力，留作青年好范畴。”这是他对自己一生的高度概括，也足以使人铭记他为党为人民无悔而伟大的奉献。

（原文刊于《中国人民大学》报 2017 年 4 月 3 日第 1608 期第 2 版）

何思敬
(1896—1968)

浙江余杭人。著名学者、马克思主义法学家、哲学家、马克思主义经典著作翻译家。1920 年考入日本东京帝国大学，师从河上肇。河上肇是日本研究马克思的权威，受其影响，何思敬走上革命道路，先后翻译了马克思的《巴黎手稿》《哲学的贫困》《哥达纲领批判》等。1932 年加入中国共产党。1938 年到达延安，曾在陕北公学担任教员。同年 9 月，在毛泽东亲自倡议下，延安成立了“新哲学会”，毛泽东自任会长，实际工作由艾思奇、何思敬主持。1941 年就任延安大学法学院院长，是历史上首位中国共产党领导的大学法学院院长。1946 年，随毛泽东赴重庆，参加国共谈判，任中共代表团法律顾问。他是《中华人民共和国宪法》主要起草人之一。新中国成立后，历任中共中央办公厅法律组副组长，第一届全国政协代表，北京大学教授，中国人民大学法律系主任、哲学系主任，中央法律委员会委员，外交部专门委员，政府学会常务理事。他为我国民主和法制建设及法学教育事业做出重大贡献，被毛主席称为“全国第一流的法学家”。

何思敬：毛主席称他为『全国第一流的法学家』

刘宜卫

三尺讲台，一方天地

何思敬早年留学日本。在东京帝国大学期间，受日本马克思主义研究的先驱者、经济学家河上肇教授影响很大，他有意识地阅读马克思、恩格斯的著作，参加进步活动。1923年，他开始以“何畏”的笔名向成仿吾、郭沫若、郁达夫等人组织的创造社投稿，后来还发展成为创造社成员，因其敏锐的形势分析能力被誉为创造社的“眼睛”。

1927年，何思敬结束留学生活，回国投身于汹涌澎湃的革命斗争。1932年5月，他通过了培训考察，成为一名中国共产党党员。他先后在中山大学执教十年，那时正值第二次国内革命战争时期。为了在教学过程中达到宣传马克思主义学说的目的，何思敬常常采取各种巧妙方式来掩饰授课内容。他在课程开设的名目上加以转换，通过学校的检查，而讲授的实际内容则由自己安排。课程表上排出的是“经济学”，他讲授的内容却是《资本论》；课程表上排出的是“方法论”，他讲授的却是唯物辩证法。

何思敬讲课从不照本宣科，而是紧密联系实际，力求深入浅出、通俗易懂。他讲“战争哲学”这门课时，先从德国克劳塞维茨的《战争论》谈起，联系日本侵略中国和国民党发动内战的实际，运用辩证唯物主义的观点，说明这两种战争的发展前途和胜利必属于中国人民的道理。当时，思想进步的学生非常关心红军长征情况，从反动报纸上又得不到任何真实消息。何思敬便把自己从各方面得到的红军长征情况和所运用的战略战术，用克劳塞维茨的军事理论加以分析，说明红军长征必胜，使同学们受到很大的鼓舞。

“我们经过抗日战争的熊熊烈火，必然会诞生出一个新中国来！”何思敬的课堂，更像是一场扣人心弦的爱国主义演说。他给学生们讲“凤凰涅槃”，以满腔爱国激情，借凤凰“集香木自焚，复从死灰中更生”的神话故事，来喻明旧世界旧中国的毁灭和新世界新中国的诞生是符合历史发展规律的。他在三尺讲台上积极开拓革命事业，激励鼓舞学生们投身到抗日救亡运动中。

言语为枪， 执笔作剑

1934 年以后，何思敬经常以开设学术讲演的形式，将中山大学文明路西堂文学院最大的课堂作为演讲会场，或讲述当前形势，宣传抗日救国，或以介绍各种社会学说流派的名义，宣传马克思主义理论。

他曾在讲演中满怀信心地说：“国民党不去抗日而去‘剿共’，‘剿’到世界的末日吧，共产党是永远不会被‘剿’灭的，只会越‘剿’越多，不久的将来，我们会在东方建立起第二个莫斯科。”听众报以热烈掌声。何思敬从外文刊物上看到中共的《八一宣言》后，以讲演的形式，向群众进行宣传，讲明中国共产党关于抗日救国的十大主张，是当前挽救民族危亡的重大决策，号召大家以实际行动加以拥护，并特别号召青年学生做抗日的先锋。

他的讲演吸引了校内外越来越多的听众，甚至连国民党燕塘军校的学员也脱下军装、穿上便服前往听讲。会场总是挤得水泄不通，没有凳子坐就站着听，室内站不下就站室外，无不一听为快。反动当局对此非常忌恨，指使特务们连续向何思敬发出要暗杀他的恐吓信，但他置若罔闻，照样继续讲演。他的勇敢精神让学生们深为感动，称赞他“摸着老虎屁股骂老蒋，真使人佩服!”此外，何思敬还为一些院系开设不计报酬的“义务课堂”，讲授社会科学知识和回答同学关心的各种问题，让同学们更加关注家国大事。

同时，何思敬通过写文章、办刊物，积极宣传中共关于建立抗日民族统一战线的政治主张，坚决批驳偏袒日本侵略中国的国际舆论，引起了广大师生的强烈共鸣。1935 年 3 月，他联合中大近百名教授，向全国发出《反对中日亲善之通电》，指出：“日人以武力掠夺东北，蹂躏淞沪，不自后悔，反北图蒙察，东扰平津，南窥闽厦，中扼长江，在此强权压迫下，而与之言合作，非投降而何?”同年 11 月，他又发表了《悲壮的民族史诗·序曲——抗战之号召》，号召国人以“乾坤一掷，乾坤再造”的大无畏精神奋起抗争。何思敬在《大众日报》《民族阵线》《在抗战的旗帜下》等刊物上发表了不少抗日救亡文章，在其参与成立的全国各界救国会华南区总会主持工作时又编辑了《存亡》《前夜》杂志，用笔杆为抗日救国壮大力量。

学贯中西，以文辅政

何思敬在延安整整生活了九个年头，主要从事翻译马列著作、研究和宣传马列主义的工作。他精通日、德、英、法等国文字，是革命队伍里少有的翻译家。他翻译的著作广受军政干部欢迎，其翻译出版的马克思的《哥达纲领批判》一书被列为当时干部必读之书。

1938 年 4 月，毛泽东在延安主持克劳塞维茨《战争论》的研究会，组织了数十名高级军事干部参加，让何思敬主讲。“由于当时只有一本文言译本，词意不顺，毛主席便指定何老根据德文原本译出。每次开会介绍一章，并印发复写译文，来帮助讨论。”当时参加这次研究会的莫文骅回忆说，“学完之后（也许在学习中），毛主席便写了《论持久战》。”

何思敬在法学上同样造诣颇深，毛主席高度评价他为“有正义感、有勇气、有学问的人”，并称赞他是“全国第一流的法学家”。

抗战胜利后，何思敬作为中共代表团的法律顾问参加了重庆谈判。他积极协助毛泽东、周恩来等拟定谈判原则和方案。《双十协定》签字后，何思敬随周恩来等留在重庆，就未能达成协议的问题继续会谈。在此期间，他多次接见《新华日报》记者，在谈话中抨击国民党抢夺抗战胜利果实、与人民争夺权利的行径，被社会舆论评价“真有骨气”。政协会议期间，为了帮助群众认清国民党推行所谓“宪政”的欺骗性和“五五宪草”的反动实质，他在《解放日报》发表了《宪法谜语判析》一文，通俗地讲明宪法的概念和基本原理，对制定“五五宪草”的反动行为进行了严厉批判。

1948年，他根据中央指示，协助周恩来草拟《中国人民政治协商会议共同纲领》，并为起草新中国第一部宪法做准备。他作为知识分子代表参加了中国人民政治协商会议，为新中国的成立积极贡献力量。

法量天下， 薪火相传

身为法学水平极高的法学家，何思敬心系青年，在法律教学中做出了突出贡献。

1950年，何思敬奉调中国人民大学任法律系主任。他带着领导班子完善法律系制度建设，全面建立了系委会会议制度。他亲自参与课程讲授，帮助青年教员提高教学水平。他十分重视科研工作，使法律系教员的教学和科研能力得到全面提升。

何思敬重视学员的思想教育。法律系建立初期处于新中国成立初期，新招收的学员政治思想理论水平不高。为此，何思敬做了一次关于端正学习态度的报告，驳斥了“怀疑四年也学不到什么东西”的错误观点。

在法律系的初创过程中，有十余位苏联专家前来援助。何思敬主任非常尊重苏联专家，十分关注这些教员的生活与安全。在苏联专家生病时，他主动前去探望；当苏联专家回国时，他便组织送行。这体现了当时中苏两国教员纯洁的同志式友谊。

1955年，何思敬任中国人民大学哲学系主任，全面负责该系的筹建工作。他迅速组建起教学机构，调配了教师队伍，制定了教学计划，为如期招生创造了条件。后来，他调任马列主义发展史研究所教授，从此更加积极地宣传马克思主义哲学。

出于对马克思主义这一科学世界观的崇敬和热爱，遵照列宁提出的“不懂得黑格尔就不懂得马克思”的深层研究方向，何思敬在60年代，不顾年老体衰，以高度的热情和严肃的态度，对马克思主义哲学发展进行了溯本求源的研究。甚至在生命的最后四年，他仍根据原文翻译了黑格尔的巨著《大逻辑》，为后人留下了该书的未定译稿。为了译好这本巨著，他克服了年老体弱、视力衰退、缺少得力助手等种种困难，整整花了四年的时间去研读黑格尔的巨著《大逻辑》，并拿德、英、日三种版本对照把它重新译为中文。不论是严冬还是酷暑，从不间断。

买书、读书和译书，是何思敬的最大嗜好。他到北京工作后，经济条件大为改善，除了家庭生活费用之外，其余收入大都用于购买书籍。

何思敬一生没有留下什么财产，只有用心血化成的几箱手稿和满屋的藏书。

（原文刊于《中国人民大学》报2017年5月8日第1612期第2版）

成仿吾

(1897—1984)

我国无产阶级革命家、忠诚的共产主义战士、新文化运动的重要代表、无产阶级教育家、社会科学家、中共中央顾问委员会委员、中共中央党校顾问、中国人民大学名誉校长。1897 年出生于湖南省新化县。1910 年东渡日本，先后在名古屋第五中学、冈山第三高等学校二部和东京帝国大学学习。1928 年加入中国共产党。1934 年参加长征。1937 年 7 月底起，担任陕北公学校长。1939 年 7 月起，担任华北联合大学校长。1948 年，华北联合大学与北方大学合并，成立华北大学，成仿吾任副校长。1949 年 12 月，中央决定成立中国人民大学，成仿吾任副校长，协助吴玉章工作。1952 年以后，历任东北师范大学校长、山东大学校长，为新中国的教育事业做出了重要贡献。1978 年春，受命主持恢复中国人民大学的工作，任党委书记、校长。

成仿吾：在党的教育事业中『长征』

刘宜卫

由“文化人”成为“革命人”

成仿吾早年受富国强兵思想的影响，东渡日本留学，在东京帝国大学专攻兵器制造工程。留学期间，成仿吾深感革命文艺对启迪国民觉醒的重要性。五四运动后，他和郭沫若、郁达夫等人从事反帝反封建的革命文化活动，建立了著名的革命文学团体——创造社。在这期间，成仿吾发表了大量的文艺评论、小说、诗歌，对启迪人民的思想、向封建愚昧宣战、推进新文化运动起了重要的作用，这使他成为当时颇具影响力的文学家。他在《从革命文学到文学革命》《全部批判之必要》等文艺批评文章中，已经运用辩证唯物主义的世界观和方法论，分析文学发展的方向和中国革命应走的道路。

1924 年，成仿吾受聘任广东大学理学院力学教授兼德语教授。1928 年，成仿吾前往欧洲，在那里系统学习了马克思主义理论，并加入了中国共产党。1931 年回国后，他在鄂豫皖和中央苏区从事党的宣传教育工作，直接投身于艰苦的革命洪流之中，锻炼成为一位无产阶级革命家。1934 年 10 月，成仿吾担任红一方面军干部团政治教员，与徐特立、谢觉哉、董必武等老革命家同行，从江西瑞金出发参加了长征。一床毯子、一袋干粮、一个装着简单衣物和马列经典书籍的挂包，这位长征路上唯一的大学教授，就这样和每一个普通红军士兵一样，踏上了漫漫征程。

飞机场上的教育史奇迹

1937 年“七七”事变爆发，日本帝国主义侵略的战火激起了全中国人民抗日救亡的怒潮。那些急切地寻找抗日救国方法的青年和知识分子成批成批地奔向延安，他们把延安看作照亮中国抗日救国的一座灯塔。为了把这些来到延安的青年和知识分子培养成为革命干部，并吸引更多的人以壮大革命队伍，党中央决定成立陕北公学，成仿吾被任命为陕北公学校长兼党团书记。

“我们就在这黄土高原上的延安城飞机场旁，创办了中国第一所崭新的革命干部学校——陕北公学，我们培养出来的学生，就从这里出发派到全国各战区，成为各条战线上的抗日新生力量。”成仿吾在回忆艰苦创校的历史时说。陕北公学校址设在延河之滨的飞机场上，原是汽车训练班用的一些平房。成立之初只有十几名干部，成仿吾就在简陋的条件下创建和领导陕北公学，肩负起为抗日斗争壮大力量的重任。

成仿吾领导陕北公学，贯彻毛泽东教育思想，坚持教育为抗日战争服务、为党的政治路线服务的方针，创造了一整套以理论与实际相结合为准则的教学内容、教学环节、教学计划与教学措施，取得显著成绩。从 1937 年 11 月开学到 1939 年 7 月，陕北公学在不到两年时间内为抗战培养了 6 000多名干部，吸收了 3 000 多名优秀分子入党。他们被分配到各个抗日前线去，创造出惊天动地的事业。那样艰苦的条件下，那样短的时间内，造就出这么多优秀人才，这是中国教育史上的创举，也是世界教育史上的奇迹。

"背起背包行军，放下背包上课"

1939年春、夏两季，日军增兵华北，妄图渡过黄河进攻陕北。党中央经过开会决定让陕甘宁边区几所主要大学的大部分师生向前方挺进，其中，陕北公学、鲁迅艺术学院、安吴堡战时青年训练班、延安工人学校等四校联合，成立华北联合大学，由成仿吾任校长，一起开赴敌后，坚持在华北抗战，并开展国防教育。"为了神圣的民族解放事业，为了新中国的创造，我们又一次踏上新的长征，再上前线，心情是豪迈的，也深感职责之重大和光荣。"成仿吾曾回忆说。

考虑到身处敌后，经常有日军的"扫荡"和"围剿"，成仿吾立即采取新的措施。当他们踏过胭脂河上的薄冰，靠近较为平静的边区的西南部分时，成仿吾提出了"背起背包行军，放下背包上课"的口号。白天，行军休息时，学生们就聚集在隐蔽的树林里上课；晚上，睡觉前，学生们就热烈地进行讨论。"哲学概论""音乐概论""戏剧概论""中国近代革命运动史"等课程就是在边行军边学习的战斗生活中学完的。就这样，学生们在行军过程中依然完成了重要课程的学习，而且学得扎实、学得生动，同时这一学习方式也为敌后教育开辟了新途径。这是历史上从来没有过的英雄事业，成仿吾等共产党人创造了教育史上的奇迹。

1941年8、9月间，日寇集中7万兵力向晋察冀边区中心腹地阜平、平山地区"扫荡"，华北联大被迫停止集中教学，化整为零，转移到山区，在群众掩护下，分散住在小山村里。敌人迫近时，就躲到山洞里。尽管生活十分艰苦，还不时有敌人的飞机在上空盘旋、乱投炸弹，但成仿吾心中始终装着全校师生，经常骑着马到各个村庄去看望教师和学生。有的点只有一两个人，他也要走到，给大家发银元，付给老乡生活费。有的学生当时见到成校长时都不敢相信自己的眼睛，顷刻间像看见亲人一样痛哭起来。成老带给学生鼓励和关怀，告诉大家坚持下去就是胜利，极大地鼓舞了师生坚持反“扫荡”的斗志和努力学习的热情。

“使苏联经验与中国情况密切结合”

1949 年 12 月 16 日，根据中央政治局的建议，中央人民政府政务院第十一次政务会议通过了《关于成立中国人民大学的决定》，并任命吴玉章为中国人民大学校长，由胡锡奎和成仿吾担任副校长。在中国人民大学创建的过程中，成仿吾显示出作为一位杰出的无产阶级教育家和无产阶级革命家的创造性和坚定性，对办学中面临的各种实际问题进行分析和解决。

在学习苏联先进经验问题上，政务院规定中国人民大学的教学方针是“教学与实际联系，苏联经验与中国情况相结合”。成仿吾反复强调，学习苏联要避免生搬硬套的弊病：“为了达到学以致用的目的，必须加强人民大学与各企业部门的联系，使苏联经验与中国情况密切结合起来。”那时，中国人民大学聘请了一批苏联专家，主讲马克思列宁主义基础课。成仿吾提出：“学习马克思列宁主义必须联系中国的实际，理解毛泽东等老一辈无产阶级革命家是如何运用马克思列宁主义来解决中国革命问题，并从而发展了马克思列宁主义的。”成仿吾坚持的观点被社会实践证明是正确的，也是富有创造性的。

创办中国人民大学时，成仿吾虽已年过半百，但为了迅速掌握苏联高等教育的经验与管理条例，他开始努力学习俄文，以便直接阅读苏联有关文献。他译校了不少学校的条例，比如现在全国通用的“教研室”这个名词，就是经过他反复考虑翻译确定下来的。他还在中国人民大学首先建立起了41个教研室，为我国高等教育做出了重要探索。在中国人民大学的经验启示下，全国高等学校纷纷成立了教研室，这是学习苏联先进的教育科学管理的一大成果。

复校不是简单的复原

1978年，中国人民大学在邓小平的指示下复校，成仿吾被任命为中国人民大学校长兼党委书记。已是八十高龄的成仿吾不辞劳苦，四处奔波，把分散到各单位的设备、物资找回来，把流落到全国各地的干部和教师找回来。他英姿焕发、全身心地投入，让不少干部和教师敬佩道：“成老不怕困难、征服困难的战斗精神和创造精神丝毫未减当年。”

“恢复绝不是简单的复原!”在7月26日的中国人民大学复校会师大会上，成仿吾慷慨激昂地说。作为中国人民大学复校总设计师，他对整顿、复校工作提出了两步走的设想：第一步，恢复整顿，树立骨架，建立保证教学科研活动正常进行所必要的秩序；第二步，迅速向前发展，使中国人民大学在各方面都做出突出成绩，在较短时间内能达到较好地适应四个现代化要求的新水平。

成仿吾是一位说得少、做得多的领导干部。他宣布了分两步走的计划以后，立刻抓紧落实，使纸上的东西成为现实。

开学后，成仿吾坚持实践是检验真理的唯一标准，要求教职员工解放思想，大力开展科学研究工作；同时，积极贯彻“百花齐放，百家争鸣”的方针，要求大家在讨论会上展开不同意见的争论，并力求解决问题。1979年4月，成仿吾组织专家学者专门讨论了计划与市场的问题，为当时正在酝酿的经济管理体制改革做了理论上的准备。此后几年，成仿吾撰写了《战火中的大学——从陕北公学到人民大学的回顾》，校译了《反杜林论》，并主持了《成仿吾教育文选》的编辑工作，直至去世前夕，一直笔耕不辍。

成仿吾是中国共产党内从事教育工作时间最长的同志之一，他对党的教育事业具有十分浓厚的感情和非常执着的精神，从不计较个人得失，心甘情愿地在教育岗位上兢兢业业、默默无闻地奉献着。他的一生，是为共产主义事业永远进击的一生，是为无产阶级教育事业艰苦开拓和创造的一生，是为马列主义、毛泽东思想的传播鞠躬尽瘁的一生。

（原文刊于《中国人民大学》报 2017 年 4 月 17 日第 1610 期第 2 版）

范文澜
(1893—1969)

初字芸台，后改字仲澐（另一说字仲潭），浙江绍兴人，历史学家。曾在南开大学、北京大学、国立河南大学、北京师范大学、中国大学、辅仁大学、中原大学等校任教，主编《中国通史简编》，并长期从事该书的修订工作，还著有《中国近代史》（上册）、《文心雕龙注》、《范文澜史学论文集》等。1946 年 4 月，到达晋冀鲁豫边区，任北方大学校长。1947 年，兼历史研究室主任。1948 年，北方大学与华北联合大学合并为华北大学，吴玉章为校长，范文澜为副校长兼研究部主任、历史研究室主任。1949 年，随华北大学迁至北京，参加中华全国社会科学工作代表会议筹备会；9 月，由该会推选，参加中国人民政治协商会议第一届全体会议。1950 年，华北大学历史研究室改为中国科学院中国近代史研究所，范文澜为所长。1954 年，当选为第一届全国人民代表大会代表。1956 年，当选为中国共产党第八届中央委员会候补委员。1959 年，当选为第二届全国人民代表大会代表，又当选为中国人民政治协商会议第三届全国委员会常务委员。1965 年，当选为第三届全国人民代表大会常务委员会委员。1969 年，当选为中国共产党第九届中央委员会委员。

范文澜：板凳须坐十年冷 文章不写一句空

彭明

“板凳须坐十年冷，文章不写一句空。”这句话是已故著名马克思主义史学家范文澜同志的治学格言，它对我的学史、治史影响极大。

我是 1945 年进入华北联合大学教育学院史地系学习的。在学习期间，就读了范老的一些著作，如《中国通史简编》《中国近代史》等。1948 年，我帮助胡华同志编写中国近代革命教材时，又认真研读了范老的《中国近代史》，并根据他的著作缩编了一本《简史》，作为学员的阅读材料。同年夏，晋察冀和晋冀鲁豫两大区合并为华北大学，由吴玉章任校长，范文澜、成仿吾分任副校长，范老并兼任研究部和中国历史研究室的主任。这时，我也到了中国历史研究室当研究生，这样，就在范老的直接教诲之下。那时的研究生不多，主要是为范老的《中国近代史》下册搜集材料，并参加一些上册的修订工作。这项工作一直坚持到 1949 年进北京城以后的很长一段时间。新中国成立以后，中国历史研究室发展为中国科学院的中国近代史研究所（一度称中国历史研究所第三所），我则留在中国人民大学（由华北大学发展而成）教书。机构虽有变化，但我仍经常去看范老，向他请教，并不断参加近代史所的一些学术会议。50年代末至60年代初，我随李新等同志一起编《中国新民主主义革命时期通史》，又是借用近代史所的房子和资料，而且在那里一住就是七八年。这样，接受范老教诲的机会就更多了。

范老经常教导青年人的一句话是：做学问，要坐得住冷板凳。他认为：文学创作，没有才华是不行的。特别是当诗人，没有灵感是不行的。而历史的学习和研究就不一样，只要肯下死功夫，持之以恒，就必然会有成就。下一分功夫，就有一分成就，功夫愈深，成就愈大。因此，他劝人坐冷板凳，而且一坐就得十年。许多人都听过他这样的叮嘱。他很幽默地说：既然搞学问，就别想做官。要想做官，就不要进研究所。近代史所100多人，我这个所长才是一个“连长”（指100多人相当于军队一个连），你到我这里做官，能有什么“前途”呢？60年代进所的一位大学毕业生，对范老的这些话听不进去，在“文化大革命”中当了造反派，10年的岁月把业务都荒废了，至今一事无成，他很后悔当初没有听范老的话。

范老经常教导青年人的另一句话是：做学问，写文章，要言之有物，不要空话连篇。1961年，范老针对当时一些文风不正的现象，发表了一篇反对放空炮的讲话，对历史学界影响很大，大家认为他讲得很对。我们从范老的著作中也可以看出这样一个特点：材料丰富，文笔生动，寓论于史，引人入胜。我听过范老的学术报告，也听过他在一些座谈会上的发言。这个特点是很显著的，他从来不说空话、大话。他对青年人进行思想教育，也是现身说法，循循善诱，从不拿大帽子压人，也不摆长者的架子训人。他在1949年担任华北大学副校长时就说：“真理在我们这边，依靠真理就是一切成功的保证，我们的任务在于诚恳地、耐心地、循循善诱地引导青年们看见真理之所在。我们相信，青年一旦看见了真理，那就如水归壑，沛然莫之能御了。坐春风而化时雨，人人乐于自我改造，这才是教育成功。”又说：“我们教育工作者，对广大青年应抱‘类我类我，久则肖之’的信心慎重将事，来完成党给华大的重大任务。”（见1945年5月出版的《华大生活》）

一条是坐冷板凳，一条是不要放空炮。这是范老经常教导青年人要记住的最重要的两条治学经验。因此，有的同志就把范老的这两条教导编成了这样一副对联：

板凳须坐十年冷

文章不写一句空

值此教师节来临之际，人大校刊编辑部来函约文，要求写出在记忆里留下最深刻印象的老师，“为庆祝我国第一个教师节留下点笔墨”。我首先想到的就是范老和他的治学格言，为此写下了这篇短文，与青年朋友们共勉。

（作者系中共党史系教授，原文刊于《中国人民大学》报1985年9月5日第696期）

何干之

(1906—1969)

原名谭毓均，学名谭秀峰。广东台山县人，出生于广东华侨家庭。中国著名历史学家。1929 年东渡日本，入早稻田大学和明治大学经济科。1931 年“九一八”事变爆发后回国。1932 年到广州，受聘为国民大学教授兼经济系主任。由于宣传马克思主义，被当局通缉，1933 年底逃亡至上海。1934 年初，参加上海社会科学家联盟；5 月，加入中国共产党。1936 年以后开始用笔名“何干之”发表文章。在 30 年代的主要学术成就是参加中国社会性质和社会史问题论战，先后出版了《中国经济读本》《中国的过去现在和未来》《中国社会性质问题论战》《中国社会史问题论战》等专著，运用马克思主义分析中国的社会政治和经济，论证了中国是一个半殖民地半封建社会，批驳了那种认为中国已是资本主义社会的观点。

何干之：他始终站在理论研究的最前沿

胡华

何干之同志是我国著名的马克思主义史学家、教育家、党史专家。他于1969年11月16日逝世，至今近17年。

干之同志是我的良师挚友，他从事教育工作40年，桃李满天下。我们今天召开学术纪念会，纪念他八十诞辰，缅怀他革命的一生和学术上的卓越贡献，有助于促进我国历史科学和教育事业的发展。

一

何干之原名谭秀峰，1906年4月11日生于广东台山县一个旅美华侨家庭。他少年时代勤奋好学，五四运动后开始接触新思潮，1925年中学未毕业，依靠自学，以第一名的优异成绩考入广东大学（即后来的中山大学）教育系。在大革命浪潮的影响下，他广泛阅读社会科学书籍和各种党的刊物，经过对当时各种主义的对比研究，确信马克思主义是真理。他在自传中说：自1925年开始，即走上共产主义知识分子的道路，之后逐步接受了马克思主义。

1927年大革命失败后，何干之走出书斋，开始参加实际的革命活动，开办了一个书店，经售进步书刊，书店取名秋明，表示对瞿秋白的景仰。1928年，干之同志被学校开除，反动当局查封了秋明书店，并通缉任经理的何干之，他被迫去日本。

二

1929年至1931年，何干之同志在日本读经济科，认真自学了马列主义著作。1930年暑期回国，在家乡台山县举办学术研究班，主讲“现代世界观”，宣传辩证唯物主义和历史唯物主义。这个讲稿曾在《台山日报》连载，可惜在十年动乱中散失了，未能收入文集。1931年“九一八”事变爆发，他参加抗议日本侵略的罢课斗争后回国。

干之同志青年学生时代是在白色恐怖中自觉地追求真理，学习马克思主义，走上革命道路的。

三

1931年至1933年，何干之在广州国民大学当教授，被聘为经济系主任。他讲授了“中国经济”和“社会科学”两门课，介绍马克思主义和分析中国社会性质问题，很快成为广州知名的左派教授。同时，在课外组织读书会和创办进步刊物《世界情势》。1932年，《世界情势》社联合广东几个进步文化团体，成立广州文化大同盟。后通过何思敬同志（中山大学教授，秘密党员）同上海联系，文化大同盟改组为中国文化总同盟广州分盟，何干之同志任书记，积极开展活动，组织盟员学习马列主义，出版刊物，宣传抗日，讨论中国革命问题。不久，何干之同志的革命活动受到当局的注意。国民大学副校长要求何干之公开声明与共产党无关，则可留任。当时并非共产党员的干之同志断然拒绝了这一要求。分盟决定已公开职业的同志迅速转移，这时秘密通缉谭秀峰（即何干之）的命令已下达，何干之得到消息，立刻和一批同志离开广东到上海。陈济棠打电报给上海市长吴铁城，追查何干之等人的下落。自此。干之同志化名转入地下。

四

1934 年至 1937 年，干之同志在上海坚持革命文化工作。1934 年 3、4 月间，他在上海参加了中国文化总同盟社会科学家联盟，和艾思奇、柳湜等同志编社联内部刊物，并把“中国经济”讲义整理成《中国经济读本》出版，用笔名杜鲁人，后译成日文在日本发行。吴大琨同志说在日本留学时曾读到这本书。

1934 年 5 月，经许涤新同志介绍，干之同志加入中国共产党，在文总宣传部工作。1935 年 2 月，中央文委和文总党团都被敌人破坏，中央军委交通员通知干之同志转移，他和一批社联成员再次东渡日本，在日本悉心研究中国社会性质和中国社会史问题，为回国参加理论斗争做准备，同时参加东京文总，任宣传部长。

1936 年春，干之同志回到上海。这时，国内形势变化，党中央倡导建立抗日统一战线。为了适应政治形势，上海文总所领导的左联等组织解散，社联改组为上海著作人协会，干之同志在协会党团工作。这时，周扬同志对他说：现在可以公开写文章了。自此，他开始用何干之作笔名发表文章。为什么取名何干之呢？他自己解释说：“取做什么的意义，意思是说为马克思主义的党做文化斗争的工作。”

干之同志这时奋笔写作，1936 年至 1937 年的一年里出版了 7 本专著，发表了 30 多篇论文，约 70 万字，平均每月发表 6 万字，这是他学术生涯中创作最丰硕的时期。当时，这些年轻的进步作家得到生活书店的大力支持。张仲实同志曾回忆说：干之写的书官方出版社不给出版，我们给出，还要高速度，三四个月就出版一本十几万字的专著，很快何干之就成为知名著作家了。

干之同志研究领域很广，涉及中国古代近代社会、中国经济、世界经济、国际政治和抗日战争诸方面。其中影响最大的著作有《中国的过去现在和未来》《中国社会性质问题论战》《中国社会史问题论战》《近代中国启蒙运动史》等。

五

1937 年至 1949 年，在革命战争年代，干之同志为革命培养了大批干部。1937 年“七七”事变后，党中央调何干之、周扬、艾思奇、李初梨等同志到延安陕北公学、抗大、中央党校等校任教。这些年，干之同志以主要精力从事教育工作。他坚持理论教学密切结合中国革命实际的原则，一年内开设了多门新课，先后在普通班和高级班讲授“中国问题”（即“中国革命运动史”）、“马列主义”、“统一战线”和“三民主义研究”等课程，担任了中国问题研究室主任，开展对中国革命的研究。

在陕北公学任教期间，干之同志的窑洞里经常灯光彻夜，教学工作之余，奋力著述，先后出版了《中国社会经济结构》和《三民主义研究》两本书。他还准备写《中国民族文化史》，并就教于毛泽东同志，受到毛主席的鼓励和支持，后因到敌后办学而中辍。当时，中央曾考虑调他到陕甘宁边区政策研究室工作，毛泽东也曾想留他做理论秘书。但他要求到革命战争中去锻炼，中央同意了他的请求。

1939年夏秋，干之同志随华北联合大学到了晋察冀抗日根据地。我也随成仿吾、何干之等同志到华北联大工作。1940年初，我被调到校部政治研究室中国问题组做教员。当时，我还是19岁的小青年，受到干之同志的亲切关怀和帮助。他送给我许多书籍和资料，鼓励我大胆承担教学工作。今天想起来，仍历历在目。

在敌后反“扫荡”的艰苦环境中，干之同志躲在山洞里吃生玉米和黑豆，仍顽强地学习和工作；转移行军途中，马背上总驮着书，一有机会就读书，写札记。《鲁迅思想研究》和未完成的《鲁迅传》的草稿，都是在这种环境下准备素材的。

1945年，干之同志去延安，作为列席代表参加了党的第七次全国代表大会。抗日战争胜利后，他随华北联大到张家口和冀中根据地束鹿县，任政治学院院长。政治学院大规模地招收平津知识青年，进行政治教育，为解放战争输送了大批干部，这些青年大多成为建设新中国的骨干。这期间，干之同志在联大讲授了“思想方法论”和“新民主方法论”等课程，并领导师生参加伟大的土地革命，撰写了土改调查报告。在土地改革中，他反对各种“左”的做法，坚持党的土地政策。

在这12年烽火硝烟的年代，干之同志实践了自己初到延安时的誓言：“用笔和口与敌人作战”，为革命培养人才。

六

新中国成立后，干之同志与共和国同命运，走过了曲折艰辛的道路。1950年，中国人民大学成立，他先后任研究部副部长、中国历史和中国革命史教研室主任、历史系主任。他曾被聘任为中国科学院专门委员、近代史研究所学术委员和国务院科学规划委员会历史组成员。根据高等学校开设中国现代革命史课程的需要，他集中精力编写中国现代革命史讲义，作为全国高校通用教材，并译成俄、英、越等多种外文出版。干之同志为中国革命史课程的建设和师资队伍的建设做出了重要的贡献。1956 年，干之同志被评为先进工作者，参加全国先进生产者代表会议。

1957 年后，干之同志的教学、科研工作开始遇到了困难，几乎历次政治运动他都受到不公正的冲击。他不畏压力、不随风倒。1958 年，他冷静看待“大跃进”和人民公社化运动，在教学中公开批评了当时“左”的错误思想和做法，并开了一门新课“中国革命和建设的几个问题”，强调要全面地、科学地宣传毛泽东思想。在十年动乱中，他坦率地说他所以讲这门课，就是为了反“左”。他认为，民主革命时期主要反“左”，新中国成立后只反右不反“左”，不合乎实际。庐山会议后，他受到猛烈的批判，并被剥夺了讲课的权利。30 年代，他曾对友人说过，他平生最大的志愿是在新中国成立后做一名红色教授，如今却难以如愿了。

但是，他没有倒下，而是继续用笔战斗。1960 年，他到中国近代史研究所工作，写出了《中国民主革命时期的资产阶级》手稿，未及问世即遭批判，夭折在摇篮里，十年浩劫之始成为批判他的大字报上的第一条“罪状”。转瞬之间，红色教授变成“黑线权威”，是非颠倒了。他受到长达三年之久的非人折磨，终于经不起身心的摧残，于 1969 年 11 月猝发心肌梗死，摔倒在农村的土路上，满怀遗憾地离开了人间。当时，听到这个噩耗，我惊呆了。两个小时前，他还对我说，毛主席要范老把《中国近代史》续写到新中国成立，范老希望李新、干之同志和我参加这个写作班子。他兴致勃勃地说要再工作十年，谁知瞬息之间竟成永别，党和人民失去了一个优秀儿子，我失去了一位几十年休戚与共、患难相随的师友，怎不令我为之哀伤心碎，抚遗体而放声痛哭。

干之同志离开我们近17年了。人民怀念他，党没有忘记他。前几年，邓颖超同志特地写信给我们询问干之同志去世情况，并慰问他的家属，令人感动。经过刘炼同志多年的努力和上海人民出版社的大力支持，已经选编了《何干之文集》三卷本，约160万字，正在审定文稿筹备出版。干之同志的遗著作为一代历史学家和理论工作者的成果，将永远为当代和后世人们所珍视。

干之同志毕生辛勤为人民服务，与中国革命同步，他的名字将与人民同在。

（作者系中共党史系教授，本文是在何干之同志诞辰八十周年学术纪念会上的讲话，原文刊于《中国人民大学》报1986年5月6日第715期第2版）

戴世光
(1908—1999)

湖北武昌人，中国统计学家。1931 年毕业于清华大学经济学系。1936 年在美国密歇根大学获数理统计学硕士学位。1937 年在美国哥伦比亚大学商学院研究经济统计学，写出《美国人口预测》论文。1937—1938 年，去美国、英国、法国、德国和印度等国国情普查局（或中央统计局）调查、实习，从事国情普查统计研究工作。1938—1952 年，在西南联合大学经济学系、清华大学国情普查研究所工作，任清华大学、辅仁大学经济学系统计学教授。1952—1953 年任中央财经学院统计系教授，后任中国人民大学统计系教授、博士研究生导师，中国统计学会顾问和《中国大百科全书·经济学》编辑委员会委员。1981 年被推选为国际统计学会会员。1982 年被吸收为人口科学研究国际协会会员。

戴世光：正本清源 奠中国统计学派之基

陈骊骊

在迎接新中国成立60周年之际，《戴世光文集》正式出版发行。仙逝十年之后，著名统计学家戴世光的学术人生再一次引起各界关注。

戴世光是我国20世纪最杰出的统计学家之一，为重树统计科学的正确内涵做出努力，更为社会主义市场经济理论奠定基础；他曾主持近代中国最早的人口普查和农业普查，并亲历我国一至三次人口普查；他曾于20世纪40年代提出把“节制生育”作为基本国策，可谓倡导这一理论的第一人……

戴世光的一生，既是近代中国统计科学发展的缩影，又是一部新中国统计学教育发展史。

拳拳深情长怀归国赤子心

1938年，中华民族处于生死存亡的危急关头，已在海外求学多年的戴世光毅然抛弃了安稳平静的生活，回到祖国教书育人，并坚持开展最基础的人口普查。

抗战胜利后，戴世光已是清华大学知名教授，国民党希望他出任北平市党部委员，但他拒绝了。1949 年，北平解放在即，国民党试图裹挟著名文化人士赴台，其中就有戴世光。他再次拒绝了，毅然决然地留在大陆。

戴世光不是中国共产党党员，在解放前也并不了解共产党，但是，耳闻目睹的一切使他坚信：共产党能使中国富强起来。正是这最为朴素却发自内心的认识，使他毅然留下来等待解放。

戴世光身上，凝聚着传统知识分子所共有的忧国忧民的情怀。

1908 年 12 月 1 日，戴世光出生于天津市一个湖北籍知识分子家庭。14 岁时，他进入当时得风气之先的南开中学学习，毕业后考入清华大学经济学系。他学习努力，大学一毕业就因为成绩优异而进入清华大学经济研究院研究“社会、经济统计方法应用问题”。三年后，他考取清华公费留美生，到美国学习“国情普查统计”专业，先后获得密歇根大学、哥伦比亚大学的硕士学位。此后，他到美国国情普查局实习，又渡海到英国伦敦，一边旁听伦敦大学的数理统计学课程，一边到英国政府人口生命统计局调查研究人口统计资料的整理方法。随后，他又相继游历法、德、印度等国学习。连续多年的域外求学，为戴世光日后在中国统计学领域的成就打下了坚实的基础。

抗战时期，戴世光来到云南昆明，在西南联大清华国情普查研究所开展人口统计研究工作，同时还在经济学系教授统计学课程。尽管学习和工作条件非常艰苦，但他始终坚信：反抗外来侵略的民族战争必将胜利，中华民族必将复兴，国家必将步入发展之坦途，届时科学的人口统计将是建设国家的基础工作之一。

1938 年夏天，戴世光在云南省呈贡县设计了人口普查方案、农业普查和统计方案。他认为，搞人口普查首先要画地图，使得地区间无交叉与遗漏；其次是在地图中标注主要房屋建筑；最后是统计常住人口。“画地图、抓房子、查常住”这几项原则既科学严谨又通俗易懂，为后辈学人提供了很好的参考，直到第五次全国人口普查，人们还记得这三点。在此后的两年时间内，戴世光亲自组织实施这两项普查和统计工作，取得了大量的第一手宝贵资料。1940年，涉及7万人口的“呈贡人口普查”在戴世光的主持下终告完成。

1942年，戴世光又组织实施了环昆明湖的昆明市、县以及晋宁、昆阳等县50万人口的普查和统计工作，并编写了多种《普查统计报告》。

1982年我国第三次人口普查进行期间，已入晚年的戴世光又一次来到当年在昆明进行普查的同一地点做二次调查，亲自指导当地的人口普查工作。在昆明，他对比分析了呈贡等县区20世纪40年代初和80年代初人口、经济、社会特征的变化，主编了《1942—1982年昆明环湖县区人口的变动与发展——一个城乡社区的人口学研究》，被学界誉为“一部具有很高学术价值的著作”。

独树一帜首倡“节制生育”为基本国策

“计划生育”与“基本国策”在我国早已是为人熟知的词语。但很少有人知道，最先提出这个“基本国策”的是戴世光。

说到“计划生育”，人们首先想到的就是北大老校长马寅初提出的“新人口论”，但“新人口论”也并非一朝形成，而是经过长期的探索，借鉴历次学术论争的学者观点，最终形成的集体智慧结晶。其中，1948年以戴世光《论我国今后的人口政策》一文为中心而开展的讨论，是较为重要的一次。

《论我国今后的人口政策》一文发表在当时的《新路》周刊上。该周刊发表的文章向来先提出一个问题，由大家一起讨论。在戴世光的文章后，附有五位著名人口问题学者针对他的观点提出的意见，并由戴世光做出答复。学者们或赞成或反对，一时间引动百家争鸣。

2008年戴世光100周年诞辰之时，距《论我国今后的人口政策》发表已有60年，我国实行计划生育政策已过30年，减少出生人口3亿，推迟了世界60亿人口的到达日期。此时重温这一旧作，最引人关注的就是鲜明的观点"减少人口的原则如能为国家基本国策，唯一的方法自然是节制生育"。

中国的人口问题由来已久，从19世纪开始就争论不断，到了20世纪30年代，人口问题引起更多学者的关心，讨论也日益深入。可以说，人口问题的研究在当时已经成为一门科学，近代中国严重的人口问题与社会问题联结在一起，不但引起革命人士的关注，更吸引了一大批学者把精力投入对这一问题的思考。

在这样的社会背景下，戴世光发表《论我国今后的人口政策》一文，呼吁进行"人口革命""工业革命""社会革命"，提出了系统的人口政策。

"世界的主人是人"，文章开篇第一句话表明，戴世光是站在人本的高度提出人口政策，是"一种为人类幸福对人口的数量与品质加以控制约束的基本原则"。他认为，人的幸福才是经济活动的根本目的，为此，他提出"三管齐下"的方针，即"工业化、社会改革、减少人口"三者并举，并且把人口控制列为第一重要的措施；进而他又率先提出"基本国策"一词，站在战略的高度再次强调了人口控制的重要性。他认为，人口问题关系中华民族在世界上的地位，政府在制定人口政策方面应该有所作为。

纵观《论我国今后的人口政策》全文，戴世光所提出的自然资源、资本、劳动力要有适度配合的观点，与我们今天所讲的人口资源环境可持续发展的思路基本吻合；他所主张的节制生育是国家的基本国策、要结合国情制定人口政策、节制生育运动重点在农村、国家对节制生育要有一定的强制性并把节制生育与养老问题相结合等，超越了时代背景下的短期社会革命目标，从人与社会发展的角度来思考人口问题并提出解决办法，现在看来都颇具远见。

正本清源重树国内统计科学理论基石

1979 年，《中国统计》刊发戴世光的论文《积极发展科学的统计学为我国早日实现四个现代化服务》，立即在统计学界产生震动，并由此引起统计学界长达十年的争鸣。

回忆起当年的情况，中国人民大学统计学院教授倪加勋说，当时统计学分为两派：一派受苏联影响，认为统计学是研究实质性的科学，是有阶级性和党性的科学；另一派以戴世光为代表，认为统计是一门方法，资产阶级与无产阶级都可以用。这一思想在当时遭到了批判，但“戴老不畏强权，坚持真理，这是十分难得的，很值得佩服”。

在这篇论文中，戴世光批判了统计学界长期以来受“苏联统计学”的禁锢而忽视作为“通用方法论科学”——数理统计学的状况，提出辩证唯物主义乃是统计科学应用（即数理统计方法在经济、社会、生物、医学等科学研究领域的应用）的理论基础。

“国际上只有一门统计学”，基于长期从事统计科学研究工作的实践，戴世光在论文中指出，“苏联统计理论”违背了马克思主义实事求是的科学态度，他还强调了统计学在社会科学领域中应用的必要性，肯定了现代统计科学（即数理统计学）的发展和联合国制定的国民核算体系（SNA）的科学性。这篇论文被认为是冲破了长期以来无人敢涉足的禁区，重新肯定了数理统计的地位，对我国数理统计学乃至整个统计学的发展、对中国探索建立大统计学学科起到很大的促进作用。

戴世光的学术眼光是广阔而长远的，他在海外留学期间就敏锐地观察到：20 世纪的统计学在国际上取得了长足发展。20 世纪三四十年代的美国统计学有两方面发展趋势：一方面是美国经济中的社会调查；另一方面是解决现实问题，包括美国人口普查、劳工调查和贸易调查等。统计学与实质性学科的结合已经成为一种趋势，譬如将统计学与生物、经济等相结合。我国虽然在数学领域与国际水平相差不大，但统计学却远落后于国际水平，有许多现实问题不能得到很好的解决。由此，如何运用统计学解决我国经济建设中存在的问题便进入了戴世光的研究视野之中，他把这一问题归结为统计与数学如何正确对位的问题，并着重研究统计学在人口等实际问题中的应用，尤其是对经济统计的研究投入了大量精力。在他看来，统计学不完全等同于数学，搞统计工作一定要有扎实的数学基础，但因为统计学涉及生活常识、经济理论、统计知识等多个领域，所以统计学家又不能只关注数学知识，更要心系民生、关注现实，特别是应该注意把统计学与经济社会发展相联系。

20 世纪 80 年代，戴世光又陆续写作并发表了一系列学术文章和专业著述，逐步建立起社会主义市场经济实践的最初理论基础。特别是 1980 年的《国民收入统计方法论》和《国民收入经济核算理论的发展——综合性生产抑或限制性生产》两篇文章，为我国国民经济核算与国际接轨做出了重要贡献。

1993 年，85 岁高龄的戴世光完成了自己的最后一本著作《应用经济统计学——控制偶然性，探索必然性数量特征》，运用马克思主义唯物辩证法解释了统计理论及其应用的原理，为统计学哲学问题的研究做出了贡献。这也是他一生对统计方法的理解、概括和总结。

学界泰斗传道授业遍植桃李

“他的谆谆教导和对我的期望极大地坚定了我献身于统计事业的决心，也引导着我一步一步地前进。”中国人民大学常务副校长袁卫是我国首批经济统计学博士，回忆起与恩师戴世光近30年来亦师亦友的情谊，他感慨良多。

“1979年我还是一名统计学本科生，就已经知道了戴世光教授在统计学界的崇高地位。当我怀着忐忑不安的心情把自己的文章寄给戴先生时，仅过了几天就惊喜地收到了回信。”袁卫说，后来戴先生约他暑假到家中面谈，提出了很多中肯的修改意见，最后两人因此结缘而成为忘年交，从此一同致力于纠正当时国内对统计学认识的偏误，用马克思主义辩证法指导统计学的研究，建立中国辩证唯物主义的统计学派。

在人大统计学院，戴世光可谓当之无愧的绝对元老。课如何上，教材如何设定，如何培养实践能力强的统计学人才，是戴世光一直以来深入思索并不懈探讨的课题。

他在国内率先提出“统计教育与科研应该与国际接轨”的观点，对我国统计学研究的发展以及我国统计专业教育产生了巨大影响，至今仍赢得广泛赞同。

他在教学过程中始终坚持数学理念不能与统计理念相混淆，认为数学式地教授概率统计危害很大，会使“统计味消失殆尽”。他常常告诫自己的学生，学习统计学是学习思想，而不是无限制地学数学；搞研究的人要把统计的基础打好，我国的统计学才能蓬勃发展。

他对博士生的要求非常严格，不仅制定了详细的培养计划，还常常在课堂上反复强调要重视基础课。他对学生们说：“我虽然在美国学习过数理统计和经济学，但带博士生还不够格。为了你们打好这些基础，我想了一个办法弥补我自己的不足，就是带你们去拜师。”他抛弃“文人相轻”的旧观念，在76岁高龄时还骑自行车带学生们去探访名师，先后让自己的博士生到中国科学院应用数学研究所向王寿仁教授学习数理统计，在中国人民大学向高鸿业教授学习宏观和微观经济学，到中国社会科学院数量经济与技术经济研究所向贺菊煌研究员学习计量经济学。

戴世光非常注重培养学生的实际调查和分析能力。他要求博士生在校学习期间一定要实地做一次统计调查和研究分析工作，还亲自指导学生设计调查方案。1985年，他带领博士生在北京市房山县城关镇马各庄开展调查，对中国北方一个农村进行深入细致的统计分析。他当时已经77岁，先后几次坐长途公共汽车去到镇里和村里，不厌其烦地手把手传授调查研究方法，甚至连如何入户访问、怎样抽样、怎样提问等细节都提前想到了。在他的指导下，同学们最终都完成了质量较高的调查报告。

从1953年到中国人民大学任教，直至1999年逝世，戴世光在这所具有光荣传统的大学里辛勤耕耘了近半个世纪。即使是“文革”时期学校被迫停办，他也没有放弃统计学的研究和教学工作。1978年中国人民大学复校后，戴世光再次回到统计系从事统计学教学工作，培养了众多优秀的统计学人才。

笑对人生恬静淡然意自悠

1938年，由于华北沦陷，清华、北大、南开三所大学内迁，到昆明组成西南联合大学，大批著名学者、学生纷纷来到这里继续工作和学业。

此时的昆明虽是大后方，同样笼罩着战火的阴云。随着抗战局势愈见严峻，日军加紧对中国后方的侵扰，昆明也频频遭到轰炸，越来越不安全。市民纷纷扶老携幼，到郊区躲避空袭，云南大学、西南联大的许多教授、学者也相继离开昆明城区，疏散到呈贡、蒙自一带。冰心一家也搬到了呈贡的文庙，住在西面一排廊房靠南的一间小平房中。

当时，西南联大的国情普查研究所就设在文庙里，戴世光正在此地主持农业与人口普查工作。为了欢迎冰心，他特意书写了一副大红对联，右联是“半间东倒西歪屋”，左联是“一个千锤百炼人”，贴在大成殿一侧的厢房门上。闲暇之余，他和朋友都爱聚在冰心先生那充满花香的家里，谈抗战，谈故乡，谈贫穷，也谈明天的中国、明天的昆明……

回首那段过往，冰心先生曾很有感情地说：“……昆明还有些朋友，大半是些穷教授，北平各大学来的，见过世面，穷而不酸。几两花生米，一杯白酒，抵掌论天下事，对于抗战有信念，对于战后回到北平，也有相当的把握。他们早晨起来是豆腐浆烧饼，中饭有个肉丝炒什么的，就算是荤菜。一件破蓝布大褂，昂然上课，一点不损教授的尊严。他们也谈穷，谈轰炸谈得却很幽默，而不悲惨……他们是抗战建国期中最结实最沉默最中坚的分子……”（摘自冰心《摆龙门阵》）

戴世光就是这中间的一分子。直爽、豁达、乐观，是他始终未变的性格。

（原文刊于《光明日报》2009 年 7 月 3 日）

郭影秋

(1909—1985)

原名玉昆，又名萃章，江苏铜山人。从抗日战争初期起，历任党、政、军各部门重要领导职务，为中国人民的解放事业立下了丰功伟绩。自1957年转入教育部门后，先后在南京大学、中国人民大学担任领导工作，为发展我国高等教育事业做出了巨大贡献。在数十年的革命生涯中，无论是戎马倥偬的战争年代，还是热火朝天的和平建设时期，他都不忘读书治学、学习理论、研究文史，并有著述传世。他是中国共产党的八大代表，第二、三、五届全国人大代表，第五届全国政协常委，北京市第五届政协副主席。终其一生，不愧为中国共产党的优秀党员，久经考验的忠诚的共产主义战士，马克思主义教育家、历史学家和诗人。

郭影秋：众人眼底自成碑

刘宜卫　陈轩超

北地结长缨　戎马事南征

郭影秋出生于一个贫苦农民家庭。作为家中好几代人中唯一的读书人，他十分勤奋，常常是“三更灯火五更鸡”，短短几年熟读“四书”“五经”，奠定了坚实的传统文化功底。在十三四岁时，郭影秋已不满足于在私塾里读“子曰”“诗云”，他远赴大彭（今徐州市）市立一小读高小。“忆昔远读书，干粮百里送。饼霉难入唇，饭稀如照镜。”他回忆这段经历时曾作此诗。

在风雨如晦的旧中国，郭影秋求学之路从未平坦。1929 年初，他正在县立铜山师范读书时，国民党为安插党羽篡夺学校的领导权，策划了驱逐原校长的学潮。作为校学生会主席的郭影秋，拒绝了国民党对他的拉拢和诱惑，被排挤离开铜师。同年秋，他以优异成绩考入无锡国学专科学校，却由于交不起学费，又中途辍学。1930 年秋，他考取了公费的江苏教育学院。在学院里，他目睹了国民党的黑暗与腐败，于是开始探索人生应走的道路。他大量阅读流行进步书籍，还秘密阅读马列主义著作，对共产主义产生了憧憬和追求。“九一八”事变后，郭影秋领导了江苏教育学院学生赴南京要求蒋介石抗日的请愿活动。为此，校方曾要对他以开除学籍论处，后在进步教授的声援保护下，他才免遭处分。

1935 年，经苏鲁豫特委考察，郭影秋被批准秘密加入中国共产党。在土地革命战争时期，他积极从事党的地下工作，与敌人开展秘密斗争。1936 年，国民党反动派策划了对共产党员的大搜捕，6 月 11 日，郭影秋被捕入狱。他在狱中多次受到严刑拷打，甚至被敌人折磨得昏死过去，仍作诗言：“试把铁锥敲劲骨，铮铮犹自有金声”；“打掉门牙肚里咽，英雄宁死不低头”。诗句真实地反映了其狱中斗争的思想和情操。

1936 年西安事变后，国共两党再度合作。郭影秋受党组织委派，到第五战区做上层人士的统战工作和民众发动工作，为该地区培训了大批抗日骨干。1938 年 5 月徐州沦陷后，他又按党的指示，走向农村，深入敌后，开展游击战争，建立和扩大抗日革命武装，为创建和开辟湖西地区抗日根据地立下了不可磨灭的功绩。

在湖西根据地发展壮大的时候，却发生了令人痛心的“湖西肃托事件”。这是一桩彻头彻尾的冤假错案，大批真正的共产党人惨遭杀害。郭影秋也被诬指为托派，险些遭到枪杀。在事件被制止后，郭影秋从高度的党性原则出发，顾全大局，继续英勇战斗在湖西地区。在抗日战争艰苦的相持阶段，物质条件极为艰苦，郭影秋以身作则，克己奉公，与当地军民同甘共苦，不断巩固湖西根据地抗日力量，并领导军民反攻，直至日寇无条件投降。

战争年代的郭影秋是一位才能超群的湖西儒将。几经浴血奋战转入解放战争后，郭影秋参与领导了解放和防卫济宁的战斗；亲率三千子弟兵重返湖西，收复了一度失陷的根据地；与解放军野战部队密切配合，参加了济南战役和淮海战役。1949 年初，他率队随刘邓大军渡江南下，转战于安徽、江苏和西南各地，为解放全中国、创建新中国建立了不朽的功勋。

德才兼备的良师益友

1957年，时任云南省省长的郭影秋，主动请缨到教育部门工作，被任命为南京大学党委书记兼校长。“现在社会上有些人说，共产党人不能办科学，不能办大学，我认为共产党人能办科学、能办高校。假若让我学习两年，我就可以去办个大学。”他在给中央政治局的信里写道。1963年初，周恩来总理拟调郭影秋任国务院副秘书长。恰在此时，中国人民大学老校长吴玉章急请周总理派遣一位得力助手。中央经慎重研究后，决定让郭影秋到中国人民大学任校党委书记兼副校长，协助吴老主持学校的全面工作。1963年到1985年的共22年里，郭影秋付出全部心血，带领中国人民大学不断探索前行。

郭影秋认为，教师是学校的主体力量，办好学校，必须有一支思想素质好、学术水平高的教师队伍。他十分尊重和爱惜人才，重视教师队伍的建设。他经常登门拜访知名教授，听取他们对办学的意见，尽力改善必要的工作、生活条件。他曾经在自己家中设宴为中文系三位学术造诣深、桃李满天下的教授做寿，亲自斟酒、敬酒，感谢三位老教师潜心治学、辛勤执教，使老教师们深受感动、难以忘怀。他同时鼓励中青年教师虚心向老教师学习，争取“青出于蓝而胜于蓝”，使很多年轻教师得以较快地成长为学术接班人和学科带头人。

郭影秋懂得教育，了解办学规律，有明确的教育思想。他重视提高教学质量，切实抓好教学的各个环节。他到教研室蹲点，同老师一起讨论教学方面的问题；他经常到课堂听课，有时还参加学生的晚自习和课堂讨论。在抓教学的同时，郭影秋还十分重视科学研究工作。他提出，开展科学研究必须有明确的方向，考虑自己的特长、特点，扬长避短，突出自己的特色和个性。他还身体力行，亲自领导参加学术研究活动。人民大学的清史研究所，作为国内外有影响的一个研究单位，从酝酿成立到发展壮大，都倾注了他的大量心血。他曾亲自兼任该所的前身——清史研究小组组长，指导帮助该所明确研究方向，制定研究规划，确定研究步骤，参加学术讨论等。可以说，人民大学的教学科研工作在政治运动频繁的时期取得了不错的成绩，在复校之初也取得了较大发展，这都与郭影秋以教学为中心、重视科学研究密切相关。

郭影秋品德高尚、学识渊博，具有坚定的革命意志、杰出的领导才能和丰富的思想政治工作经验，他优秀的品质和作风给人民大学留下了宝贵的精神财富。中国人民大学的师生员工交口称赞他是“德才兼备的好校长”“兼资文武的良师益友”。

学者风范、 文人风骨

郭影秋不仅是一个忠诚的共产主义战士、一位马克思主义教育家，还是一位学有专攻、造诣颇深的历史学家和诗人。其研究工作及研究思想是其革命思想、教育思想的一个延伸和表现，其学者风范、文人风骨更是其崇高的革命思想的一部分。

郭影秋的史学著作《李定国纪年》，以丰富翔实的史实，记述了明末农民起义军领袖李定国的一生，是国内外第一部全面、系统的关于大西军及其领导人物的史料性专著，有很高的学术价值。全书21万字，引用的资料达100多种。他在序言中说：“学术工作是严肃的，没有科学的、严肃的态度是不会做到预期的结果的”。该书虽然是一部史料性专著，但绝非仅仅停留在对史料的整理编排上。通过《李定国纪年》，我们可以看到郭影秋独到的治史特点、治史方法与史学眼光。他以宏观的政治与学术视野为背景，以高度的历史概括与凝重的语言提炼，史论结合，勇于创新，实事求是，写下著作，推动史学研究的发展。

郭影秋的文武全才、知识渊博，还体现在他深谙诗词艺术的格律与意境。他的诗词独具个性，具有革命现实主义和浪漫主义相结合的风格。但他在一封谈诗的信中却谦虚地说："我对自己的诗几乎没有几篇满意的。不唐不宋，不今不古，不性灵也不格调，不喜用典但有时又不能不用，可以说是一片杂烩。"其实，这正是他的诗博采众长、另辟蹊径之处。

郭影秋的诗词给人的第一感觉是：豪情激荡，正气凛然。譬如，1936年郭影秋被系徐州监狱，受到非人待遇并被严刑拷打，他曾作诗云："连年提剑觅仇雠，身陷囹圄恨未休。打掉门牙肚里咽，英雄宁死不低头。"

这首诗使典雅与口语化的语言水乳交融，天衣无缝。而"打掉门牙肚里咽，英雄宁死不低头"与先人"人生自古谁无死，留取丹心照汗青""取义成仁今日事"等古今同调，异曲同工，都是惊天动地的正气歌。

郭影秋的诗词豪放中有婉约，不论是豪气磅礴的战斗篇什，还是缠绵悱恻的抒情小品，无不是他喜怒哀乐的真情流露。他的诗里既有叱咤风云的战斗岁月，"挥戈誓达男儿愿，报国犹存壮士头"；也有保家卫国的壮烈，"荒丘埋骨知谁似，壮士悲歌若耳闻"，哀思亲如手足的战友；还有诸如"卅年攻错我犹辟，两地相思鬓易霜"等诗句吐露出娓娓动人的情怀。

读其诗，如闻其声，如见其人，令人心生对其高尚风范的敬重。

郭影秋的一位学生献给他一副挽联："一身正气，两袖清风，马列灵前应无憾；三寸丹心，百磨筋骨，众人眼底自成碑。"作为共产主义战士、伟大的教育家、造诣颇深的学者和才华横溢的诗人，郭影秋一生的光辉业绩和崇高精神永远值得我们敬仰、学习。

（原文刊于《中国人民大学》报 2017 年 4 月 24 日第 1611 期第 2 版）

宋涛

（1914—2011）

原名侯锡九，安徽省利辛县人，中国人民大学一级教授，博士生导师。宋涛少年时代读过八年私塾，后来读了新式小学和中学。1937年“七七”事变后，该读高中三年级的他投笔从戎，投身于抗日救亡运动。1938年，他到延安入陕北公学学习，1940年毕业后开始任教。1949年以前，宋涛先后在晋察冀边区中学、华北联合大学、华北大学从事教学、科研和管理工作。1950年中国人民大学成立后，他任中共中国人民大学党委常委、经济系主任等职。1978年中国人民大学复校后，他继续担任经济系主任，并任中国人民大学校学位评定委员会副主任等职。20世纪80年代后，历任中国人民大学经济系名誉系主任、中国社会科学院经济研究所学术委员会委员、北京市经济学总会会长等职。宋涛在新中国的经济学教育和经济学学科建设方面有重要贡献和建树。从1950年到1983年，他长期担任中国人民大学经济系主任，在经济学教育的课程设置、教材建设、学科发展等方面都做出了重要贡献。改革开放后，他也一直勤奋工作在经济学教育第一线，尤其是担任第一、二届国务院学位委员会学科评议组经济学科召集人期间，他对新时期经济学的学科建设，各高等学校经济学博士点、硕士点的建立和发展，都做出了很大的贡献。他的主要著作有《社会主义经济理论探索》《宋涛选集》《当代帝国主义经济》《宋涛自选集》《宋涛文集》《当代国家垄断资本主义》等。

宋涛：《资本论》是一个理论宝库

卫兴华

一

宋涛，原名侯锡九，1938年参加新四军时改名宋涛。改名的过程颇为有趣：新四军支队政委郑位三要求新入伍的几位青年学生改换名字，当时他们正在一个松树林里，各自考虑怎样改名。侯锡九听到风吹树林之音像波涛之声，就取名侯松涛。报上去后，郑位三政委将侯姓去掉，又将“松”改为“宋”。从此就改名宋涛。

宋涛以一个高中学生的身份投身革命，参加了抗日战争和解放战争，后成为著名的教育家和马克思主义经济学家。他是新中国高等学校马克思主义政治经济学学科的重要奠基人和人才培养者，是新中国政治经济学的一代宗师。

宋涛有多方面的知识，他先读了八年私塾，打下了较深厚的国学基础，从《三字经》《百家姓》读起，一直读到《论语》《孟子》《诗经》《礼记》《春秋》《古文观止》和唐诗等。参加革命后，又从新四军转赴延安、入陕北公学，毕业后做过培养革命干部的中学教师，既讲授政治课，又教文化课，如生物、化学、中国历史、世界历史等。他认为，当教师必须有真才实学、真知灼见。他感到自己的知识基础不够深厚，就抓紧时间学习多门学科，边学边教，既提高了学生的政治文化水平，也完善和提升了自己的知识结构和水平。

宋涛先后任教于华北联合大学、华北大学，担任过华北联合大学的经济系主任，并讲授政治经济学。1948 年，原晋察冀边区的华北联合大学与原晋冀鲁豫边区的北方大学合并为华北大学，地址在河北正定，由吴玉章任校长，宋涛担任一部（政治班）第一区队的队长。

我是 1948 年冬到达华北大学的，正好编入宋涛任队长的第一区队十九班。那时，宋涛刚 34 岁，但已成为一个成熟的马克思主义理论工作者。我听他作报告，态度谦和、循循善诱，讲革命道理和党的政策，温文尔雅，有长者之风，深受教育。

1950 年，中央决定以华北大学为基础，成立中国人民大学。宋涛任经济系主任，我是经济系的学生。当年 7 月，成立直属校部的政治经济学教研室，培养研究生，并选拔一批教师为全校各系讲授政治经济学课程。宋涛被调任教研室主任，我被选入教研室做研究生，近距离地受到宋涛的教诲。

当时的研究生既有青年学生（大多为大学生），也有从全国多所高校和有关部门选送的教师和干部，如复旦大学的蒋学模、北京大学的张友仁等，还有个别老教授，共 30 多人。从 1950 年起，有多位苏联专家来授课，宋涛当时任校党委常委，既要花不少时间参加各种会议，又要接待和安排苏联专家的教学工作，还要处理教研室的各种事务，并亲自给学生讲课。他对研究生的学习要求很严格，经常指导与考察，要求读《资本论》做笔记等。

1956年，学校成立新的经济系，由宋涛任系主任。政治经济学教研室成为经济系下属的一个单位，另设有多种经济学科的多个教研室，但继续为全国高校培养政治经济学专业人才的任务没有放松，除招收政治经济学专业的本科生外，还继续开设研究生班、教师进修班和学习班。从1962年到1964年，还开办两期《资本论》研讨班，学员都是来自各高校的骨干教师。

改革开放后，宋涛担任首届政治经济学专业博士生导师，培养了数十位有才华的博士。宋涛一生的大部分时间用于为中国革命和建设事业培养人才。他的学生历经几代，大都成为栋梁之材。

二

宋涛一身正气，两袖清风，生活简朴，淡泊名利。他一心关心党的事业和人民群众的利益，关心马克思主义的坚守和发展。教育部几次请他出山担任其他高校的主要领导工作，他都辞谢了。他安于马克思主义经济学的教学工作，安于在中国人民大学为国家培养人才的教育事业，安于30多年的清贫人生。

改革开放前的一段时间，宋涛兼任《光明日报》经济学版的主编工作，寄给他的编辑费，他分文不用，交给教研室秘书保存，准备公用。这笔钱一直积攒到“文革”期间，他被作为走资派打倒后，钱被人分掉，而宋涛等“黑帮”无资格分得一文。约在1954年，学校统计教师工作量，超工量的发超额工资，宋涛获得700元超额收入，这等于当时他月工资的几倍，但他全部交了党费。

改革开放后，宋涛面对改革与发展的新阶段，勤于写作。1994年，他把自己十多年积存的稿费收入全部用于设立“宋涛奖学奖教基金”，主要用于奖励经济系的优秀学生。

宋涛待人接物的风范也令人钦佩。他与国内诸多经济学界老前辈，如许涤新、孙冶方、陈岱孙等，都相处融洽、互相支持。他对各路的老中青学者也具有凝聚力，胸怀坦荡，团结共事，只对反马克思主义、反社会主义的观点表达强烈不满和反对。

1985年，教育部高教司倡导和组织设立全国高校社会主义经济理论与实践研讨会，宋涛被推举为研讨会的领导小组组长，领导小组的成员是由八所重点大学的著名学者组成的，其中有吉林大学的关梦觉、北京大学的胡代光、南开大学的滕维藻和谷书堂、复旦大学的蒋学模、武汉大学的谭崇台、西南财经大学的刘诗白、厦门大学的吴宣恭。我被任命为秘书长，后来又加入陶大镛和陈征教授。

从1986年召开全国高校社会主义经济理论与实践研讨会，到2006年，宋涛一共参加了20次领导小组主持的论文评审会和20次大型研讨会，没有缺席过一次。而且，他带头搞好会风，自己每次会议都提供论文，不管是开大会还是开小组会都按时参加，从不迟到或早退。2006年，在西安召开研讨会，他以92岁高龄主持会议。之前，他因摔倒碰破前额，贴着纱布。与会者从爱护其身体角度出发，建议他以后可以不再主持和参加会议了。

我把意见转告宋涛，获得他的同意。在闭幕会的主席台上，我宣布这一决定，表示宋涛要与大家告别时，与会者全体起立、热烈鼓掌，表示对这位领军人物的敬意和难舍之情。此后，这一会议的领导小组交给下一代学者接班，不少后起的著名马克思主义经济学家都参与了这一研讨会的学术活动。这与宋涛的领导和指导作用是分不开的。

宋涛一生担任过很多重要学术和行政职务，但学生们只称呼他“老师”或“同志”，我与同辈们也只称他“同志”。

三

宋涛做学问重调查研究，重理论联系实际，重理论是非由实践检验，绝不随风倒，真正做到了不唯上、不唯书、只唯实。中国人民大学老校长袁宝华赞扬他重调查研究、重理论联系实际时，举过一个例子：有一次，宋涛对袁宝华说，你搞的那个承包制可能有问题，大家有意见。袁宝华回答说目前没有更好的办法。为了深化改革，只能先走这一步，希望大家研究这个问题。宋涛到首钢进行了一个多星期的调查研究，回来后对袁宝华说，看来现在搞承包制也有其道理。我曾同宋涛多次去外地参加学术会议，或应邀讲学，一般都会事后去工厂和农村以及先进单位参观和调查，以加深对实际情况，特别是对改革开放新形势的了解。

在"文革"初期，宋涛是校内第一个被贴大字报受批判的"走资派"，说他执行了一条修正主义的教育路线。他对学生们的学习和考试严格要求，也被批为资产阶级反动教育路线。许多污水泼向他，连他将超额工资交党费、不追求名利也被批为伪君子行径，不断被批斗。

随后，我也被打成叛徒、特务，被关押、批斗。1968 年，军宣队和工宣队进校后，我和宋涛以及经济系的其他十多人被关进"专政队"，饱受侮辱和折磨。后来，其他专政对象逐渐被释放，最后只剩我与宋涛两人仍被关押在一个大屋中。但这也给了我与他倾心交谈的有利机会，增进了彼此之间的信任与关怀。我与宋涛一直到 1971 年在江西"五七"干校时还在受审查。宋涛是 1972 年才被宣布解放的，而我是 1974 年在北京才回到人民队伍的。

宋涛几经磨难，仍坚持独立思考、不随风转的治学风格。他具有较敏锐的政治眼光和识别能力。

宋涛看到或听到校内外的某些歪风邪气和不良作风，特别是反对马克思主义的东西和各种腐败情况，十分气愤，忧国忧民之情溢于言表。他常向校领导反映校内的某些不良现象，甚至提出批评意见。他对改革开放以来一些高校不重视甚至放弃马克思主义政治经济学的教学，用西方经济学取代马克思主义经济学的情况非常忧虑，曾上书教育部相关领导，提出意见，并引起高度重视。

四

宋涛既是我国政治经济学的大师，也是有远见卓识、胸怀开阔的教育家。我做研究生时，就常听他讲要培养经济学的拔尖人才，要出中国经济学的“梅兰芳”。他一贯主张搞政治经济学，要有多学科的经济知识基础，如经济思想史、中外经济史等。

为此，宋涛担任中国人民大学的经济系主任时，就请来吴大琨教授创办世界经济教研室，又建立了国民经济史教研室和经济学说史教研室。无论当经济系主任，或退下来担任名誉系主任，以及后来成立经济学院期间，他都主张经济学的教师：既要深入掌握马克思主义政治经济学，也要掌握经济的分析方法，如统计学和数学等，还应懂点自然科学的知识。

特别值得提及的是，早在西方经济学被称作资产阶级经济学、只作为批判对象而不作为学习课程的20世纪50年代，宋涛就认为，经济学专业的教师应当学点和懂得当代西方经济学的内容。

1957年，在美国从事西方经济学教学的高鸿业回国，当时正值反右，其他高校都不需要引进讲授“资产阶级经济学”的教师。教育部的一位司长找到宋涛，将高鸿业的有关材料交宋涛看后，宋涛认为，高鸿业放弃在美国任副教授的优越待遇回国，是爱国的表现，高老师是一位有才能的学者，答应引入人大经济系。

当高鸿业到经济系报到后，宋涛与高老师面谈了几点：一是不必参加反右会议，这是为了在政治上保护他；二是要学习马克思主义政治经济学，认真读好《资本论》；三是以马克思主义经济学为指导，批判吸收西方经济学中有用的内容，写出教材。高鸿业遵从宋涛的指导，认真读了马克思主义政治经济学和《资本论》。他虚心学习，还曾借读我在《教学与研究》上发表的有关文章。

宋涛为了使经济系教师增加当代西方经济学知识，请高鸿业开设讲座，他每次也参加听讲。在当时的政治环境下，这是很特别的一种举措。高鸿业后来也成为著名的以马克思主义为指导的西方经济学大家，他编写的西方经济学教材多次再版。

20 世纪 60 年代前期，孙冶方同志在中科院经济研究所任所长。当时批判利润挂帅，他却主张企业应有利润，利润是牛鼻子，还批评"复制古董"等，使其处境不利。

宋涛认为，孙冶方的观点没有错。孙冶方比宋涛大几岁，两人因常一起参加学术会议而相识。宋涛觉得他俩志趣相投，便请孙冶方担任中国人民大学政治经济学教研室的名誉主任，定期来给教师进修班讲课，没有报酬，只管一顿工作餐。孙冶方来讲了好多次。有的教师也去听讲，宋涛指定学生对孙冶方的讲课内容详细记录，并印发大家。

"文革"结束后，孙冶方打电话询问宋涛，自己在人大的讲课记录能否找到，宋涛找到后送给了孙冶方。这正是孙冶方后来正式出版的《社会主义经济论》的原稿。1984 年，中国展望出版社出版了《孙冶方社会主义流通理论》一书，其中收入了《社会主义经济理论讲稿（1982 年上半年在中国人民大学）》。

宋涛复职经济系主任后，对"文革"中反对和批斗他的师生一概不计较；还让早期贴他大字报、批判他的教师与他合作，编著政治经济学教材；特别是对揭发、反对过他的学生，宽宏大量、不计前嫌，认为这是当时特殊政治形势下发生的事情，完全谅解。

宋涛老骥伏枥，志在马克思主义政治经济学的创新与发展。在搬到校外居住前，他作为90多岁的老学者，每天早上8点前到自己的单间工作室写作与学习，每天把报纸上他认为有用的资料剪下来保存。他每周只休息一天，每天去工作室时提两个暖水壶自己打水。对经常去拜访他的学生和客人，热情接待，但只谈理论、学术问题和国内国际大事，不赞同闲聊，怕耽误时间。他体恤下情，全校各方面人员都对他尊敬与关爱有加。我们本来相信他会高寿百年，没想到于2011年2月9日溘然仙逝，享年97岁。

（原文刊于《光明日报》2017年4月24日第16版）

甘惜分
(1916—2016)

四川邻水人。著名新闻理论家，中国人民大学新闻学院教授，中国人民大学首批荣誉教授、首批荣誉一级教授。1937年奔赴延安投身革命工作。1954年到北京大学中文系新闻专业任副教授，主讲新闻理论。1958年，北京大学新闻专业合并到中国人民大学新闻系，甘惜分在中国人民大学历任副教授、新闻理论教研室主任、硕士生导师、教授、博士生导师，先后培养了我国第一届新闻理论专业的硕士和新中国第一位新闻学博士。创办并任中国人民大学舆论研究所首任所长，创办《新闻学论集》并任首任主编，创办中国新闻教育学会并任首任副会长；曾任中国人民大学学术评审委员、中国人民大学学位评定委员会委员、吴玉章奖金新闻组召集人等职务；兼任中华全国新闻工作者协会特邀理事。荣获国务院首批特殊津贴。编写新中国第一本新闻理论专著《新闻理论基础》，主编我国第一部大型新闻学辞书《新闻学大辞典》。

甘惜分：执着的新闻规律探索者

段经琨

2016年1月9日凌晨，喻国明教授在微博中发布的一条讣告震动了大半个中国新闻界——被誉为“新中国新闻学奠基人”的甘惜分先生逝世了，享年一百岁。斯人已逝，一个世纪的风雨里，甘惜分在困境中变革，又在变革中坚守。

突破困境的变革者

1916年，甘惜分出生在四川省邻水县。三岁那年父母双亡，哥哥、嫂子将他抚养成人。虽然家境不好，但也读完了初中。毕业后，他回到村子做了一名小学教师，后来又在县政府做了个小职员。一次偶然的机会，他从在县民众教育馆当管理员的五哥那里接触到了几本来自上海的新闻报刊，从此便一发不可收拾。他拜托他的五哥求助多方，最终订阅了几本报刊，自此便有了源源不断的外界讯息传到这个四川小县城的青年人耳中，而记者邹韬奋也成为他最崇拜的进步思想家之一。多年之后，回忆起这些报刊时，甘惜分讲到他的思想变化多亏了那几本报刊。

或许这是冥冥中的注定，让这个邻水的年轻人以这种方式与报刊结了缘。当然，那时的他也绝不会想到，自己日后竟会以此为业，并成为新中国新闻学理论的奠基人。

不安分的甘惜分并不满足于自己阅读，他以五哥的阅览室为联络点，秘密成立了读书会，当地的进步青年被纷纷招至麾下。新中国成立后，邻水县委的资料中有这样一句话："甘惜分同志那几年的革命活动为后来中共建立组织奠立了组织基础。"

此时已经接受了思想启蒙的甘惜分又遇到他人生中一位重要的朋友，他就是甘惜分的表哥熊寿祺。熊寿祺早年与毛泽东参加过秋收起义，又先后在上海、日本求学，是当时知名的共产党人。他们二人常有书信往来，而伴随着书信，熊寿祺也为甘惜分寄来了马克思主义。那是甘惜分第一次了解辩证唯物主义与历史唯物主义，他开始尝试着以马克思主义哲学的视角看人看事。也正是在与表哥的交流中，他第一次听说了苏区，也萌生了去苏区的想法。

而最终促成他去延安的，是另外的一个朋友熊复。熊复是甘惜分初中读书时大他两届的师兄，后来熊复去了上海、成都，其间他们一直都有书信往来。二人志同道合，经常针砭时弊，讨论天下大事。"这使我开阔了眼界，也锻炼了写作水平。"多年后回忆起那段时光时，甘惜分这样评价。

1935年，甘惜分到成都培训，在成都见到了老友熊复，当时恰逢"一二·九"运动爆发，两位青年终于亲眼见到了那些出现在他们书信里的"革命"，甘惜分说那是他人生中接受的第一次的革命洗礼。抗战爆发后，甘惜分想有些作为，遂将自己的秘密读书会改造为抗日移动宣传队，他们走街串巷，演出抗日戏剧，张贴抗日宣传画。

"革命"的实践让甘惜分愈发对马克思主义产生了浓厚的兴趣，"我的思想哪里在邻水？在全国，在全世界”。为了继续学习马克思主义，甘惜分欣然接受了熊复的邀约，瞒着家人到了延安。

甘惜分把“去延安”形容为人生的第一个大转折，而这转折的背后其实正是他不安分的性格使然。三岁就成了孤儿的他，受尽了凌辱，在家挨打，在外被人歧视，那时最常听到的一句话就是“打死你个没出息的东西”。“我将来就是要出息给你们看看”，这样的环境造就了他不安分、叛逆、反抗的性格。当时，他的大哥看他心眼好，没有坏习惯，又很用功，就想把他培养得能够光宗耀祖，早日承担家里的担子。但是，心中已有革命种子的他早将这些置之度外，他的心里装着更大的世界。事实见证了他的选择，“我在邻水能干什么，我就是当了县长又能怎样？”接受了马克思主义的他早已看透了那个社会，怀着对现实的不满与对马克思主义的渴求，他踏上了延安的土地。

在困境中不被打倒并寻求解决之道是一个优秀革命者的品质之一。而甘惜分的革命之路也并不平坦。

1943 年，甘惜分奉命到塞北军区检查工作，其间遭到日军突袭，不幸被俘。被俘后，他伪装成给八路军做勤务的闲杂人员，以使日军放松警惕，与敌周旋，准备见机逃脱。在他被俘虏四个月之后，他借敌人利用他了解民情的机会得以逃脱，找到八路军。然而，满腔欢喜的他迎来的却是暂停党籍、接受审查的待遇。好在当时被俘前，慌忙中将随身携带的机密资料埋入土中，才留下了没有泄露机密的证据。在闲居半年后，甘惜分终于回到了被俘前所在的单位。

1960 年，全国掀起“反右倾”运动，人民大学也不例外，当时新闻系的许多领导、教授被扣上“修正主义”或者“右倾机会主义”的帽子，相继被打倒，于是几个“反右”的“骨干”就将矛头对准了甘惜分。

然而，甘惜分却不以为意，他白天开会，晚上读马克思主义著作，第二天就发文反驳。他指出，这些所谓的“反右”的人其实是犯了极左的错误。在全国都在“反右”的环境下，独他一人“反左”。后来，他还将事件上报中央。不久后，中央派来工作组调查，经过调查，甘惜分的观点获得了肯定。“我这个人啊，在政治上是从来打不倒的。”甘惜分这样回忆自己的过往。

历史变迁中的坚守者

从 1916 年到 2016 年，中国几千年来未曾有之变局覆盖在甘惜分的身上，他一生也经历了数次转折，而在这些环境与个人的变迁中，他却有着自己的坚守，他坚持着独立思考，他守望着马克思主义。

坚持独立思考是甘惜分一生不变的信条。1938 年，他到达延安，开始进入抗日军政大学学习，不久后转到中央马列学院，开始系统学习马列经典著作。然而，在延安所见的经济、政治现实却与马克思理论诞生的重要背景——欧洲现代资本主义社会有着很大的不同，甘惜分并不教条地遵守马列主义的条框，他明白这些理论是要有变通的。

而 1947 年甘惜分所在的新华社晋绥总分社犯的一次错误则让他更加深了对于独立思考的理解。当时正处在土地改革的高潮中，《晋绥日报》就以“贫雇农路线”“贫雇农打江山坐江山”为主要的宣传基调，让当地的改革不仅对一些已变化阶级的地主依旧“残酷斗争，无情打击”，还将大批中农也排斥在外。宣传浪潮一浪高过一浪，连新华社总社都刊文对错误路线大加赞扬。最后，还是毛泽东意识到了事态发展的不合理，及时制止了错误。

那起事件让甘惜分深深感觉到：外界越是喧嚣，就越要保持头脑清醒，努力做到独立思考。坚持独立思考也让他在“反右”运动中保持了自我，坚持了真理。

晚年的甘惜分曾说“自由平等”是他最大的愿望，而让人人都有独立思考的能力在他看来是实现这一愿望的重要途径。

当晚辈们问起甘惜分的学术秘诀时，他常常用“博览群书、独立思考”这八个字回答。甘惜分除了在新中国新闻理论中做出了突出贡献外，还带头做起了中国的舆论研究。作为党培养的新闻从业者，他一直接受着毛泽东的新闻思想，但是他并没有盲从。他提出，过去的新闻观点不全面，缺乏辩证法的思考，“报纸的作用与力量还在于把人民的意见、批评集中起来，形成强大的舆论力量，推动政府的工作”。他的勇敢源于他的思考。

延安可以说是甘惜分革命生涯的真正起点。1938 年，他抵达延安，开始系统接受马克思主义理论的学习。正是那几年的学习经历，让他树立了共产主义理想，将秉承马克思主义当作一生的信仰。

“我是一个共产主义者”，对于这句话，即使是在被暂停党籍的 40 年里，他也从未含糊过。他对共产主义的信仰不是单单一个党员身份就能代表得了的。他的革命之路并不平坦，被俘事件、“反左”事件、“文革”，对于常人，其中任何一个事件都足以将人彻底改变，然而甘惜分却坚持了下来，“我没有东倒西歪，我就是坚持马克思主义”。

他是一个具有马克思主义理论背景的新闻理论家。“文革”后，他老当益壮，独自担纲完成《新闻理论基础》。关于新闻学的根本是他一直思考的问题，最终他在马克思主义理论中找到了答案。他完成了历史上第一本用马克思主义来写新闻理论的书。社会主义的特殊国情要求必须有特殊的理论服务于新闻实践，而苏联在新闻方面的理论同样也很欠缺，所以甘惜分用马克思主义的观点来解释新闻现象是具有开创性的，他开拓了新闻研究的新领域，后人也把他称为“新中国新闻学奠基人”。

甘惜分的马克思主义中其实还蕴含着传统中国文人兼济天下的情怀。马克思主义新闻观中最吸引他的就是如何处理报纸与人民的关系，“人民是党的母亲，没有母亲，哪有共产党”，经历了旧社会和社会主义特殊探索阶段的甘惜分，更深深地理解着“为人民服务”的真正含义。“我们天天讲为人民服务，我们可知道人民在想什么，我们到底给了人民什么?”如何办好真正为人民服务的报纸，成为他“文革”后所有理论思想的核心。“写真事、说真话、讲真理；传民情、达民意、呼民声”，这是甘惜分曾经写下的一副对联，他对新闻业的要求也蕴含在这 18 个字中。对于新闻记者，他也反复强调应该具有社会大局的观念，“记者不是文字匠，记者是政治观察家和社会活动家”，记者的眼界在他看来是最重要的。

百年沧桑在甘惜分身上留下了强烈的济世情怀，书生报国无他物，唯有手中笔如刀。“我是 20 世纪遗留下来的文人，有责任以天下为己任，天下兴亡，匹夫有责，而不是躺在床上等待死神的召唤。”这像是他的承诺，他做到了。

（本文写于 2017 年）

石峻

(1916—1999)

著名的中国哲学史专家、佛学家、教育家。曾任中国人民大学校学术委员会委员、中国哲学史学会副会长及顾问、中国现代哲学史研究会会长、中国宗教学会常务理事、中国伦理学会理事、国家古籍整理出版规划小组成员。1999年4月15日在北京病逝。一生从事中国哲学史的研究，成绩卓著，人称“石公”。

石峻：襟怀坦荡 率真质朴

宋志明

石峻自幼刻苦好学，中学时代学习成绩优异，尤其是理科成绩更佳。当时中学并不开哲学课，仅有“逻辑学”和“国学概论”，可是石峻竟对哲学尤其是中国哲学史产生了浓厚的兴趣。他在课余自学梁启超著《清代学术概论》、胡适著《中国哲学史大纲》（上卷）、冯友兰著《中国哲学史》（上册），立下专攻中国哲学史的志愿。高中毕业后，不少人劝他报考理工科，而不要报考文科，因为文科毕业谋职业不易。石峻谢绝这些好意的劝告，第一志愿就报考北京大学哲学系。1934 年，他以优异的成绩考取该校。

在北京大学，他涉猎中外哲学史上各家各派的学说，打下了深厚的学术功底。他课外搜寻到当时能找到的中外文马克思、恩格斯、列宁的经典著作，找到当时传入中国的关于辩证唯物主义和历史唯物主义的读本，寝馈其中多年。经过认真的思考和仔细的比较，他终于认定马克思主义哲学为正确的世界观。站在马克思主义哲学立场，他回过头来研究中外各家各派哲学，获得新的起点，有了更深刻的认识和体会，进入新的学术境界。

石峻：
襟怀坦荡 率真质朴

石峻热爱哲学专业，努力钻研学术，但从未忘怀国事。日本帝国主义侵占东三省，继续向华北进犯，北平危急！中华民族危急！他和北大的同学们一样，忧心如焚，深感华北之大，再也放不下一张平静的书桌了。1935 年 12 月 9 日，他和同学们挽起手臂，冒着凛冽的寒风，走上街头游行，抗议国民党政府的不抵抗政策。

1938 年，石峻毕业后留北大哲学系工作。北大南迁，与清华、南开组成西南联合大学，石峻在西南联大哲学系任教，担任哲学系主任汤用彤教授的助手、研究助教、专任讲师等职务。从 1940 年起，他单独开课，讲授“哲学概论”“伦理学”等课程。“哲学概论”是全校性大课，同时开三个课堂，供学生任选。另外两个课堂的主讲人都是留学归来、执教多年的教授，石峻则是初登讲坛的新手。但他以渊博的知识和出色的教学艺术获得同学们的信任。一度出现在三个课堂上选他的课的人数最多，通常在 100 人以上。

40 年代，石峻在学术界崭露头角。他治学严谨，不轻易发表文章。对于每一个研究课题，他总是尽可能全面地收集中外文有关资料，经过反复钻研，才得出科学的结论。因此，他的文章都是高质量的。1940 年，他出席在昆明召开的中国哲学会第四届年会，提交了论文《玄奘思想的检讨》(后修改为《论玄奘留学印度与有关中国佛教史上的一些问题》，发表在《历史研究》1956 年第 10 期)。他还写了评论三种英译《老子》的文章以及关于佛教思想史专题文章多篇，引起国内外学者的注意。

1948 年，石峻由北大调到武汉大学哲学系任副教授，1949 年后兼任校图书馆主任。在新中国成立前夕，他参加中国共产党的外围组织“新民主主义教育协会”，为协助中国人民解放军接管武汉大学做了许多工作。

1952 年，石峻回北大哲学系任副教授。他与冯友兰教授、张岱年教授共同担负中国哲学史的教学任务，讲授中国近代哲学史。在此之前，中国哲学史的教学一般讲到明清之际。石峻是讲授中国近代哲学史的第一人，他开拓了中国哲学史研究的新领域。他负责并参与编写《中国近代思想史讲授提纲》，主编 80 多万字的《中国近代思想史参考资料简编》，为中国近代哲学史和思想史的研究奠定了基础。

1955 年，石峻调到中国人民大学，参加筹建哲学系。1956 年哲学系成立，石峻主持哲学史教研室工作。老校长吴玉章对中国哲学史很重视，亲自为社会主义学院讲授这门课程，石峻协助吴玉章做了一些具体工作。他还代表吴老请侯外庐同志到中国人民大学讲授中国哲学史专题。石峻在中国人民大学哲学系任教已 40 年，先后讲过“中国哲学史”“中国近代思想史”“中国哲学史原著选读”“中国哲学史史科学”“印度哲学史”等近 10 门课程。他非常关心青年老师的成长。在他的带领下，中国人民大学哲学系中国哲学史教研室已成为全国第一流的专业队伍。

石峻多次参加《中国哲学史》教材集体编写工作。近年来，他与人合作编辑《中国佛教思想资料选编》共 12 册，由中华书局印行，已出版 8 册，据悉海外已有翻印本。他撰写的论文《论李大钊和陈独秀的思想》《近代中国知识分子的道路》《范缜评传》《胡适评传》等，提出了许多新鲜见解，在国内外很有影响。

石峻学识渊博，读书很多，然而博而不杂，善于由博返约，抓住重点，从而形成独特的学术风格。他治学侧重如下几个方面：

一是，他十分重视中国近代哲学史的研究，是这一研究领域的开拓者。他多次在学术会议或文章中强调，中国近代哲学是中国哲学发展史中一个十分重要的环节。它是中国哲学从古代到近代的转型产物，是西学传入中国之后中国哲学新的发展形态。不了解中国近代哲学，便不能掌握中国哲学的精神实质，便不能把握中国哲学的走向。他认为，研究中国近代哲学应当抓住中学与西学或旧学与新学的冲突这条主线，揭示中国人民思想启蒙的历史进程，从而科学地概括出中国近代哲学发展的基本规律。

二是，他很重视中国佛教哲学思想史的研究，是这一研究领域的知名学者。他在青年时代就曾撰写过佛学方面的文章。他提出，研究佛学绝不是倡导宗教信仰，而是应当站在科学的立场上，揭示造成这一文化现象的奥秘，提炼出佛教典籍中有价值的理论思维成果。石峻在《肇论思想研究》中指出："僧肇则是真的使用道地的中国语文，摆脱了外来'名相'（概念）的约束，而又能比较准确地表达印度大乘佛教'空宗'的思想，以此对外来佛教理论的中国化，做出了有价值的贡献，这都是值得加以充分肯定的。"他的这一结论得到佛学界专家们的赞同。

三是，他很重视中、西、印三种哲学的交流与融汇，在这方面做了大量的工作。他常说，中国哲学不仅是中华民族的瑰宝，也是世界文化中的珍品，中国哲学应该走向世界。为了早日实现这一目标，他非常重视外文。他学习过英、德、俄、梵四种文字，曾在印度有关刊物上撰文介绍中国哲学，为苏联编纂的《哲学百科全书》撰写中国哲学方面的条目，扩大了中国哲学的国际影响。他接待过苏联、东欧、印度、美国等地的来访学者，进行学术交流。他曾指导外国留学生多人，指导他们用外文写学术论文，其中有的人已成为该国知名的汉学家。1983年，他曾代表中国哲学史学会出席在日本东京召开的第二十一届国际亚非人文科学会议。他还出席过中日佛教学术交流会议等国际会议并提交有分量的学术论文。他主编的《汉英对照中国哲学名著选读》已由中国人民大学出版社出版，在国内外发行，引起较大的反响。这样的读本在中国还是第一部。

四是，他很重视中国现代哲学史研究，是这一领域最早的倡导者之一。1982年，他撰写《有关中国近现代哲学史研究的几个问题》，呼吁把研究重点转移到"五四"以后，改变目前中国哲学史研究"从孔夫子到孙中山"的局面。1987年，他主持召开中国现代哲学研究会成立大会暨第一届年会，担任中国现代哲学研究会会长。

石峻的学术研究成绩斐然。他参与编写的四卷本《中国哲学史》（任继愈主编）曾获国家教育委员会高等学校教材特等奖。他参与编写并担任顾问的多卷本《中国哲学通史》荣获中国人民大学教材一等奖。

1981 年，石峻被国务院学位委员会评为我国第一批中国哲学史专业博士生导师。从 1983 年起，他开始指导博士研究生。他经常教导自己的学生要养成严谨的学风，既要有良好的理论素养，又要尽可能广泛地搜集材料，写出史论结合、高水平的科学论文。他培养出的中国哲学史专业博士 7 人，都已成为从事教学和科学研究的骨干。正在跟他学习的博士研究生还有 4 位。

1988 年 10 月，中国人民大学哲学系召开“祝贺石峻教授执教五十周年座谈会”，许多专家学者出席会议，对他的学术造诣表示由衷的钦佩。大家公认石峻是中国哲学史界“讲课最多的教授”。石峻虽已年逾古稀，但仍活跃在讲坛上。

（原文刊于《中国人民大学人物传》第三卷，1995 年 5 月出版）

苗力田

(1917—2000)

著名西方哲学史家、古希腊哲学研究专家、教育家、翻译家、中国人民大学哲学系教授、博士生导师、中华全国外国哲学史学会顾问、中央大学北京校友会名誉理事。出生于黑龙江省同江县，1939年赴重庆入中央大学哲学系学习，后师从著名哲学家陈康攻读古希腊哲学，毕业后留校执教。新中国成立后，先后任教于南京大学、北京大学、中国人民大学，从事西方哲学的教学与研究50余载。苗力田的学术生涯在他主持国家社科基金“七五”重点项目《亚里士多德全集》(10卷本)的工作中达到了高潮。早在20世纪80年代中期，他就在培养研究生的工作中主持编译了《古希腊哲学》。1997年，《亚里士多德全集》历经十载，终于由中国人民大学出版社全部出齐，这是自西学东渐百年来我国第一部西方哲学家的全集，不仅获得多项全国大奖，而且在外国哲学界引起了轰动，希腊政府亦对于苗力田先生的学术成就给予了高度的赞扬。晚年，苗力田以札记形式思考西方哲人的思想，完成了《〈尼各马科伦理学〉札记》和《〈形而上学〉笺注》。

苗力田：为了中国哲学家的夙愿

李梦超

许多国家的哲学家们把翻译出版《亚里士多德全集》视为文化发展水平的标志，苗力田教授在近70岁的时候挂帅编译这部巨作，十年付梓。但是，他没有一刻停歇，又在攀登另一座哲学高峰——翻译《康德著作全集》……

1999年9月23日，国家哲学社会科学基金优秀成果颁奖典礼在北京人民大会堂小礼堂隆重举行。82岁的哲学家、中国人民大学教授苗力田站在中共中央政治局常委、国家副主席、中央军委副主席胡锦涛面前。满面春风的胡锦涛把工具书、译著、学术资料类一等奖证书交给苗力田，并同他握手、向他祝贺。由苗力田主持翻译的《亚里士多德全集》中文版10卷本全部出齐。

人们常常用“十年磨一剑”这句话形容治学严谨的学者所从事的学术活动。《亚里士多德全集》中文版，恰恰耗去了苗力田10年光阴，在他的学术天地中张挂起绚丽璀璨的晚霞。

1986年，年届69岁的苗力田教授做出了一个庄严的承诺：用10年时间翻译出版希腊古典哲学巨著《亚里士多德全集》。宏伟的志愿震动了学术界。

古典时期的希腊哲学孕育了欧洲哲学的发展，亚里士多德是希腊古典哲学的集大成者，他把希腊哲学爱智慧、尚思辨的精神发扬光大，同柏拉图一起成为古希腊智慧王国的两座高峰。恩格斯称亚里士多德为古希腊哲学家中“最博学的人物”。在两千多年的历史岁月中，愚昧与启蒙、野蛮与文明、暴力与理智的斗争此消彼长，亚里士多德的著述也饱经磨难、命运多舛，但终究有一部分辗转流传至今，显现着先哲的思想光华。

目前刊行于世的《亚里士多德全集》有英、法、德、日等多种文本。包括苗力田在内的我国学者翻译亚里士多德著作的活动，早年已经开始，但直到20世纪80年代中期仍限于个别篇章、零散资料，尚无完整的中文译本。

我国西方哲学史研究的这个重大缺憾，时常使苗力田寝食不安。他和同辈学者经常自责：新中国成立这么多年了，我们连《亚里士多德全集》都还没有翻译过来，岂不愧对后人！

然而，将《亚里士多德全集》从古希腊语翻译成现代汉语并非易事，如此浩大的工程量靠个人在短期内完成难度很大。古希腊文语句安排、文法变化比现代希腊语要复杂许多。我国能够掌握古希腊语的人才寥若晨星，与日俱减，组建《亚里士多德全集》翻译组困难重重。

苗力田1939年考入重庆中央大学，师从陈康先生攻读古希腊哲学。导师陈康先生说：“不懂古希腊文，就不懂古希腊哲学。”苗力田心领神会，在攻读古希腊哲学过程中，也通晓了古希腊文。研究生毕业后，他先后在重庆中央大学、南京大学、北京大学、中国人民大学任教，在新中国最早开讲外国哲学史课程，在我国古希腊哲学、德国古典哲学、俄国19世纪民主主义哲学的教学和研究方面是名副其实的拓荒者。

新中国成立以后，受时代环境的影响，苗力田一度被迫中断了希腊古典哲学研究，把重点放在了德国古典哲学和俄国19世纪哲学方向上。但是，他对古希腊语的温习却须臾没有放松，即使在“文革”期间下放到“五七”干校劳动，他也总是把一部30年代出版的古希腊语教科书时时带在身边。

改革开放，带来了科学的春天。1983年，66岁的苗力田重新捡拾起他魂牵梦萦的古希腊哲学，于当年招收了3名硕士研究生。这位饱经忧患的哲学家此时的头脑异常清醒：研究古希腊哲学，借鉴吸收人类文明的优秀成果，是为着提高全民族的理论思维水平。要真正使学生深入希腊古典哲学的领域中去，必须指导他们阅读大量的希腊古典哲学原著。他对学生说：“哲学命题是用文字表达的，不懂语言很难正确地把握哲学概念。”他请远在荷兰莱顿大学的老同学马大任先生寄来1979年版古希腊语教科书，首先为研究生开设古希腊语言课程。待学生的古希腊语打下了坚实的基础，师生们便共同编译并出版了《古希腊哲学》这部高校文科教材。这次练兵使苗力田感觉到，翻译并出版《亚里士多德全集》的时机日臻成熟。在反复思考、多方论证的基础上，苗力田毅然决定挑起编译《亚里士多德全集》这副重担。由苗力田挂帅的编译组其他8位成员中，5名博士、2名硕士都是苗力田的学生。作为一名老教师，苗力田另有一番良苦用心：“通过翻译《亚里士多德全集》推动我国对古希腊哲学的研究，为国家培养出一批既通希腊古典哲学又懂古希腊语的高级专门人才。”

七旬老翁披坚执锐，率领初出茅庐的弟子，以愚公移山的精神投入一项旷日持久的工程，多少带有一些义无反顾的悲壮色彩。但编译组的工作却有条不紊，效率极高。苗力田说：一种翻译也可以理解为一种解释。当时的哲学处于幼年时期，不仅要艰难地探索令人困惑的各种问题，同样还要艰难地探索各种表述方式。作为载体的翻译工作，应该从历史上把握原著最朴素的意义。他将《亚里士多德全集》贝克尔标准本中的47种著作及后来发现的残篇分为10卷，根据著作本身的重要程度和出版界关于首先出版前三卷的规定，确定了各卷的编译出版顺序和编译人员的分工，提出译文要确切、简洁、精通可读。他自己亲手翻译了《形而上学》《尼各马科伦理学》等重要篇章，并撰写序言和分卷后记。对于别人的译稿，每篇他都要校一遍、审一遍。翻译前几篇著作时，每篇都逐字逐句地核对。后来，大家翻译的熟练程度提高了，译文逐渐趋于统一，他仍然坚持认真审校。编译组成员分散在不同省市，苗力田亲自联络和协调，使整个翻译工作井然有序，进展很快。即使生病住院和外出参加学术会议，他也要随身携带文稿。

1995年10月底，收入《亚里士多德全集》标准本编定后发现的《雅典政治》、其他残篇及《全集》索引的中文本第10卷脱稿付梓，标志着这项工程全面告竣。苗力田说："诗无达诂，文无通训。本书的完成只是一个开端，希望它不是《亚里士多德全集》的汉语最终译作。也希望在中华民族开拓自己的文化前途中它能提供某种借鉴。"

苗力田翻译《亚里士多德全集》的工作，从一开始就受到国内外学术界的热切关注。1989年，在意大利佩鲁吉亚第二届国际柏拉图学术讨论会上，外国学者称他为中国的罗斯（《亚里士多德全集》英文版主编人）。英、美、意、日等国的同行与他建立了联系。英国用30年时间编译出版了《亚里士多德全集》英文本，但是目前他们对这一版本不满意，计划重译这部巨著，剑桥大学古典系同行特意访问苗力田，就翻译的疑难之处与他探讨磋商。苗力田出席希腊驻华使馆举行的学术招待会，几位希腊留学生告诉他：希腊国内青年学生在阅读柏拉图、亚里士多德著作时，已不再读古希腊文本，那里有很好的现代希腊文译本。他们对苗力田所做的工作表示钦佩。

在西方哲学领域，亚里士多德和康德事实上是西方哲学的两个支柱。德国古典哲学以希腊古典哲学为家园，特别是以亚里士多德哲学为来源。希腊古典哲学与德国古典哲学同属于思辨哲学的范畴。

思辨哲学的思想方式分为两种类型，一种是现象学思想类型，一种是实体论思想类型。实体论思想类型把认识对象视为独立于主体的实体。在古希腊哲学中，亚里士多德是集大成者。在德国古典哲学中，黑格尔哲学属实体论思想类型。而现象学思想类型的创始人就是康德。如果想理解现代西方哲学，不从康德抓起，就没有把握源头、认识本质。在编译《亚里士多德全集》中文本之后，再编译完成《康德著作全集》中文本，这就意味着我们对西方哲学思维的主流有了完整的一手素材、根本的把握。这对于发展我们中华民族的理论思维具有重要的借鉴意义。翻译《康德著作全集》是中国几代哲学工作者的夙愿。在中国人民大学校系和人大出版社的支持下，以苗力田为主编之一的编译《康德著作全集》的工作业已全面启动。

回顾这些年走过的不平凡的路，苗力田教授流露出一位严肃学者历尽艰辛后的满足：比起翻译《亚里士多德全集》来，现在的环境和条件要优越得多。由于德国古典哲学是马克思主义的来源之一，新中国成立后对康德哲学的研究得以延续、没有中断，研究成果积累颇丰；我们国家目前从上到下都很重视理论思维，编译康德著作有良好的氛围，语言人才条件、外部支持力度都优于前次编译工作。

古人云："老骥伏枥，志在千里。烈士暮年，壮心不已。"耕耘不辍的苗力田教授希望通过编译《康德著作全集》，倡导理论思维，推动我们国家在文化建设上开创新局面。

(原文刊于《中国高等教育》2000 年第 7 期)

吴宝康
(1917—2008)

浙江湖州南浔人。1935年进入上海英商汇丰银行当练习生后，博览大量进步书籍并接受马克思主义。1939年，在上海加入中国共产党，7月受组织委派到苏南无锡一带从事抗日工作，参加编辑当时中共东路特委的刊物《江南》。1948年后，任华东局秘书长资料室主任、档案室主任，开始与档案工作结下了不解之缘。受组织的委派，自1952年10月在中国人民大学主持创办了新中国第一个档案学专业，开始了建设新中国现代档案学和档案专业高等教育的毕生追求。先后任中国人民大学专修科档案班主任兼档案教研室主任、档案专修科主任、历史档案系系主任兼党总支书记，并任中国人民大学党委委员、常委。中国档案学会一、二届副理事长，三、四届名誉理事长。吴宝康运用马克思主义理论，长期潜心于档案工作与档案学理论的研究，著述颇丰，主要有《档案学理论与历史初探》《档案学概论》《论档案学与档案事业》《当代中国档案学论》《档案学简明教程》《中国大百科全书·档案学》《档案学词典》《论新时期档案学与档案事业》等。他长期担任中国人民大学学术期刊《档案学通讯》的总编辑、编委会主任，是新中国档案学基础理论和中国档案学思想史研究的开拓者之一。

吴宝康：自强不息 永不言弃

杜峰峰

吴宝康，新中国第一个档案学专业奠基人，中国人民大学档案馆第一任馆长。1952 年 10 月，吴老在中国人民大学主持创办了档案专修科，开始了建设新中国现代档案学和档案专业高等教育的毕生追求。

自强不息　勤奋好学

1917 年 9 月 4 日，吴宝康出生于浙江湖州古镇南浔的一个大家庭。他 6 岁时被祖母带到上海求学，念至初中毕业，祖母失业，生活无以为计，幸得亲戚帮助，得以继续在南洋中学就读。初中毕业后，由于经济原因被迫离开学校，到社会上谋生，先是在松江电灯公司当了两年学徒，后来在亲戚的介绍下在上海汇丰银行当练习生。

从小艰苦的环境养成了吴宝康独立自强的性格。他一方面兢兢业业做好工作，另一方面总是不忘扩大知识面、提高技能。他几乎天天去书店看书或买书，每月工资除了生活费用，大部分的钱花在买书上。这期间，他看了不少文艺小说和哲学、经济学、政治理论、社会发展史以及青年自学丛书之类的书刊。他还加入了上海市银钱业联谊会（抗战爆发后在上海建立的群众团体、党的外围组织，经常举行进步人士演讲等活动）。吴宝康如饥似渴地在联谊会举行的各科讲座中汲取新知识，听了许多进步人士如巴人、周谷城等人的报告，这些对他的人生观、世界观影响很大，激发了他最淳朴的民族感情。

追求进步　参加革命

1937 年，卢沟桥事变发生，抗日战争爆发，南浔沦陷，家破人亡的悲惨景象更坚定了吴宝康保家卫国、救亡图存的革命理想。而在汇丰银行，这种理想不被理解，甚至被排挤、压迫。他只好在联谊会举办的活动中寻找、充实自己的革命理想。他的积极表现引起了一位联谊会管理人员的注意，经此人介绍，他和中国企业银行的尹克长相识，并被介绍入党。1939 年 1 月，吴宝康和中国银行的杨扬两人在汇丰银行大写字间举行了秘密的入党仪式，吴宝康从此踏上了为党和民族的事业奋斗不息的征程。

1939 年 4、5 月间，党中央动员党员去参加新四军，吴宝康毫不犹豫地抛下了汇丰银行这个人见人羡的“金饭碗”，毅然决定下乡抗日。7 月 5 日，他向银行请假，并给家中写信，以找到生意为名要弟弟到上海，弟弟在他的鼓励下也到无锡参加了革命。两兄弟一走就是好几年，多年以后才敢跟家里联系。其间，祖母病重，临死都没见上一面，吴宝康对此一直怀着深深的歉疚。

投身革命后，吴宝康先后在《江南》月刊、《大众报》、《前进报》等进步媒体研究革命形势，宣传革命思想，又曾在新四军六师政治部调查研究室、苏皖区党委调查研究室等领衔调查农村地区的经济状况。1948 年 7

月，中共中央华东局成立政策研究室，急需建立资料室，吴宝康调到华东局搞资料工作，从此与档案结下不解之缘。他通过在华东局 5 年的档案资料工作，为后来建立档案专业积累了丰富的实践经验。

投身人大　开创教育

1952 年，吴宝康因在华东局档案工作的出色表现，被调到中央办公厅秘书处任副处长，主要负责人民大学档案专业的建立。

吴宝康带着几个学生到人大成立档案专业专修班时，人大的林园还是一片荒凉，房子还没建好。新中国第一个档案专业就在这样一穷二白的条件下艰难地建立起来了。

此后，吴宝康的一生就跟人民大学、跟档案工作、跟教育事业牢牢地联系在一起。在人民大学的 50 余年间，他与大家一道将一个只有几名学生的档案专业专修班，建设成为享誉中外、学科体系完备、桃李满天下的档案学院，出版了《档案学理论与历史初探》《论档案学与档案事业》《当代中国档案学论》《档案学概论》等数本学术专著，撰写了数十篇学术论文。

吴宝康在治学上始终孜孜不倦。1979 年，他的第一本档案学著作——30 万字的《档案学理论与历史初探》抱病完成。直到 1988 年离休后，他仍十分关注档案学教育和实践。2001 年，84 岁高龄的吴宝康还在核心刊物上发表文章。

坚持真理　永不言弃

“档案工作很重要，马克思曾说过，研究必须充分地占有材料。”每当说起他心爱的档案事业，吴宝康总会引用马克思的这句话。吴宝康建立档案专业的50多年，既经历了开创先河的兴奋，遭受了十年浩劫档案教育被撤销、被曲解的磨难，也见证了档案教育遍地开花的成果，无论在怎样的环境里，他都没放弃过信念。

1973年，人大正式停办，学校各系带建制划归其他高校，唯独档案系没有去处，决定解散。年届半百的吴宝康以一个普通党员的名义和原档案系主任的身份，写了一式三份的建议信，分送周总理、中央办公厅和北京市委，力陈档案专业停办的要害，建议采取由其他大学代管的方式。他对党的事业的赤诚和敏锐的见地打动了上级，不久，市委同意档案系暂归北京师范大学按原建制代管。然而，一年以后，和人民大学其他专业一样，档案系也未能幸免停办。档案教育的严重受挫令人惋惜，而吴宝康在此期间展现出来的一个共产党员坚持真理的气节和一位学者的远见卓识，令人肃然起敬。

1978年，人民大学复校，档案系也随之恢复，吴宝康被任命为系主任和党总支书记。他从挫折和废墟中站起来，“妈也有打错小孩的时候，现在党已经为错误平反，还有什么放不下的呢?”他以一个马克思主义者的博大胸怀坦然面对苦难，重整山河，积极进行档案系的恢复重建工作。1985年，档案学院成立，年近古稀的吴宝康脸上露出欣慰的笑容。

面对吴宝康这位1954年任命的中国人民大学档案馆第一任馆长，作为后辈的我们希望他给档案馆提点建议，他意味深长地说道：“档案工作要受到重视，路还很长；档案人自己要争气，要看得起这份工作。不管人们重不重视，档案工作都是很重要的，档案专业的存在有其客观必然性。只要党和社会需要这个专业，就没有什么力量能阻挡它发展!”吴宝康的话掷地有声，令人肃然起敬。

（原文刊于《中国人民大学》报2006年7月5日第1215期第4版）

胡华

（1921—1987）

中国著名的马克思主义历史学家和教育家，浙江奉化人。淞沪抗战后，肄业于浙江省立高师。随后积极投身抗日救亡运动，在中共浙东党组织领导下，创办“醒民剧社”、《战时大众》报。1938年赴延安，入陕北公学学习。1939年2月加入中国共产党。1940年4月起，在晋察冀抗日敌后华北联合大学讲授中国近代革命运动史。1947年出版史著《美帝国主义侵华史略》和《日本投降以来中国政局史话》。1948年起担任华北大学中共党史教学组组长、华北大学第一部政治十一班班主任、第八区队队长，著有《中国近代革命史讲话（初稿）》。1950年中国人民大学成立以后，先后担任中国革命史教研室副主任、中共党史系主任、博士生导师等；发起并参与成立全国中共党史研究会（后改称中国中共党史学会）以及全国党史人物研究会（后改称中国中共党史人物研究会），均任常务副会长并兼《中共党史人物传》（1～50卷）主编；《中国大百科全书》历史学编委兼“社会主义在中国”卷主编。主编的《中共党史人物传》（1～50卷）丛书1986年获全国优秀畅销书奖，胡华获最佳主编奖。1987年，《中共党史人物传》（1～50卷）又获吴玉章奖金历史学一等奖，在海内外已被译成多种文字转载或出版。2013年出版有六卷本《胡华文集》。

胡华：革命队伍中杰出的教师、宣传家

戴逸

胡华同志离开我们已近30个年头了，回忆当年和他相处的岁月，随从他学习，共同工作，一起读书、议论、写文章，一起谈天、逛街、游览。往日的情景，历历在目；他的音容笑貌，仿佛仍在眼前。

一

1948年，我和胡华同志在河北正定华北大学相识。那时，我从国民党统治下的北平进入解放区，在华北大学一部学习。该校是一座革命的熔炉，锻炼、培养青年知识分子以迎接即将来临的全国胜利。学校分成四个部：一部是政治部，对青年知识分子进行短期培训；二部是较正规的本科，分设系科；三部是文艺部和文工团；四部是研究部。

胡华同志是华北大学一部最年轻的教师，给我们讲授中共党史（当时称新民主主义革命史）。我虽然是北京大学历史系的学生，热爱历史专业，读过一些通史和专门史，却从来没有听说过中国共产党的历史。党如何诞生、如何成长、如何奋斗、如何历经挫折走向胜利，我毫无所知。第一次从胡华同志那里听到这些知识，了解当代最重要的历史发展，犹如发现了一个新世界，既新鲜、惊奇，又兴奋、感佩，对共产党的崇敬之心油然而生，革命的信念更加坚定。

当时，知识青年成群结队投奔革命阵营，华大的学生激增，几天之内就新编一个班，我被编在第十七班。上课是在一片广场上，成千人坐着小马扎听课。华北大学的教师们都富有革命经验，学识广博，口才雄辩，胡华同志就是很突出的一位。他的课程内容丰富、条理清晰、语言生动、分析史实精辟而深刻，讲课带着充沛的革命感情。他讲到死难的烈士、牺牲的军人，淋漓尽致地描述了可歌可泣的斗争情节，真实反映了爱国爱党的浩然正气和甘冒斧钺的刚烈精神。

胡华同志讲课至激动处，往往声泪俱下，满座动容，成千青年的心灵被课程内容深深地打动。新中国成立前后，胡华同志经常讲课、作报告，听过他课的人不下几十万，其影响之广、效益之大是难以估量的。胡华同志是革命队伍中杰出的教师、宣传家，我听了他的课，深深为这位年轻的革命老师所折服，那时他还只有 27 岁。

十分有幸，我在华大一部结业后，被留在一部的政治研究室革命史组工作，组长就是胡华同志，从此和他共处三年多时间，组员有冯拾、李季、彦奇和我，进城后又有彭明、潘喆、何东、王淇、戴鹿鸣等同志。

1948 年底，我们向胡华同志报到，他披着一件破旧的羊皮大衣，坐在昏暗的小房间中——这是他的书房、卧室、会客室。当时，大家穿着灰棉制服，他的那件“皮大衣”可算一件奢侈品了。周围杂乱地堆放着许多书籍、刊物、报纸。他正伏案写作，抬头打量我们一眼，放下笔，招呼我们在炕沿坐下，向我们微笑，和我们交谈，谈话内容我已记不起来，而他亲切的微笑、柔和的声音给我留下很深的印象。

胡华同志是待人宽厚、爱护后进的好导师。他督促我们学习，要我们多读马克思、恩格斯、毛主席的书。他那里有一套解放区出版的《毛泽东选集》，在当时是难得的珍本书，我借来第一次通读了毛主席的著作。

进城以后，胡华同志忙碌起来了，在校内外讲课、作报告，出版书籍，为报刊写文章，主持行政工作（他是华北大学第八区队的区队长，该区队驻地在今天和敬公主府内）。我们做他的助手，也跟着忙碌起来。他讲课经常在大礼堂内，听众达数百上千人。党史中有很多人名、事件、词条，长期生活在国统区的人不熟悉，需要有人写在黑板上，我和彦奇同志担负这项板书工作。因此，胡华同志每次讲课、作报告，总有我们两个人跟随着，我们两个人也因此被人们戏称为“哼哈二将”。

胡华同志写文章，我们帮他找资料。记得当年他撰写关于中苏关系的文章，我们抄录了许多资料，他和我们一起商讨整理和分类的方法。有时也给他起草几段文字，如他出版的《中国新民主主义革命史（初稿）》中最初未写东北抗日联军一段，即将付印时才发现此一重大遗漏，要立即补上。他要我连夜起草，口授了提纲、要点，又给我找来一些重要材料；写成草稿后，和我一起，字斟句酌地进行修改。他写作的态度极其认真，一丝不苟。

胡华同志对我们的思想、学习、生活都很关心，用他的微薄稿费给我们购买生活用品，如毛巾、肥皂之类，有时请我们打牙祭——在小摊上吃馄饨。他平等待人，从来不摆师长和领导的架子，总是那样和蔼、亲切，询问大家的要求，听取大家的意见。他对人宽容，鼓励大家有不同意见，即使你说错了话、做错了事，或者和他顶撞几句，他也不会疾言厉色，总是淡淡一笑，慢慢地解释。他在第八区队工作，为了进行研究，把彭明、彦奇和我带到区队上，我们的任务就是读书、找资料、研究、写作。那时，我们之间朝夕相见，有时讨论，有时吟诗，有时散步，四个人亲密无间，相处极为融洽。

二

胡华同志精力旺盛，忘我地工作，往往彻夜不寐。他撰写并编辑了许多著作、文章、材料，还组织和指导别人写作。当时，他要我挑选一个研究题目，试着写作。八年抗战，在我们一代人心灵中留下了深深的伤痛，抗战胜利也带来了最大的欣悦。可是，国统区的民众对抗战中共产党、八路军的作用并无了解，所以我想用通俗的演义体裁写一本抗日战争的简史。

这个课题受到胡华、彭明、彦奇的支持，他们给了我很多帮助和指导。胡华同志读了我试写的章节，感到满意，鼓励我坚持写下去，给我保证时间、提供资料、介绍出版。1951 年，《中国抗战史演义》以“王金穆”的笔名在新潮书店出版，这是我在胡华同志指导和帮助下完成的处女作。

新中国成立之初，全国掀起了学习党史、革命史的热潮，胡华同志在其中发挥了卓越的作用。他经常在各处讲授中共党史、中苏关系史、时事形势，他的《中国新民主主义革命史（初稿）》是当年最畅销、最有影响的党史教科书。

为了配合全国的学习，胡乔木同志指示胡华主编《中国新民主主义革命史参考资料》，彦奇和我协助编辑，收集了许多党的文件和各种珍贵资料，大多是胡华同志收藏和借来的，篇目经乔木同志审定，在商务印书馆出版，畅销几十万册。所得版税极为丰厚，当时正值抗美援朝，由胡华提议，用我们三人的名义购买一架飞机，捐献给前线的志愿军战士。

1951 年，一场狂风暴雨骤然降临，胡华同志遭到批判，我不理解为什么要进行批判。胡华同志自进城以后，废寝忘食地工作，宣传党的历史和党的政策，使广大人民、各界人士和青年学生们更加了解中国共产党的艰难而伟大的历程，更加热爱党，投身中国革命。他对新中国成立初期的思想教育工作做出了重要贡献。

那时最重要的罪名是：胡华为新潮书店组织了许多书稿，而新潮是一家私营书店，这就沾上了与资产阶级勾结的罪状。其实，新潮书店的同人们大多是跟随共产党多年的文化出版界的进步人士，他们当年所做的也是有益的工作，即使有缺点，也可以引导、纠正，没有必要扣上大帽子，一棍子打死。思想文化工作中的关门主义和“左”的倾向，只能给工作带来损失。

胡华同志遭到党内批判，再三检讨。“城门失火，殃及池鱼”，同他在一起的人也受到株连。当时，没有任何人指出我们所写的内容有什么错误，但还是要检查资产阶级思想。从此，在胡华领导下，一个颇有生气的青年学术群体停止了写作，偃旗息鼓，闭门思过。

此后，我调往中国历史教研室，和胡华同志不在一起，见面少了，但有时碰到还会聊天、谈心。胡华同志经过批判之后，锋芒骤敛，谨言慎行，很少写文章，但仍担负着繁重的教学任务，关心党史领域中如何推进研究工作。他和我多次谈起《红旗飘飘》是很好的党史资料和教材，这些都是活着的革命者的回忆录；还有许多牺牲了的烈士，已长眠地下，不能撰写他们轰轰烈烈的革命经历，希望能组织一批同志来为共产党的烈士写传记，将英烈们的事迹传之久远。

这是推动党史研究的一大举措。我不知道胡华同志后来主编《中共党史人物传》50卷的缘起，但他早年就萌生了这一念头，多次和我谈论过。

20世纪60年代，思想学术界的批判之风大盛。杨献珍、孙定国、孙冶方、尚钺、巴人（王任叔）、周谷城、罗尔纲，一个接一个被批判，胡华同志再一次难逃劫数。他在率历史系党史调查实习组赴南方访问讲学后亦被点名批判，他不承认讲学内容有什么原则错误，这样一来，只能遭到更猛烈的批判。他虽感到苦恼，但扪心无愧，尚能坦然处之，我见到他只能说几句劝慰的话，他的身体却明显地衰弱了。

三

我又一次和胡华长期相处是在“文化大革命”中的“牛棚”里。这场失去理性的疯狂行动使许多人陷入灾难，胡华和我都在被打倒之列。工宣队进校之后，把被打倒的干部、教师集中在一起，我和胡华等二十多人挤住在两间小屋中，每天劳动、写检讨、听训话、背语录，过着牢狱般的生活，完全被剥夺了自由。

“黑帮”们彼此之间，即使是从前十分熟悉的同志，表面上也只能形同陌路，不敢公开交谈，但一有机会，还会低声谈几句，通一点消息，说两句宽心话。自己已被批得“体无完肤”，但仍忘不了用剩余的一点微热去温暖别人被冻得快要凉透的心，真所谓“涸辙之鲋，相濡以沫”。胡华同志不愧是经过锻炼的老干部，虽处逆境中，仍保持坚强、乐观的心情。他相信局势会起变化，鼓励“难友”们勇敢地坚持下去。

胡华同志是敢和工宣队、红卫兵讲理、顶撞的人。有一次，他和工宣队争执起来，为的是要给一位年老体弱的老干部减免体力劳动，他据理力争，言谈从容，不畏惧权势，终于说服了工宣队，达到了要求。

不久以后，我们被“半解放”了，有了行动自由，恢复了党籍，但仍是入在“另册”的人，下放到江西余江县刘家站的“五七”干校。凑巧的是，胡华和我都分配在养猪班当猪倌，相处近三年，一起喂猪、清圈、做饲料、值班守夜。

“五七”干校中仍然风波迭起，不时敲响批判的锣鼓。有一天，忽然有人贴出批判胡华的大字报，开列的罪名仍是“反动权威”“修正主义分子”“勾结资产阶级”之类，此外加了一条新的罪名：胡华同志是浙江奉化人，在江西干校期间，曾春节请假回家探望孤独生活的老母亲，而因蒋介石也是奉化人，大字报中竟说胡华回奉化探亲是怀念蒋介石，策应蒋介石反攻大陆。这种莫须有的罪名真令人啼笑皆非。

胡华同志毫无惧色，找到那个写大字报的人，把他驳斥得哑口无言，这场所谓的“批判”因得不到人们的同情而进行不下去。胡华同志一向和蔼，从不疾言厉色，而在必须抗争的时候却锋芒凌厉，显示了铮铮风骨，使我认识到了他性格中刚强的一面。

在“五七”干校的日子，人们普遍忧虑、苦闷。全国局势仍一片混乱，国家前途不知走向何方，中国人民大学已被解散，教师们被打发下乡，个人的命运难卜。大家有一种被人抛弃、任人宰割的感觉。当时，领导层面已决定为江西“五七”干校的教师、干部在当地分配工作。但这批人工资挺高，年迈体弱，不能胜任重体力劳动，江西方面不肯接收，又推回到北京。这个知识分子累赘的包袱推来搡去，最后仍由北京市接收安置。

1972 年，“五七”干校中传来了好消息：我们将回北京去重新分配工作，不至于千里发配，流落他乡。人人喜上眉梢。可胡华同志和我们却碰上了一件小小的难事：如何处置两年来豢养的一条小狗。

这条狗崽刚生下来不久，就因老乡喂不起被丢弃了。胡华同志从路上把它抱了回来。小狗通体乌黑，额上有一片白毛，到我们怀里灵活而精神，很讨人喜欢。养猪班把它收留下来，取名“小纠纠”。

胡华同志精心照料，给小狗搭了个舒适的窝。两年下来，它出落得伶俐、俊美、健壮，白天围着我们奔跑欢跃，帮我们轰猪守门，晚间陪我们值班查夜，人们都喜爱它。胡华担心它走失或被别人抱走，索性在它脖子上拴了个小木牌，上写“胡华”，以示其是有主人的。于是，人们也用胡华的大名玩笑着称呼起小狗来。可见我们与小狗多么亲密无间！

现在要撤离干校，怎样安置这条狗，给我们增添了一段愁闷。带回北京是不可能的，如果留在江西，江西老乡们养狗、吃狗之风甚盛，况且没有饲料喂，它很快会被捕杀吃掉。胡华同志和我们商议多时，无计可施。胡华奉调到中国革命博物馆，要先回北京了。那天，他在猪倌房内逗弄小狗半天，最后闷闷离去，临走时嘱咐我：“小纠纠的事，尽量安置一下，你最后瞧着办吧！”

我是最后一批回北京的，小纠纠似乎知道大祸临头，那几天依偎在我身边，寸步不离。一些好吃狗肉的战友们，再三动员我把狗杀掉，我坚决不同意。他们说：“就要回北京了，总不能把狗带回去，与其留给老乡吃，不如让战友们饱餐一顿，增加点油水。”禁不住天天催问、敦促，我只好撒手不管，任凭他们处置。我请假一天，躲开了杀狗、吃狗的场面，但耳畔仿佛回响着小纠纠的凄厉叫声……我为此事内疚、心神不宁。

1973年春返回北京，见到胡华同志，向他讲述了小狗的噩运，我们两人相视半晌，黯然无言，他最后叹了一口气说：“只能是这样的结局。”

到1976年，十年浩劫的噩梦才逐渐淡褪。中国人民大学于1978年恢复，我们各自回归工作岗位，忙碌着自己的专业。我和胡华同志虽然住地很近，但长谈的机会很少，我感到他历经风雨，磨炼得更加沉着厚重，而且在他心底燃烧起要求工作的强烈愿望，他要把失去了的时间追回来，讲课、写作、开会，他忙个不停，多年前曾经向我透露的为共产党烈士写作传记的心愿变成了现实。他为此勤奋写作，夜以继日，忘我拼搏。

胡华同志身体本来衰弱、得过肝炎，这样争分夺秒地工作损害了他的健康，旧疾复发，转化成不可救治的肝癌。他去上海做肝脏手术前，我去看望他，他身体很虚弱，内心很痛苦。他不愿做保守治疗，迁延病榻，而宁肯冒着风险，走上手术台，进行彻底切除，以争取治愈能继续工作的一线机会。他就是在如此迫切希望恢复工作的心情下前往上海的，谁料到，他这一去竟未能复返。

我早年就学于胡华同志并一起工作，朝夕相处有六个年头。我所认识的胡华是一位宽容、和蔼、爱护青年的导师，是一位怀抱理想、渴望工作、坚持原则、内柔外刚的革命者，是一位才华焕发、知识渊博、做出了学科奠基性贡献的中共党史专家。

（原文刊于《光明日报》2017年1月11日第16版）

佟柔
(1921—1990)

满族，辽宁省北镇县人，中国共产党党员。曾任中国人民大学法学院教授，中国民法专业博士生导师，并长期主持和领导民法教研室工作。佟柔是新中国民法的开创者、民法理论的奠基人，是民法学的带头人。日本曾有法学家誉其为“中国民法之父”，美国有法学家称他是“中国民法先生”。

佟柔：语来江色暮 独自下寒烟

王利明

无论在哪里，都要热爱祖国、报效国家，但爱国不能是一句空洞的口号，对读书人来说，踏实工作、治学育人就是报效国家的最好方式。

在佟柔老师85周年诞辰之际，不少校友积极捐赠，在中国人民大学法学院为佟柔老师树立了一尊半身雕像，置于法学院六层的国际学术报告厅旁边。雕像底座上刻了十分简要的介绍：佟柔（1921年6月20日—1990年9月16日），新中国民法事业的奠基人。

民法引路人

我作为“文革”后第一批考入大学的学生，于1978年初开始接触法律。与现在相比，我当时能够在图书馆读到的书少得可怜。当时的民法学可以说是一片荒芜的园地，很多人根本不知民法为何物。我们在课堂上所学的民法，实际上不过是一些有关婚姻、财产继承、损害赔偿的政策规定。1981年初，我在准备报考研究生时，仍然找不到一本民法书。后来，教国际私法的张仲伯教授借给我一本佟柔老师寄给他的油印小册子（大约10万字），书名为《民法概论》，是佟老师主编的。我拿到这本书后，如获至宝，挑灯三天之后，终于将这本约10万字的小册子从头至尾抄了下来。这本小册子使我对民法产生了浓厚的兴趣，并一步一步引导我进入民法的殿堂。可以说，它是我入门的教科书。

1981年，我如愿以偿地考入中国人民大学法律系，开始在佟柔老师的指导下学习和研究民法。记得第一次跟佟老师见面是在他校内林园四楼的家里。简单寒暄之后，他就跟我谈起了他最近关于“民法是商品经济法”的研究成果。他说他最近一段时间对古今中外的有关历史、经济等现象进行了考察，并且重新研究了马克思的《资本论》及其他经典著作。他观察认为，商品经济是人类经济发展史上不可逾越的阶段，也是中国未来经济发展的必然趋势。但同时他也注意到，当时有人将民法仅视为公民法或者保护公民权利的法，不能作用于经济领域。他认为，这完全是对民法的曲解。他说，学习民法首先应当明白，民法就是基本的经济法，更准确地讲，民法就是规范商品经济的法。

第二次见佟老师是在一个晚上，当时是讨论我的选课和阅读书目的问题。他首先推荐给我的是《资本论》。记得他说：“要想学好民法，首先得学好《资本论》。”佟老师指出，马克思在《资本论》第一卷中关于“交换过程”的论述其实包括了民法的三项制度，即主体制度、所有权制度以及债与合同制度，这三项制度共同构建了民法的基本体系。因此，要深入把握民法学的内在规律，首先必须学好《资本论》。此外，他还要求我一定要学好罗马法，并且要参考胡长清等学术前辈的著述。但当时市面上根本就见不着这些人的书，他后来就让我在他的书架上搜罗。我记得当时从他的书架上找到了陈朝壁的《罗马法原理》等著作。后来，我又到人民大学图书馆的库本阅览室搜寻，偶然间在一个角落里发现了朝阳大学并入人民大学时留下的一些旧书（上面盖着“朝阳大学”的图章），其中有李宜深、梅仲协、戴修瓒和胡长清等老先生关于民法总论、物权法和债法的一些书籍。这些书大多没有装裱，有些积了厚厚的灰尘，有些甚至拿起来都掉渣。当时，为了取出这些书，我弄得浑身上下都是灰尘。拿到这些书之后，我整天都泡在库本阅览室做笔记。几周下来，我记了好几本笔记，在对民法有很多新认识的同时，也产生了不少疑问。后来，我带着这些问题去向佟老师请教，他对此非常高兴，还向我讲起了早年在东北大学法律系学习期间以及新中国成立后和苏联专家共事期间的一些往事。佟老师当时向我详细讲解了“诉讼时效”与“消灭时效”这一组概念的来龙去脉。“诉讼时效”这个概念来自苏联，他认为这个提法也是合理的。随后，他又向我推荐了几位苏联学者的中译本著述，我记得其中一本就是诺维斯基关于“诉讼时效”的著述。正是在和佟老师一次次的讨论和交流中，我领略到了民法的博大精深，是佟老师带我走进了民法研究的园地。

浓厚的家国情怀

佟老师的青少年时期是在辽宁北镇度过的。“九一八”事变之后，东三省沦陷，他被迫离开家乡四处避难，颠沛流离。抗战胜利后，他考入东北大学法律系学习。佟老师经常跟我谈起他和家人在日本入侵后的遭遇，他的几位兄长都参加了抗战，其中一位哥哥在抗战中牺牲。每当谈起这些往事的时候，我都能从他的语气、表情中深切体会到国破家亡、饱经战乱的沧桑感。他经常给我们讲，个人的命运和国家、民族的命运是休戚相关的，国家积贫积弱，遭受外敌侵略就不可避免，亡国奴是无家可言的，只有国家富强，老百姓才可能有好日子过。他常常告诫我们，无论在哪里，都要热爱祖国、报效国家，但爱国不能是一句空洞的口号，对读书人来说，踏实工作、治学育人就是报效国家的最好方式。

新中国成立后，佟老师多次参加了民法典的起草工作，但都无果而终。1978 年人民大学复校以后，佟老师在每次的学术讨论会和专家咨询会上都大力呼吁要制定民法典。他反复阐述这样的观点：国家要富强，必须得发展商品经济；而要发展商品经济，就得要有一部民法典。1986 年，鉴于制定民法典的条件尚不成熟，立法机关就决定先行制定《民法通则》，邀请佟老师担任主要起草人参与立法活动。他当时异常兴奋。他说，人的一生中很少有这样好的机会报效国家，有此努力和经历，此生无憾。在后来的近半年多时间里，他为此殚精竭虑，有时会把我们叫过去，讨论到深夜。《民法通则》顺利通过以后，他兴奋得热泪盈眶，他对我说，中国总算有了自己的民法。

佟老师住院期间，我和他家人一起轮流陪住。在佟老师去世前一天，师母说佟老师病情还比较稳定，暂时不用过去陪护了。但那天下午，我突然感到心神不宁，焦躁不安，想起有一段时间没有去佟老师那里了，应当去看看佟老师最近情况怎么样了。我后来坐车去通州的医院，辗转将近两个半小时，到了以后才发现佟老师的病情已经恶化了。但见到我之后，佟老师很高兴，还坐了起来，和我断断续续谈了将近一小时。佟老师在谈话中着重提出，中国未来一定要大力发展商品经济，也一定需要民法。他还谈到，要坚信法治是中国的必由之路，民法的健全是法制建设的最重要内容。他勉励我：不论今后遇到多大困难，都要坚定地在民法学的研究道路上走下去；不管有多大诱惑，都不要放弃治学育人的岗位。我当时看佟老师聊得还比较精神，就没有多想，以为佟老师只是像往常一样和我讨论问题，但没想到他已经是在交代后事了。后来，我就坐车回来了，没有留下来陪护他。但没想到，佟老师第二天就走了。我至今仍为此感到十分愧疚和懊悔。

严谨治学的榜样

佟老师给我树立了严谨治学的榜样。第一次和他见面时，他就叮嘱我，要老老实实做人、踏踏实实做事，不来半点虚假。在治学方面，佟老师从来都是不唯书，不唯上，只唯实，要求一切都要从中国实际出发。他在学术上勇于追求真理，坚持自己认为是正确的观点，从不趋炎附势、随波逐流。在改革开放初期，计划经济还占据主导地位，商品经济的概念尚未被广泛接受，当时大家还在讨论姓社姓资的问题。佟老师在 1978 年就提出，我国民法的调整对象是社会主义商品经济关系，应当在商品经济关系的基础上构建民法体系。在当时思想还远未解放的社会背景下，佟老师能够提出这样的理论，实在难能可贵。

佟老师勤奋治学。他坚持每天早晨四点多起床，开始看书、备课和写作，一直到早晨七点多钟，用完早餐之后开始上课或者开会。我曾经多次建议他，早晨空气好，适合出来走一走。他跟我说，早晨是最安静的时候，也是最容易产生灵感的时候，这个时候出去走，太可惜了，要争分夺秒地读书和写作。他教诲我，在治学方面要有“板凳须坐十年冷”的精神，踏实严谨治学。

20 世纪 80 年代中期，在佟柔教授的指导下，我就国家所有权和国有企业财产权问题展开了研究。在研究过程中，我和佟老师的观点出现了比较大的分歧：佟老师主张，国有企业只是享有经营权，国有企业的财产应当属于国家所有；我则主张，国有企业应当通过公司制改造而对其财产享有所有权，只不过因其是国有企业，其所有权应当受到限制。在这个问题上，我们也发生过争论，但佟老师从来都是认真倾听我的意见，并鼓励我深入研究。后来，佟老师要我以国家所有权为博士论文选题，并要求我在此基础上认真地研究物权法理论。在我博士论文答辩会上，他提出，虽然我关于国有企业财产权的观点与他并不一致，但他很尊重我的不同观点。正是受佟老师的影响，这些年我在治学和研究过程中始终秉持包容的精神，尊重他人的不同意见，即使是我指导的学生对我的观点提出疑问，我也感到高兴。

为人师表的责任

“师者，所以传道、授业、解惑也”。在对待学生方面，佟老师第一个的特点就是像慈父一样关心和关爱学生，在他身上体现了对学生无私的奉献和关怀。佟老师的第二个特点就是谆谆教诲、诲人不倦。上世纪 80 年代，学校用房紧张，佟老师的起居室就是他的办公室。他经常在家里接待从全国各地专程过来讨教的学生，他对每一个学生都是耐心听讲，仔细讲解，毫无倦意。由于前来拜访探讨学术的人太多，他家的沙发被坐坏了，里面的弹簧都露出来了。佟老师也习惯了这样的生活，如果家里好久不来人，他反而会感到不习惯。佟老师一生最反对的就是“知识私有”。他经常告诫我，过去一些武馆的师傅总怕把真功夫交给徒弟，但当老师的千万不能这样，自己手上有什么资料，一定要与学生分享。

佟老师的第三个特点就是提携学生、甘当人梯。佟老师自己并不爱好著书立说，尽管他的读书笔记写了好几大本，但他并不轻易出版。他认为，著书立说不是最大的财富，人才才是最大的财富。他说，“我培养的每一个学生就是我写的一本本活书”。我评副教授以后，恰好佟老师被评为博导，佟老师鼓励我报考他的博士。我当时有点迟疑，觉得既然已经评了副教授，似乎没有必要再读博士。他立即批评我，说“不能当了副教授，就不想继续学习了”。他说，攻读民法学博士学位，对以后的学术生涯会有很大帮助。我后来按照佟老师的要求，精心准备，顺利地考上了他的博士，并因此有幸成为新中国第一位民法学博士。

佟老师的第四个特点是忠于教师的职责。他说，老师的职责就是要讲好每一堂课。每一次上课前，他都要将其备课本修改一遍。如果去校外讲课，他一般先了解听众的水平高低，然后因人施教，尽量让听众都听懂、听好。我记得，我自己第一次授课是给 1981 级本科生上课。上课前，佟老师不仅向我耐心讲解了有关的教学法，还把他的备课笔记借给我，让我参考，后来又让我把备课的大纲给他看一看。我看到，他的备课笔记写得工工整整，一些需要着重讲解的地方还附了特殊标记。我在上课的时候，他也来旁听，但怕我紧张，他就偷偷地坐在最远一个角落。我讲完以后，他会私下给我一些意见和点评。他听了两次之后就不再来了。他跟我说，“我觉得你现在已经基本上路了，讲得不错”。

我的博士论文答辩时间确定以后，佟老师生病住院，当时刚做完手术。医生建议他在医院卧床静养，不要外出参加活动。但他跟我说：“我一定要参加你的论文答辩，因为你是我带的第一个民法博士。既然我带了，就应该从头带到尾，否则，我会感到遗憾。”最后，征得医生同意后，我们派了一辆车把佟老师接到学校，在他家里举行了一个答辩开始的仪式。我答辩通过以后，他非常高兴，才让我们把他送回医院。

在佟老师住院期间，我有一次陪他在医院散步，他对我说：你看宇宙浩渺，每当我抬头仰望星空，就感到一个人是多么的渺小。人走了之后，也不外乎化作宇宙中的一粒尘染，何必为人世间的功名利禄而过于烦恼。佟老师的宝贵教诲至今仍回荡在我的耳边，鼓励我在为人和治学方面一定要有开阔的胸襟和包容的精神，始终鞭策我不断前进。

梅贻琦先生曾经将师生之间的关系比喻为大鱼和小鱼之间的关系。在佟老师身上，我深刻地体会到如何做一名学生爱戴、人民满意的老师，如何树立严谨治学的态度和实事求是的学风，他为我树立了治学、为人、为师的榜样。一个人一生最值得怀念的，一是故乡，二是母校；一个人最需要感恩的，一是母亲，二是母校。我感恩母校、感恩人大，首先是感恩我的导师佟柔老师。从佟老师身上，我真正体会到，高尚的师德就是对学生最生动、最具体、最深远的教育。

（原文刊于《学习时报》2017 年 1 月 6 日 第 A7 版）

高鸿业

（1921—2007）

江苏徐州人，无党派人士，我国经济学界杰出教育家，西方经济学学科主要奠基人之一，著名经济学家，资深翻译家，中华外国经济学说研究会名誉会长，教育部社会科学委员会委员，中国人民大学资深教授、荣誉教授。他率先在中国人民大学经济系开设并主讲研究生课程“西方经济学专题研究”，与其他学者合著《现代西方经济学》（上、下），并翻译了萨缪尔逊的《经济学》（第十版），发表了《评萨缪尔逊经济学》，全面系统地介绍、评价现代西方经济学体系，在经济学界产生了巨大反响，成为我国公认的西方经济学学科的开拓者和奠基人之一。

高鸿业：孜孜不倦研『西经』却是马列信中人

毛燕　郭燕

在中国的大学中，他的名字在一定程度上等同于西方经济学：第一个把萨缪尔逊《经济学》翻译成中文，上世纪 80 年代初此书销量超过 10 万本；最先在中国人民大学讲授西方经济学；主编的《西方经济学》教材，被全国近 1 000 万大学生使用；其课堂讲义，被当作考研之人的“红宝书”；在中国经济出版社出版的《中国经济学家地图》一书中，被称为“一等公民”……

他就是高鸿业。所有这些显赫的声名，竟然为一个不到一米七的、已经弯曲的身躯所负载。2005 年岁末，当我们走进人民大学西区教师公寓，初见这样一位弱小的老人时，很有些吃惊。直到交谈之后才发现，一个人的力量和智慧哪里是外表所能完全代表的？即使岁月在他的身上蚀刻了许多印记，然而坚韧自信的生命依然发出熠熠之光。

少年丧父久去国　半生坎坷多磨验

30 岁前的高鸿业的人生，关键词是“战争”和“艰辛”。1921 年生于江苏徐州的一个知识分子家庭。父亲高勉之曾任徐州第一家报纸《醒徐日报》的主编，后因揭露军阀县长贾月壁贪污救灾款项而被贾秘密杀害。毕业于山东女子第一师范的母亲张莲修做小学教员，含辛茹苦地将当时才4岁的高鸿业养大。

从上海中学毕业以后，高鸿业面对的是抗日战争的硝烟和困苦。在“工业救国”的思潮影响下，高鸿业考入当时已搬迁到重庆的国立交通大学机械系。1944年春，国民党政府下令征召大学应届毕业生充任援华美军的翻译。“因我的英文成绩相对较好，短期培训后，我被提前派到昆明炮兵学校做炮兵战术课程翻译。”1945年夏，高鸿业等100名翻译被派遣到美国，实际是培训国民党政府的留美空军。于是，他来到密西西比州一家飞机场担任飞机维修翻译。

1946年9月，翻译任务结束后，经朋友联系，天性倾向于文法科的高鸿业进入科罗拉多大学经济系读书，他一边学习，一边打工：洗盘子、做清洁工、干农活。“1948年拿到硕士学位。想回国，已经买了船票。当时解放军围攻上海，船不能在上海靠岸，回不去了。”

无奈，高鸿业只好继续读博士学位。几年的半工半读生活十分艰苦：“住在地下室，工作不好找，什么活儿都干过。”“最苦的是在一家皮毛厂，用手搓掉经硫酸水浸泡过的兽皮表层浮毛。”1956年，高鸿业取得博士学位。“导师对我满欣赏”，凭了导师的推荐，他做了密苏里大学管理学院教商业统计的副教授。

说起拿学位，高鸿业说：“学位不代表一个人的能力，我读博士都是逼出来的。一个人真正的能力在于他能做出什么成果。”

天堂地狱忽变换 赤子之心终拳拳

当了教授，“生活大大改善了，也有了汽车，也吃洋饭了”。干了一年，年近四十还没成家立业的高鸿业开始思考长久之计：回不回国呢？“中国人在那儿要想做第一流人，当时几乎是不可能。回去吧，面对一个新的环境，能不能适应呢？考虑来考虑去，最后有这么一个基本的想法决定了我的行动：如果要我一辈子，一直都在外国给外国人打工，那，我不干，我死的时候心里一定很不安宁。不管怎么说，我是中国人，吃中国饭长大的，一辈子没给中国人干一点活儿，对不起自己，那会是终生不可弥补的遗憾。”这段话，每个字他都说得掷地有声。

1957年，高鸿业经香港回国。正好是反右前夕，政府执行知识分子政策，对知识分子非常优待。国务院专家局专门派人到香港、广州接待，广州教育厅也派人招待。“优待极了，还可以全国旅游。软卧待遇，吃住都不要钱。”高鸿业到了北京，后来又到了人民大学。“到人民大学以后，情况就不一样了，反右斗争来了。”“我是新来的。没说过什么话，没干什么坏事。是局外人。”

“反右斗争我没事，‘文化大革命’就有事啦!”高鸿业的语气依旧平静，只在话尾稍稍上扬。进“牛棚”、挨批斗，每天早上集体出发劳动，搬砖头、扫厕所。“干重活的全是老家伙，脸上有皱纹的，旁边坐着看书的监工都是学生，年轻人。”高鸿业用“很怪的现象”来形容这个场景。

“如果说我回来懊悔的话，那个时候有一点，回来本来想给中国多多少少干点活儿，现在不仅不干活，反而成累赘了。”对于往昔，高鸿业的语气可谓平淡如水：“我们关在牛棚里的十几个人，个个都吃得下、睡得着。哪怕吃学生的剩饭菜，香得很。”

后来下放到江西当农民运大粪，甚至还有些意外收获：一直以来的失眠症好了。在“无所用心且吃得上东西”的日子里，高鸿业的心态和身体都非常好。

孜孜不倦研“西经”　守得云开见明月

回国后不久，高鸿业就发现中国对西方经济学的认识还停留在马歇尔的阶段。他心里想，这种状况对中国很不利，知己知彼才能百战百胜。但他也仅仅是想而已，那时候被当作反动学说的西方经济学几乎是不可能正常研究的。

1958 年，在人民大学，高鸿业先给经济系老师讲西方经济学。后来，人大和北大在全国首开西方经济学课程，由高鸿业主讲。“当时不叫西方经济学，叫资产阶级经济学批判。马克思主义要想前进，必须有一个对立面。经济学方面就是资产阶级经济学。我好比唱戏一样，演曹操、演坏蛋。当时讲西方经济学，主要是树立靶子，做批判对象。”高鸿业谈起当时的情形不乏幽默。

作为靶子的还有一套书——“当代西方经济学说”（包括《凯恩斯主义》《垄断经济学》《福利经济学》《人民资本主义》《计量经济学》），高鸿业和北大几位教授主编，并且合作撰写其中的《凯恩斯主义》。“不是我们自愿编写的，那时谁敢写?”后来，有人提出把萨缪尔逊《经济学》第五版最重要的十章翻译成中文。高鸿业承担了翻译任务。书出版后不久，“文革”爆发，这本书的命运可想而知。“文革”十年，“不要说西方经济学，除了马恩列斯毛著作外，谁都不能名正言顺地看别的书”。于是，有十年左右，高鸿业一直没有机会接触到西方经济学。

1978 年人民大学复校以后，已经 50 多岁的高鸿业才正式开设了西方经济学课。“如果说我有遗憾的话，有十年的功夫吃了睡、睡了吃，想做任何事情根本不可能，耽误了十年。现在想做事情，又做不到了。”高鸿业依旧平和的语调中透露些许的黯淡。十年后的西方经济学，和高鸿业离开美国的时候已经不一样了。他天天泡北京图书馆，差不多花了两三年工夫，才把新课补上。

此时，萨缪尔逊《经济学》已经出到第十版。“现在人们对西方经济学的认识不一样了，这虽然也是资产阶级的，要批判，但是也要吸收”。高鸿业花了三年时间翻译全书，这本分三次出版的书在 80 年代初作为一本西方学术译著，卖出了十多万本。

60 岁以后，高鸿业的学术研究仿佛才“上道”。1982 年到 1998 年的 16 年间，他单独编著、与人合著作品近十部。其中，他主编的《西方经济学》被评为国家级教材，至今仍为全国很多高等院校的首选；1998 年，高鸿业以 77 岁高龄翻译并评注凯恩斯《就业、利息和货币通论》，并将书中凯恩斯未曾推导过的公式全部推导出来。

一生西学浸淫　却是马列信中人

“中国之所以没有出大乱子，就是保留了马克思主义的指导地位，这点不能丢啊!”高老的话语重心长。“虽然我不是党员，但我拥护共产党。因为现在还缺少不了它，没人能够代替它。”

“有人说马克思主义经济学现在没什么用，我说有用。什么东西使得中国经济发展这么快？就是因为中国的市场经济没有照搬西方经济学所推崇的模式。如果完全照搬，跟苏联差不多，整个经济很快就会垮下去。什么东西使得中国人采取局部、有限度推行市场经济的办法？我觉得是马克思主义。”

一辈子浸淫在西方经济学中的高鸿业，对马列主义却是情有独钟。回国后，他“对马克思主义下了点功夫”，通读了《资本论》《哥达纲领批判》等书，业余还学了俄文。对于现在马克思主义政治经济学在一定程度上有被边缘化的现象，他说：“这不大好，甚至可以说很可能其后果欠考虑。”

1991 年，在《对〈西方经济学〉教学大纲的简要说明》中，高鸿业阐明了他对于西方经济学一般理论的态度：“在整个理论体系上，对它加以否定；在个别概念、论点和方法上，要看到它的可资借鉴之处。”现在依然如是。他说：我们中国人学西方经济学和西方人学习的目标是不一样的。西方是培养西方经济学家。中国人要培养了解西方经济学的人、懂得西方经济学的人，目的是为了中国所用：一方面指出它不对的地方、对中国有害的地方，好比药不能乱吃；另一方面也要知道它有用和有害之处，必须加以鉴别。

对于目前国内的经济学教育和研究，他认为，“缺陷是联系中国现实不够”，“西方的教学人员比较不空谈，很注意实际的事例。在这方面，包括我在内，中国的教学人员比较懒一点”。

“联系实际”是高鸿业做学术的核心词汇。“所谓学术，是为了解决实践问题而存在的，不能直接或间接解决问题的学术研究，毫无意义。”“学术本身就来自实践。没有经济现象，哪有经济学啊？”

后记：高鸿业印象

马上就满 85 岁的高鸿业，苍老、瘦小，但是乐观豁达。“我跟你讲，我活两年都没把握。”说这话的时候，他的语气一如既往。

他每天看报纸，看《光明日报》《参考消息》《北京晚报》《中国电视报》。

一直到一年以前，他还每个月去趟北京图书馆。“最近半年去不动了，但能去我还想去，去惯了，不去难受。”

他爱书，家里全是书，有他喜欢的中国旧诗词书，还有马恩列斯毛全集和各种经济类、管理类著作等，但没有他自己翻译或者编著的书。

他年轻时爱看小说、喝杯淡酒。客厅的书架上放着英文原版《福尔摩斯探案集》《嘉莉妹妹》《艰难时事》和丹·布朗的小说，《达·芬奇密码》买了还没看。年轻时喜欢听听唱片，他指了指对面的音响，“那是我的音响，好久没有听了”。

他看《圣经》，不是因为信基督教，而是因为有些西方经济学理论和《圣经》教义相冲突。

在美国 12 年，他没起过洋名字。“为什么呢？长着一幅中国脸，有中国人的黑头发、中国人的思想，用中文名我感到舒服。”

（原文刊于《中国人民大学》报 2006 年 1 月 15 日第 1203 期第 4 版）

刘佩弦

(1922—2011)

山东省莱州市（原掖县）人，中国共产党党员，新中国马克思主义发展史、科学社会主义理论学科重要奠基人，我国著名的马克思主义发展史专家，中国人民大学荣誉教授，原中国人民大学马列主义发展史研究所所长，全国马克思主义毛泽东思想研究会常务理事，中国国际共运史学会常务理事，享受国务院特殊津贴。刘佩弦 1946 年 3 月进入华北联合大学财经系学习并到张北参加土地改革；1946 年 9 月至 1948 年 6 月在华北联大政治学院政治研究室读研究生，后留校担任教员；1950 年 9 月至 1994 年在中国人民大学任教。他是新中国马克思主义发展史学科的重要奠基人，科学社会主义和国际共产主义运动专业的学术带头人。在长期从事马列主义发展史研究期间，刘佩弦坚持以马克思主义为指导，紧密联系中国社会主义革命、建设和改革开放的伟大实践，广泛借鉴国外马克思主义和国外社会主义以及国际共产主义运动研究的优秀成果，积极探索切合中国实际的马克思主义研究和教育模式，在中国人民大学马克思主义基础理论研究、学科建设和人才培养方面发挥了极为重要的作用。他长期从事马列主义发展史教学和研究工作，为新中国培养了一批从事马克思主义研究的人才，为推进马克思主义中国化、时代化、大众化做出了开拓性贡献。

刘佩弦：朴实无华 真水无香

高燕燕　宋洁

“我觉得自己很平凡，只是做了一点工作而已。”这是采访中刘佩弦教授说得最多的一句话。

坐在我们面前的刘佩弦谦和平易，慈眉善目，穿着浅蓝的衬衣和灰色的马甲，总是笑呵呵的。作为人民大学马列主义发展史研究所原所长、教授、博士生导师，刘佩弦不仅是我国科学社会主义思想史研究领域的专家，还在我国科学社会主义史学科建设以及人才培养方面做出过开创性的贡献。

如今已经84岁高龄的刘老，经历过大半个世纪的沧桑，却愈加的乐观、淡定与平和。与他聊天，你听不到豪言壮语，但他朴素的话语却像磁石一般牢牢吸引了我们……

孤身投奔解放区　华北联大展新篇

刘佩弦，原名刘序堂，1922年出生在山东省掖县（今改为莱州市）神堂乡留村。他早年就读于农村私塾，“七七”事变后到烟台芝罘中学念初中，在北平汇文中学读完高中后考入北京经济人员养成所财政系学习，毕业后又考入燕京大学经济系学习。就在这时，刘佩弦做了一件令当时许多人吃惊的事：他一个人从北平跑到解放区，投奔革命去了。

“我走向革命，并不是意气用事。我上的汇文中学出了好多革命志士。高中时我有个好朋友是学生运动的先进分子，他曾偷偷借给我一本《马克思主义十二讲》，这本书当时我并没看明白，却在我心里种下了最初的革命种子。”

刘佩弦升入燕京大学后，有了更多接触革命思想的机会。“那时我每天都去燕京大学图书馆看进步书刊。其中，《张家口漫步》和《延安归来》两本书令我收获最大。”回忆起60多年前的往事，刘佩弦神情严肃起来，“当时的北平在国民党统治下，乌烟瘴气，民不聊生。这两本书描绘的解放区却生机勃勃，让我无限向往”。

“到解放区去投身革命”。1946年的春天，刘佩弦孤身一人踏上了奔向革命的征程。一路上，刘佩弦不仅要面临国民党关卡的盘查，还要与饥饿、严寒作斗争……几经周折，刘佩弦终于顺利到达他向往已久的张家口，进入华北联大政治学院财经系学习，当年转入该学院政治研究室进行政治理论的研究工作。

“在解放区，我看了很多毛主席写的小册子，如《新民主主义论》《论持久战》《中国革命和中国共产党》，读后很受触动。这时的我开窍了。”刘佩弦回忆起那段经历很兴奋，“当时内战尚未打响，学校请了很多名人来给我们上课，讲革命理论、边区经济、社会发展史等课程。”

随后，刘佩弦数次于张北、冀中地区随土地改革工作团进行土改工作。这段在解放区与贫困农民同吃同住同劳动的经历，使刘佩弦无论是生活方式还是思想观念都有了极大变化，按他的话说，“自己真正成了能与农民交心的革命者”。1948 年 2 月，刘佩弦光荣地加入了中国共产党。

从那之后，刘佩弦担任华北大学政治班的理论教员，开始讲授社会发展史。1949 年，他还参与了“北平文化接管委员会”秘书室的工作。新中国成立以后，应各单位主办的干部理论学习班的邀请，刘佩弦频繁讲授社会发展史等课程。对此，刘佩弦评价：“解放初期，我们在社会上进行的政治理论教育，主要是针对社会各阶层广大群众，进行初步马列主义的启蒙教育。要说更进一步的马列主义教育，还是在人民大学马列主义教研室成立以后。”

建校初期坎坷多　学术生涯频中断

“人大的马列主义教研室，对于在全国高等学校中推行马列主义教育是功不可没的。当时的学员后来都成为教学中的骨干或者校方领导，即使到今天，在马克思主义理论队伍中还发挥着重要作用。”刘佩弦对此颇感自豪。

1950 年 10 月，中央决定在华北大学的基础上正式创建中国人民大学。首先成立的就是马克思列宁主义教研室，承担为各系学员讲授马列主义基础理论课的工作，刘佩弦是主讲教员。

“我们当时讲课以《联共（布）党史简明教程》为基本教材。每次先由苏联专家给我们中国教员讲授，苏联专家讲、我们中国教师记，第二天中国教师再拿到课堂上去讲，真是‘现学现卖’。那段时间老师们的学习热情空前高涨，讲课也很受学员欢迎。人民大学因此很快成为全国各地高校学习的榜样。大批的教师到人大马列主义教研室来取经。”

1958 年，因为国际形势发生了极大的改变，人大马列主义教研室也放弃以“苏共党史”作教材，刘佩弦等教师也不得不转向“国际共产主义运动史”方面的研究和教学工作。

不久，整风运动和“大跃进”接踵而来，刘佩弦的学术研究被迫中断。

直到1964年春，在中央的决定下，中国人民大学马列主义发展史研究所成立，人大副校长郭影秋兼所长，哲学系主任张腾霄兼第一副所长，刘佩弦与徐琳任副所长。“那时真正工作的时间不长，但抓了几项工作，出了一点成果。”当时，刘佩弦组织全所力量为中宣部编写了《国际共产主义运动团结和分裂的历史》《第三国际成立前后各国社会党的分裂和共产党的建立》等材料，均在短时间内铅印上报，受到校领导的肯定和表扬。

“很快，‘四清’就开始了，学校派我到湖南去。等我再回到学校已经是1966年了。没过多久，‘文化大革命’又开始了，我和人大很多老教师都受到了冲击。学校解散后，又被送到江西‘五七’干校劳动去了。”说起这段经历，尽管有些无奈，但刘佩弦的语调还是轻快的。“我在那儿木工、油漆匠都干过。干得最多的是打石头。每天要打一万多锤，最后打得锤子上表皮都裂开了，那段时间我打坏了三个锤子。现在腰痛的毛病就是那时落下的。”至今，刘佩弦仍然保留着一个他打石头用过的钎子。

复校迎来又一春　老当益壮续征程

“我们这一辈人，遇到的政治运动太多。严格地说，直到人大复校，我才算真正开始搞研究。”

“文革”结束后，1978年中国人民大学复校了。1979年，人民大学也恢复了马克思主义发展史研究所，刘佩弦任所长，并任首批硕士研究生导师。

当时他已 57 岁，却铆足了干劲。

任职期间，他组织全所积极招收和培养马克思主义哲学史、科学社会主义史、马克思主义经济思想史各专业方向的研究生；同时，创造条件，大力开展科研工作，带领各研究室集体编写了一批高质置的专著和教材，获得好评。尤其是在科学社会主义史研究领域，刘佩弦发挥了学科带头人作用，令人称道。

“当时，科学社会主义史到底是怎么回事，大家都不是很清楚。在中国具体该怎么搞，就更没有现成的规律可循。我们在摸索科学社会主义史如何成为一门课程方面下了大功夫。”

刘佩弦主张把科学社会主义史分为马恩段、列宁段和中国段，通过具体分析，进行系统化研究，成效显著。他主编完成的《科学社会主义史纲》一书，是我国第一部专门研究科学社会主义的形成、发展及其规律的专著，它完整、准确地阐述了科学社会主义的基本原理。此书一问世，在社会上引起了很大的关注。外界评价：此书的发表，是科学社会主义史这门学科建设的最初尝试，具有开创性意义。

此外，刘佩弦与别人联合主编的《列宁思想史》也在社会上有一定的影响，这是第一部从哲学、政治经济学和科学社会主义几方面综合研究列宁思想的著作，具有一定的开创性。

鉴于刘佩弦在教学和科研方面取得的突出成绩，他从 1991 年起开始享受政府特殊津贴。

“刘老一生踏踏实实搞学问。在马列所期间，他与其他同事一起做了大量基础性的工作，这就为以后马克思主义发展史学科的发展奠定了基础，让后来的研究者受益匪浅。”后辈学者言语中，满是对刘佩弦的敬重。

从教学一线退下来后，刘佩弦还每天坚持读书看报，了解国内外大事，关注社会动态。

刘佩弦：
朴实无华　真水无香

84 岁的刘佩弦目前正在写一本名为《台海风云录》的书，已完成 14 万字。“再过些日子就准备争取出版，”刘佩弦认真地说，“我虽然年事已高，但还是想为国家做点事。”

（原文刊于《中国人民大学》报 2006 年 3 月 25 日第 1206 期第 4 版）

王传纶
(1922—2012)

江苏苏州人，中国共产党党员，中国民主同盟中央经济委员会原副主任，全国政协第六、七、八届委员和经济委员会委员，中国财政学会、中国金融学会、中国国际金融学会原常务理事，中国税务学会、外国经济学说研究会原理事，中国国际税收研究会顾问，“中国金融学科终身成就奖”获得者，新中国财政金融学科的重要奠基人，中国当代著名经济学家、教育家，中国人民大学荣誉一级教授。

王传纶：鹤发丹心 负轭前行

陈骊骊

王传纶，一位永远轻声细语、让人如沐春风的长者，一位谦逊低调但学贯中西的大师。自 1953 年来到中国人民大学财政系，王传纶就与这所学校结下了世纪之缘。历经一个甲子轮回，他始终不忘初心，负轭前行。与年轻一辈科研工作者相比，王传纶的个人经历可谓跌宕起伏，从战争年代辗转求学于西南联大到远赴英伦留学海外，从计划经济走到改革开放，从热血青年到一代宗师，他的人生是一部活的学人奋斗史，也是一部中国人民大学金融学科的发展史。

书生常怀救国志

王传纶出生在富庶的江南，父亲经营老式银行、钱庄，生活优裕。1937 年“八一三”事变后，他的家乡苏州曹家巷很快沦为日本占领区。民族危亡时期，全家逃难到上海，亡国奴的生活让这个年仅 15 岁的少年心中涌起无限悲愤。他不满于当时的政治经济现实，立志于读书救国。第二年，王传纶以优异成绩考入西南联大，他怀着强烈的救亡图存愿望离开家乡，长途跋涉，历经周折，终于成为该校经济系的一名学生，也是年纪最小的新生之一。

在西南联大的经济系，王传纶接受了当时最为严格而系统的经济学教育，师从于经济学泰斗陈岱孙等大家，为自己终身的学术研究奠定了坚实的基础。

与当时其他在抗战中坚持办学的学校一样，西南联大的学习和生活条件堪称艰苦。学习用的桌椅只凑合用木箱，“两稀一干”的粗糙饭食中常常裹着沙石、糠屑；校舍不但是东拼西借而来，还多次遭到日本飞机的轰炸，有时候课程上到一半就响起空袭警报，大家就紧急疏散，过后再抢修被炸毁的校舍。在这样艰苦的环境中，王传纶和其他同学一样，靠做家庭教师、在书店卖书、做会计等来维系生计，同时如饥似渴地汲取知识，更磨炼出坚韧勇敢、百折不挠的意志，让他在漫长的人生道路中始终能够淡然面对低谷与挫折。

1942 年 7 月，王传纶以优异的成绩从西南联大毕业，后来又被选送到英国留学，在格拉斯哥大学社会经济研究系继续经济学研究，更为全面系统地学习了现代经济学的理论。

新中国成立后，时任清华大学经济系主任的陈岱孙写信给王传纶，邀请他回国工作。收到昔日恩师的信后，王传纶毅然舍弃国外优厚的研究和生活条件，于 1951 年国庆前夕回到百废待兴的祖国，投入新中国的教育事业中。

当时的清华大学是一所综合大学，有文学院、法学院、理学院、工学院，农学院刚刚开始创建。初到清华大学经济系，王传纶并没有走上讲台，而主要从事研究工作。随后，他又赴广西参加土改，回到清华的时候，已是 1953 年初了，此时的清华大学已经成为一所综合性工科大学，人文相关学科基本上分流到其他高校，王传纶就随着经济系的同事们去了中央财经学院的财政教研室，后来又随着学科的进一步调整来到中国人民大学，开始了与人大的不解之缘。

栉风沐雨心愈坚

上世纪50年代初至1978年，中国历经了多次政治运动，“反右”“四清”“文革”，知识分子群体受到了前所未有的冲击。20多年的动荡不安，对于任何一位学者来说都是学术生涯的重要转折，有人因此一蹶不振，但更多的人选择坚守，走过那段黑暗岁月，迎来学术的春天。王传纶正是后者，一系列的政治运动使他的学术研究一度中断，但他仍尽最大努力在情况允许的条件下展开研究，译介了大量国外研究成果，尤以1957年翻译的《资本主义总危机时期的美英财政》最为著名。

在“文革”中，王传纶的生活天翻地覆，生存问题成了头等大事，学术研究更无从谈起。一家三口天各一方，孩子毕业到了军垦农场，他则第一批前往江西鹰潭余江县的刘家农场进入“五七”干校接受“再教育”。

那里的劳动和生活条件都非常艰苦，王传纶和经济系的教师一起在基建队劳动，他与后来的党委书记、当时的哲学系主任张腾霄组成劳动小组，承担了搅拌石灰和沙子的工作，每天要搅拌四五车材料供建房使用，这是基建队中最粗最累的活。在基建队劳动的教师都是文弱书生，还有很多人戴眼镜，在晚上劳动非常困难，基本只能摸索着干活，一天下来筋疲力尽，根本无法再看书做研究，大家只能依靠收听广播了解外面的消息。

1972年，王传纶从干校回来的时候，中国人民大学已经停办。当时的副校长郭影秋做出一项富有远见的决定，就是教师队伍成建制地调到其他学校和研究机构去，以待复校。王传纶应组织安排在北京经济学院工作，后来应邀到中国银行的研究机构从事学术研究，他整理了大量国际经济金融的最新研究成果及业务资料，为中国银行开辟了崭新的研究领域，培养了一支年轻的金融研究队伍。同期，王传纶还参加了中央党校“外国外资问题”专题研究小组，给当时正在中央党校为全面改革开放做系统的理论与知识准备的党政领导人提供了最新的国际财经研究资料。

在艰苦的环境中劳动、在流离失所中生活、在无所依托中做学问，这些都没有磨灭王传纶心中的热情，他执着地坚守自己的学术梦想，等待着重新绽放。

改革开放后，年近花甲的王传纶以高度的责任感和紧迫感投入对建设中国社会主义经济体制的理论研究中。1981 年，王传纶的专著《资本主义国家财政》问世，在国内首次建立了研究西方财政的理论体系。80 年代后半叶，他先后撰写了 7 篇统一以“结合国际经验的探讨”为副标题的系列论文，系统、深入地研究了我国银行体系、资本市场、汇率机制、利用外资和宏观调控等金融改革与发展问题，在学术界和决策领域产生了重要影响。

不仅如此，王传纶最早勾画了我国资金流量表的理论框架与应用方法，在国内首倡开展“资金流量分析”研究。1990 年，他集多年研究之大成，发表《“资金流量分析”的方法及其在我国宏观经济调控中的应用》，还亲赴中国人民银行为调查统计专业人员授课，直接推动了 1992 年我国资金流量表的编制工作。

将中西文化相结合、将财政与金融相结合、将理论与实践相结合，王传纶在宏观经济、财政税收、货币银行和国际金融等领域取得了一系列重要的成果，迎来了自己学术生涯的春天。

春风化雨育英才

2011 年，王传纶获得“中国金融学科终身成就奖”，这是对他为新中国财政金融教育事业服务的最佳褒奖。他一生不离三尺讲台，主编的多部教材曾多次获得全国优秀教材省部级奖、国家级教学成果二等奖、北京市教学成果一等奖等国家和省部级奖项。与他共事近 60 年的黄达教授以“真有学问，有真学问”八个字概括王传纶的治学境界。

学成归国几十年来，王传纶致力于搭建中外学界沟通的桥梁。初到人民大学，他就做了大量关于苏联财政制度的介绍性研究。1979 年冬，财政部在大连举办了中国首届涉外税收培训班，由哈佛、哥伦比亚等大学教授为全国高校教师和各地税务官员授课，王传纶积极参与教材翻译、课堂讲解、组织讨论、总结理论等各个环节，协助完成了中国国际税收界的一次启蒙教育。他还尤其重视对国外学术名著的翻译工作，先后主持译校《金融理论中的货币》（1994）、《货币金融学》（1998）、《货币经济学手册》（2002）等十余种论著。1999 年，已近耄耋之年的王传纶还指导年轻学者翻译美国《金融服务现代化法案》，他不仅精心校阅，还撰写长篇导论，对确定中国跨世纪的金融改革思路产生了指导性影响。

王传纶最为强调的是严谨治学的精神。他常对学生说，做学问要有“咬住青山不放松”的精神。他对待博士生历来严格，但从不搞“一言堂”，而是尽量鼓励学生从选题、调查研究到论文写作提出自己的意见，“这实际上是一个互相交换意见、有准备地探讨问题的过程”。他总是字斟句酌地修改学生的论文，常常还附有写满数页纸的修改意见。

论及治学，王传纶身体力行地为学生们做出“严谨”的榜样。直到 80 岁高龄，他还精心备课，为博士生讲授财政金融前沿课程，因为他认为“作为博士生导师，指导研究生只能有一个方式，即自己先学习然后方能帮助他们。这些年学术进展很快，知识老化不可避免，我虽也掌握一些书本知识，但靠这点‘本钱’是指导不好研究生的学习和论文写作的。经济学是艰难的科学，需要不断补充理论知识和实践经验”。他在讲台上一站就是两个多小时，娓娓的阐述、严谨的分析、工整的板书，让学生在获得知识启迪的同时，更获得了一种精神上的洗礼。令他感到欣慰的是，他培养的无数弟子如今都活跃在各重要岗位上，为新中国的财政金融事业贡献着自己的力量。

王传纶虽是大家名师，却淡泊名利，生活极为简朴，他把全部的时间和精力都用于了教学和科研活动。年逾古稀以后，王传纶仍坚持每周给学生开课。由于家住校外，又不想麻烦学校，多数时候都是自己骑单车往来课堂。他们一家居住的北京电视台西门的厂洼小区内的住房只有50平方米左右，客厅和书房相连，总共也就15平方米左右，四周都是层层叠叠垒起来的书籍，但正是这间“陋室”，引导和感召着一代代莘莘学子。中国银监会副主席周慕冰回忆起这间简陋斗室时感慨万千：“那拥挤的书房，那昏暗的灯光，总是散发着温暖的力量，让人淡定，催人前行。”

（本文写于2017年）

邬沧萍

(1922—)

1922 年生于广东省广州市。中国民主同盟盟员，著名人口学家、社会老年学家、统计学家，我国人口学、老年学的开拓者和奠基者，我国人口学最早一批硕士、博士生导师之一。早年就读并毕业于香港、广州岭南大学经济学系。于美国纽约大学、哥伦比亚大学研究生院攻读并获 MBA 学位。1951 年回国后相继于北京辅仁大学、中央财经学院任教，1953 年转入中国人民大学任教，1971 年起专门从事人口学教学和研究。现为中国人民大学社会与人口学院教授、博士生导师，中国人民大学荣誉一级教授。曾任中国老年学学会会长、中国人口学会副会长、国际人口研究机构联合会常务理事、国际计生联亚太地区常务理事、国际老年学学会亚太分会常务理事等。参与编写我国第一套人口统计学教程，公开出版教科书、专著、译著、辞典等约 30 种。1995 年获第二届中华人口奖（科学奖）。2012 年 10 月获“吴玉章人文社会科学终身成就奖”。

邬沧萍：健康老人的人口之忧

蒙彬　毕玥

2012年国庆时节，邬沧萍教授获颁首次设立的“吴玉章人文社会科学终身成就奖”。此时距离他归国任教已经过去60个年头，他专攻人口学研究也已然四十春秋。九十高龄的老人捧出刚刚出版的自己主编的50万字书作《老龄社会与和谐社会》，声音洪亮：“老龄社会既有挑战也有机遇！”

他在知天命之年全面转入人口学，近花甲之年从事老年学研究，创办我国第一个人口研究机构、第一个人口学系、第一份人口学学术期刊、第一个国际人口学培训机构。作为中国人口学与老年学的开拓者和奠基者，邬沧萍教授依然认为自己的人文社会科学终身成就奖受之有愧，“这是对所有社会科学工作者的鼓励和鞭策”。

回归：舍下“金饭碗”走上讲台

“如果我不回中国，就不会在人民大学当教授了，也不会有这么广阔的天地来研究中国复杂的社会问题。”

邬沧萍：
健康老人的人口之忧

1922年，邬沧萍出生于广州一个知识分子家庭。大学毕业后考入上海海关学院，分配到香港中国九龙海关当公务员。其后，他自费去美国纽约大学工商管理研究院求学。1950年，所有留学的知识分子都面临着回不回中国的选择，邬沧萍当时已经拿到了MBA（工商管理硕士）学位，正在继续攻读博士学位，孩子刚在美国出生。

“我的思想斗争也很激烈。”周围很多声音都在劝说他继续学习或者留下工作，不仅有奖学金提供，而且以他和家人的条件还可能拿到美国绿卡。

“中国人回国还需要有理由吗？留在美国才需要找借口。”邬沧萍说，之所以选择回国，是因为从中学时候开始，他一直都受到进步力量的影响，也看了一些进步书刊，“爱国主义始终是主流”。

回国后，邬沧萍由教育部分配到辅仁大学经济系，后经院系调整，进入了他曾经“想都不敢想能去”的中国人民大学。

“吴玉章校长给我们讲党课，我们所有师生在三九隆冬的时候，都是穿着一件棉袄，每个人带一个小马扎，在文化广场露天听报告，很冷的，一讲就是一两个小时。”

在中国人民大学，邬沧萍系统学习了马克思主义理论，“这让我的世界观、人生观、价值观有了一个质的提升。对教学工作来讲，掌握马克思主义的基本原理和哲学基础，就像既获得了一个望远镜，能够站得高看得远；又获得了一个显微镜，对小问题就可以看得更加深刻”。

在香港时，邬沧萍在海关的工作是“金饭碗”；到美国求学时，他身处金融中心华尔街。从海外归来参与初创高等教育，他不但要适应环境的转换，而且历经三次下放农村劳动。而他三次都是劳动模范，“通过劳动，我慢慢地就觉得对我国农民生活的认识对于我从事社会科学有好处”。

从本科到硕士，邬沧萍专攻经济学。在美国留学后期，一心想要回报祖国的他考虑到，当时“MBA只适合于西方的市场经济，中国的计划经济根本用不上”，于是在哥伦比亚大学专门修了“技术上有用”的统计学。任教中国人民大学，他也就到了统计系。

一次跨学科的选择，成为邬沧萍开展人口学研究的起源。

转折：闯入人口“禁区”

1972年，邬沧萍从“五七”干校劳动下放回来，很快就被学校领导召集参加了一项当时认为有风险的临时工作。

1971年，联合国恢复中国的合法席位，中国需要参加联合国会议，许多工作就显得有些措手不及。当时，全世界人口增长很快，人口、贫穷、污染成为世界三大难题。中国准备参加1974年召开的世界第三次人口会议，于是就由国家计委组织了一个班子研究人口问题。研究小组共有十几人，绝大多数来自中国人民大学，刘铮是小组负责人，邬沧萍也在其中。

作为统计学教师，邬沧萍参加过第一次全国人口普查。当6亿人口的统计数据出来后，全国为之震惊，都开始讨论这一问题。其中，中国人民大学李景汉、吴景超，清华大学陈达，北京大学费孝通，民族大学潘光旦等社会学家都提出过人口过多的观点。在当时的论争中，因为“很大程度上受苏联影响”，认为人口多、增长快是社会主义优越性的体现，认为“人手论”比“人口论”更科学，马尔萨斯“人口论”是资产阶级的，一批社会学者因此遭到批判，几乎无一例外被划为右派。

此后20多年，人口问题成了高压线，没有人敢碰，人口学研究进入停滞时期。当国家计委联系中国人民大学接手这项“临时工作”时，主导思想还不敢肯定中国必须要控制人口。

“当时领导征求我意见，我认为也没有什么可怕的，但也有点担心，确实心有余悸。”邬沧萍对人口问题的试水使他慢慢进入角色。

在美国读书的时候，邬沧萍研究过中国的人均国民收入，发现 1936 年是旧中国经济最好的一年，那年人均国民收入是 36 美元，但还是与美国相差近 60 倍。这给了他强烈的震撼，“中国地大但物并不博”，造成这种状况，经济不发达是一方面，人口多也是一个原因。

接受国家计委的临时工作后，邬沧萍和研究小组主要梳理了中国人口史和国外人口研究。因为懂英文，经常负责翻译和参加国际会议，他对人口问题的认识日益深刻，“中国的人口问题是世界最复杂的，也是影响最大的一个问题”。

开拓：一“生”一“老”之学

说到“计划生育”，人们首先想到的就是马寅初提出的“新人口论”。但“新人口论”之前已历经学术论争。其中，1948 年以戴世光《论我国今后的人口政策》一文为中心而开展的讨论，是较为重要的一次。

纵观《论我国今后的人口政策》全文，最引人关注的就是鲜明的观点“减少人口的原则如能为国家基本国策，唯一的方法自然是节制生育”。文中提出自然资源、资本、劳动力要有适度配合的观点，主张节制生育是国家的基本国策，要结合国情制定人口政策，节制生育运动重点在农村，要把节制生育与养老问题相结合，等等。

“这是从人与社会发展的角度来思考人口问题并提出解决办法，与我们今天所讲的人口资源环境可持续发展的思路基本吻合。”邬沧萍说，计划生育政策并不是很多人简单理解的“人越少越好，生育率越低越好”。

在中国人民大学，戴世光与刘铮、邬沧萍都是从统计学开始进入人口学研究。如今，斯人已逝，唯有邬沧萍教授还在耕耘不辍。

1974年世界第三次人口会议落幕后，邬沧萍所在的临时研究小组解散。国务院文教办、北京市委和计划生育办公室就联合向上建议成立一个常设机构研究人口问题。首选的自然是临时研究小组成员，结果多数人都愿意回原系所，只有刘铮和邬沧萍留了下来。

那时，中国人民大学因“文革”停办尚未复校，1974年成立的人口研究所就设在校园西边半间破旧房子里，聚集了十几个研究人员。在这里，他们“出版了好多书，办了好多杂志”。

1979年，联合国人口基金组织中国人口学家代表团到联合国和各国访问，全团5人中有4人来自人民大学，刘铮是团长，邬沧萍是秘书长。

1979年3月，全国第一个向上报送的人口研究报告《对控制我国人口增长的五点建议》递交到国务院。这份报告来自中国人民大学人口研究所，由邬沧萍起草，与刘铮、林富德共同发表。报告两次登在《内部参考》上，还在各省委和中央经济工作会议上发放。报告提出，要严格控制中国人口的增长，“提倡一对夫妇只生一个孩子，坚决杜绝生三个孩子”。

后来，邬沧萍和刘铮又在《人民日报》共同发表理论文章《人口非控制不可》。自批判马寅初之后，人口研究文章近乎绝迹，《人民日报》当时已有近20年不曾发表相关文章。

其后，在昆明召开的全国人口规划会议上，代表人口研究所参加会议的邬沧萍“舌战群儒”。当时，会上提出，各地贯彻只生一个孩子的计划，持续几代人，以把人口总量控制在6亿～7亿。邬沧萍根据《五点建议》的研究提出，“在一定时期提倡生一个可以，但要强制只能生一个，持续几代人，肯定不行”，“单靠数学和计算机研究是不行的，中国的生育要与物质生产和社会条件结合起来”。

改革开放初期，邬沧萍所在的人口所是联合国重点资助机构，成为全国人口学的研究中心、资料中心。人口所从开始招收研究生到最早招收本学科本科生，再到定为中国人口学教学与培训中心，规模影响日益扩大。在先后五次颁发的“中华人口奖”中，人口所一共获得四次，第二届颁给了邬沧萍。

近几年，从民间到全国“两会”，关于调整人口政策的呼声日益强烈。对此，邬沧萍说：“严格控制人口还是利大于弊，不然中国绝没有今天这段发展机遇。”他遗憾于全社会没能一开始就全面认识人口问题，至1980年第一个人口高峰下提出独生子女政策已是没有选择的不得已而为之，“我们几个给中央报告的建议就是提倡一对夫妇生一个孩子，杜绝生三个，对于两个，我认为既不提倡也不禁止，这是自由的”。

因为子女都在美国，邬沧萍如今是名副其实的“空巢老人”。每天早晨7点左右，小区居民就能看到他出现在健身场锻炼。

“我记忆里面从来没有因病住过医院，没有请过病假，没退休的时候每天都是十二点以后睡觉，经常出国坐飞机，一下飞机就参加会议。”邬沧萍教授笑言，退休以后更有时间做课题、指导研究生，自己要努力做个健康老人。

“我很早就主张健康老龄化。”邬沧萍在其主编的《老龄社会与和谐社会》中，针对老龄化问题系统地提出了法律体系、社会保障、医疗保障、健康维护等各方面建议，强调经济发展战略要和人口战略协调好，提高劳动生产率和健康老龄化是两个基点。

少生必然老化，少子必然高龄化，未富先老，不能靠多生孩子缓解。在早期参加人口学国际交流时，邬沧萍就意识到中国必须要重视老龄问题，必须居安思危、未雨绸缪，“不能再犯忽视人口问题的错误”。于是，上世纪80年代初，他逐渐转向老年学研究。

“给很多地方写了很多信，要办这个专业，要成立老年学学会，当时很多人反对，说你一方面提倡计划生育，一方面你又搞老龄问题。但是我相信我是对的。”

在国家教育部门和学校的支持下，邬沧萍教授开始招收人口老龄化和老年学方向的研究生，近30年来培养了一批学科骨干。

金秋时节，站在“吴玉章人文社会科学终身成就奖”颁奖台上，邬沧萍教授再次回想起60年前吴玉章校长露天讲课的一幕，“人文社会科学是全局性、战略性科学，是国家长治久安不可或缺的科学，不能靠急就章，也不能忽‘左’忽右跟风走，要靠长期的文化积累取得，要经得起时间的检验和历史的考验”。

“老牛明知夕阳晚，不用扬鞭自奋蹄。”邬沧萍教授慨然自勉。

（原文刊于《中国人民大学》报2012年10月22日第1426期第4版）

孟氧

(1923—1997)

原名赵志明，福建省建瓯县人。曾在中国人民大学政治经济系攻读研究生，1952 年毕业后留校任教，曾任中国人民大学经济学系教授、博士生导师，兼中国科学院管理干部学院和中国社会科学院研究生院教授、全国《资本论》研究会理事会副秘书长。1966 年，“文革”开始，受政治运动干扰，他的正常教学和科研工作时断时续并受到冲击。1978 年，中国人民大学复校，孟氧回到教学岗位。代表著作为《经济学社会场论》。

孟氧：一位马克思主义学人的执着坚守

黄玮　杨洁

人大有条“孟氧小路”

听说，中国人民大学有一条“孟氧小路”。

孟氧，是一个人的名字，人大经济学院一位教授的名字。教授，在六年前已经离世了，而名字却留了下来，留在了人大校园里。

在人大校园寻觅，我们并没有找到标示着“孟氧小路”的路牌。

“这只是多年前父亲一批学生的叫法，是没有路牌的。现在，知道的人也不多了。”我们的采访对象之一——孟氧的女儿孟小灯，笑着为我们释疑。因为，当年孟氧常常在校园内一条幽静的小路上来回散步、思考，而学生们常常到这条小路来找他，师生之间的请教与授业往往就在小路的来回中完成了。时间久了，这条原本无名的小路因此有了独特的名字——学生们亲切地称之为“孟氧小路”。

原来，“孟氧小路”的名字是刻在一个故事、一份思念和一种精神里的。

孟氧：
一位马克思主义学人的执着坚守

1952年，人大经济系研究生毕业后，孟氧留校当了老师。他孜孜以求马克思主义真谛，一边诲人不倦地给学生传授知识，倾囊相授；一边专心致志地撰写他的《〈资本论〉历史典据注释》，每每伏案到夜深，陪伴着他的是案前的一盏小灯。

注释《资本论》，在中国孟氧是第一人。这项科研工作得到系主任的支持，校长批准在校刊上连载。

1957年，“注释”的单行本还没出版，孟氧就被打成右派。“右派”孟氧被剥夺了上讲台的权利，不能被剥夺的是他思考和研究的热情，他沉默地专注于自己的学术研究。令他喜悦的是，女儿孟小灯出生了，越来越可爱。

谁也没有料到，厄运在1968年的春寒料峭中猝然降临。那是孟小灯不到12岁时的一个春夜，一家三口正吃晚饭，家里来了两个人，谎称开会把孟氧骗了出去。片刻，孟氧又匆匆返回，他悄声对妻子说：“我可能被捕了。”说完，披上大衣，走出了家门，走出了妻女依恋担忧的目光。

孟氧，一去不回头。他被判处死刑，缓期两年执行，罪名是搞反革命武装暴动。一场不测厄运，冷冷地降临在风华正茂的孟氧头上。

面对莫须有的罪名，倔强的孟氧不肯屈服。接到判决书的第二天，他便开始向北京市高级人民法院上诉。但是，上诉被驳回，维持死缓判决。

尽管那时的孟氧心里很清楚，自己提出上诉想要改判是不可能的，但是，他依然不放弃这个不可能的可能。至少，在法律程序上孟氧留下了不肯屈服的痕迹。

孟氧锒铛入狱，离开北京，被押到了山西临汾。两年后，监狱给他写了一个要求减刑的申请。接过改判书，孟氧看到“该犯在劳改期间，能够认罪服法，予以减刑”的字样时，他断然拒绝接受。他执拗地强调说：“我没有罪，也从来就没有认过罪。”因为他的再三坚持，最终孟氧改判书上的“认罪”两个字被圈掉了。

有一种精神支撑他狱中书写巨著

艰难的监狱生活仿佛无边的阴暗，笼罩着孟氧。

辗转难眠的夜，孟氧看到黑暗一片的牢房里，有一盏彻夜不灭的小灯照在马桶上方。这盏为了方便囚犯如厕的小灯，是整个牢房里唯一的明亮。

孟氧心中一喜，有了主意。他毫不犹豫地将自己的铺盖搬到了马桶边。这个人人嫌恶的角落，孟氧却有些甘之如饴——只为了那昏暗灯光下自己可以看书、写作。

夜已深，他守在灯下，埋首阅读；天未明，他已把木板架在腿上，奋笔疾书。日复一日，他熏着臭味；日复一日，他安之若素。代价是，他的鼻子因此失去了嗅觉能力，他的身体日渐羸弱；成就是，他在恶臭中缔结书香馥郁，完成了100多万字的书稿，有《评梅林的〈马克思传〉》等书稿，还有《法典时代和中国法家》《郭老史学见解初探》等论文。字字皆心血，字字见精神。

而孟氧这独树一帜的厚厚的精神质感，是其他犯人难以理解的。他们戏称他为“老学究”“书呆子”，甚至还不时地刁难他。孟氧不理不睬，一心沉浸在学术的天地里。这更激怒了那些空虚的灵魂。有一天，正在写作的孟氧被牢房里的一阵骚动惊扰了，一抬头，他看到其他囚犯正在捉老鼠玩。接着，喧闹消失了，而自己眼前的光亮被一片阴影遮盖了。他抬起头，发现自己已被大家团团围住，中间有个人高举着一只挣扎不已的老鼠。那人狠狠一扯，把老鼠硬生生扯成两半，血喷满了孟氧的书稿。那人说：“老学究，别写了，也许明天你就上断头台了。瞧，就像这只老鼠一样。”

孟氧愤怒了，但心里也阵阵凄凉，“是啊，也许自己明天就会被推上断头台，时间真的是不多了。但是，如果不写，那不是更没有时间了吗?”收拾好稿子，把用来写字的木板重新放回自己的腿上，孟氧一声不吭地继续写着、写着……

“我根据这样的原则生活，如果明天上断头台，那么今天还是属于我。任何法庭都是宣传马克思主义的课堂，绞索套在脖子上写报告，只能用鲜血，而不能用别的什么。”正是这样的精神，有力地支撑着孟氧；也是这样的精神，终于打动了其他囚犯，从此再也没有人阻挠他了。

在牢里，他又通读、研究了《马克思恩格斯全集》，获益匪浅。他还借来了许多数理化教科书，从头开始，一本一本地自学。这使他对马克思主义的理解有了“豁然开朗”的感觉。

女儿如灯，照亮父亲的生命

女儿，是孟氧生命里的一盏灯，无瑕而炽热。

孩子出生前，孟氧就取好了名字，无论是男孩还是女孩，都叫小灯。他对妻子说：“灯是不落的太阳。我常常在晚上工作，需要小灯为我照亮。”

然而，1968年的那个春夜，命运把父亲从小灯的生活中带走了。接着，母亲也进了“牛棚”。

父亲一去，杳无音讯。直到1975年，孟小灯和母亲才有了孟氧的消息，知道他被判死缓，远在山西的监狱……

得到父亲的地址，孟小灯给久违的父亲写了第一封信。信很简单，落款却饱含深情：想你的女儿——小灯。

“我是多么地想你呀，我的灯孩子。”父亲的回信很快到达了。熟悉又遥远的称呼，看得小灯潸然泪下。是的，她一直都是父亲的灯孩子；而父亲，也一直是女儿心目中的好人啊！

从此，北京和山西，女儿和父亲，书信不断。小灯还从微薄的工资收入中拿出钱来寄给父亲，并为父亲购买生活用品和营养品。

1976 年冬天，孟小灯去监狱探望父亲。

在监狱接待室，在孟小灯的急切的期盼中，父亲终于出现了。他老了，也瘦了，但眼睛还是熟悉的，和自己的一样又黑又亮。她的眼泪忍不住了。

孟氧走过来，紧紧握住女儿的双手，强忍着眼泪：“不要哭，时间不多，咱们抓紧时间说话吧。”久别之后，有父女俩聊不完的家常，更有父亲无比郑重的嘱托。孟氧对女儿说：“你听好，我给你讲几个重要的问题：第一，我绝对不是反革命，更没有搞过什么武装暴动，判决书上说的不是事实。第二，我的问题是学术问题，不是政治问题，就是在学术上我的理论也没有错误。第三，我没有罪，也从来没有认过罪，我在不断地上诉，给最高人民检察院，给党中央。灯孩子，你放心，当我的女儿绝不丢人！”

到了告别的时刻，孟氧再次握住了女儿的手。小灯感到手心有什么东西，她下意识地看了看一旁的看守，从容地把手中的纸条放进了自己的口袋。到了无人处，小灯才敢看那张纸条，那上面是爸爸写的申诉材料。监狱中的孟氧，从来没有停止同命运的抗争。粉碎“四人帮”以后，孟氧的上诉又一次被驳回，他依然被判死缓，只是减刑到 20 年。而这一次，他是把所有的希望都寄托在女儿身上了。握着手中还留有父亲余温的小纸条，仿佛是握着父亲的命运，孟小灯年轻的心充满了神圣的责任感。她要为拯救父亲、为拯救父亲这样的好人而奋斗了！

鼓舞着她的，正是父亲那愈挫愈勇的精神。她开始写申诉材料，并刻成蜡版印发到有关部门去。

在为父亲上访的路上，满是艰辛。一沟一坎地，孟小灯整整走了三年，依然希望渺茫，疲惫使她产生过放弃的念头。孟氧写信来了，睿智地鼓励她："灯孩子，你干的事情就像是走 100 里路，你已经走了 99 里，就剩最后的 1 里了。这 1 里跟前面 99 里一样难走，希望你咬咬牙，再坚持一下。"

在父亲殷殷的期盼中，孟小灯又一次咬咬牙，继续艰难的上访路。"我要有爸爸的精神，把官司打到底。"她总是这样默默为自己鼓劲。

"文革"结束了，在有关领导的直接过问下，孟氧的案子终于得以重新审理。孟氧的"反革命"罪名不成立。1980 年 8 月，北京市高级人民法院对孟氧做出了再审判决：无罪释放。

他的故事让历史难忘、让岁月心动

"孟氧出狱了。"

历经坎坷，重回久别的人大校园，孟氧深深懂得时间不仅是生命的尺度，也是人们生存的空间。如果时间没有了，生命的火花也就熄灭了。一个人，有几个 13 年呢？好在自己的心脏还在跳着，把它的潜能发挥出来，至少还可以为我们这个伟大的民族劳动 15 年；好在自己的精神从未被羁绊过，不曾老去，还可以为自己挚爱的事业激扬不已。

历经坎坷，重登阔别的大学讲台。孟氧在人大第一次公开讲演的题目就是狱中的研究成果——《现代工人阶级状况和马克思主义的全球战略》。他全力投入教学和研究中，心无旁骛。除了上课、带研究生，回到家里他就是写，不停地写。

他要和那马不停蹄的光阴赛跑。赛跑，让出狱后的孟氧的生命迸发出绚丽光芒。首先，严峻的考验更坚定了他对马克思主义的信仰，他光荣地加入了中国共产党，并被评为“优秀党员”；其次，他由讲师逐级晋升为副教授、教授，直至博士生导师，被学生评为中国人民大学“最佳讲课教师”之一；再次，许多荣誉，随着辛勤的付出接踵而至，他荣获了全国“五一”劳动奖章，被评为北京市“十大新闻人物”……

而孟氧最执着的，仍是著书立说。他夜以继日地写《经济学社会场论》，坚持多年。1995 年 5 月，书写成了，孟小灯陪着父亲把沉甸甸的书稿送到人大校长办公室去。她用秤称了一下书稿：十二斤半。

书写成了，积劳成疾的孟氧躺倒了，已是肺癌晚期。1997 年初，74 岁的孟氧离开了人世，他留下了巨著在人间，留下了动人的故事在人间。

学校说，孟氧不愧是“铁肩担道义，妙手著文章”，他“体现了中国知识分子的风骨”。

同事回忆道，“他病了，我去看他，正好在楼下碰到他。一见面他就谈理论问题、谈学术问题，没有一点对疾病的恐惧和对生命的失望。当时，他已是肺癌晚期，可我们站在外面谈了一个小时，他一点都不像有病的人。这样的人是少有的”。

曾有学生问孟氧：“您在推动历史前进的时候，被历史的车轮刮倒，您怎么想?”孟氧从容地回答：“你只要是为了推动历史车轮前进，刮倒了，又算得了什么？爬起来，再走就是了。”他平淡的回答，对于学生来说，是“在认识孟老师之前，从未聆听过这样石破天惊的话，也从来没有见过这样惊天骇地的精神追求”。

他的女儿孟小灯，在父亲逝世后，也被查出患有癌症。她被父亲的精神鼓舞着，带病含泪写成了《纯粹孟氧》一书，让孟氧活在了自己的笔下、活在人们的心里。她说，这不只是为了纪念父亲，还是想告诉人们：当厄运到来的时候，一个人应该怎样勇敢、怎样坦然、怎样坚守自己不变的信念、怎样保有高贵的精神。

是的，在艰难时分，在厄运之中，比肉体更经受严峻考验的是人的精神。凭借着精神的力量，我们遇见森林开辟平地，遇见沙漠开掘井泉，遇见考验化为动力！

在人大校园，听着孟小灯清澈入心的叙述，我们渐渐步入一条小路、一条十分幽静的小路。

这就是“孟氧小路”。

（原文刊于《解放日报》2003 年 5 月 30 日）

萧前
(1924—2007)

原名萧前棻，出生于湖北沙市。1946 年参加革命，1954 年加入中国共产党，我国著名马克思主义哲学家，国务院学位委员会哲学学科评议组成员、召集人、特邀成员，中国辩证唯物主义研究会会长、名誉会长，中国人民大学第三届、第四届学术委员会委员，资深教授、荣誉教授，原哲学系副主任。1950 年中国人民大学成立后，成为第一批接受苏联专家培训的哲学工作者中的一员并担负助教工作，从此走上了哲学教学与研究的道路。为我国培养了一大批理论战线的优秀人才，是我国恢复研究生教育制度以后首批招收哲学硕士、博士研究生的导师，也是哲学界培养博士生最多的导师之一。1981 年被国务院学位委员会批准为中国人民大学首批博士生导师之一；1981 年担任第一届国务院学位委员会学科评议组成员；1992 年担任第三届国务院学位委员会学科评议组特邀代表。

萧前：历经风雨 前行不已

高鸿

提起萧前，提起人民出版社出版的《辩证唯物主义原理》和《历史唯物主义原理》，很多人都有深刻的印象。这两部在中国学术界和社会上产生了深远影响的教科书，浓缩着萧老一生执着追求真理的漫长历程。他把毕生的精力都投入马克思主义理论的探索和实践中，以自己的著述和思想，在新中国哲学发展史上书写了浓重的一笔。

投身革命　幸遇名师

1924 年 7 月，萧前出生在湖北沙市一个普通的读书人家。四五岁时，他随父母定居苏州，在省立苏州实验小学读书。抗日战争爆发后，举家内迁，辗转于长沙、泸州、重庆等地。在那些动荡漂泊的岁月里，萧前受上高中的哥哥的影响，读了斯诺的《西行漫记》和范长江的《中国的西北角》，他被书中描述的红军艰苦奋斗的英雄气概和共产党人高尚的道德情操深深震撼了。正是这些书在他幼小的心灵中播下了爱国和革命的火种。

在四川省国立二中上学期间，年少的萧前一头扎进书海，用当时同学的话来说，是“无书不看，无物不晓”。他自己订了一份重庆《新华日报》，随时关注时事动态，而且读了很多进步书籍，这段学习更坚定了他的人生方向。尤其是艾思奇的《大众哲学》，在他心中埋下不解的哲学情结，促使他日后走上了追求马克思主义的哲学研究道路。

1944年高中毕业后，萧前选择了民主气氛浓厚的西南联大，考入物理系，与后来著名的物理学家李政道一起学习。他广泛涉猎自然科学，不仅养成了严谨的思维习惯和踏实的学风，也为以后从事哲学研究打下了坚实的自然科学基础。在发奋读书的同时，他积极投入“要民主、反内战”的学生运动中。他参加了中国共产党的外围组织——民主青年同盟，在王汉斌、彭珮云的领导下开展学生工作，并由组织推荐担任了校学生自治会理事。在昆明“一二·一”惨案期间，萧前置自己的前途和安危于不顾，毅然加入了罢课联合委员会并担任委员，勇敢地站在了斗争的最前列。

1946年底，在地下党组织的安排和吴晗的推荐下，萧前来到晋冀鲁豫解放区，在太行山上的北方大学文教学院学习马克思主义理论并被留校任教。千金易得，名师难求。不知是命运的安排还是历史的机遇，1947年春节，年仅23岁的萧前见到了仰慕已久的哲学家艾思奇。当时，艾思奇受毛泽东委托，正在组织人员编写《中国近现代哲学史》，萧前被安排当他的行政和学术秘书。在艾思奇身边，萧前一边工作、一边学习，很快便成为艾思奇的得力助手。1948年，北方大学合并到华北大学，后来又在此基础上成立中国人民大学，萧前一直在这所大学工作至今。

在中国人民大学成立之初，萧前有幸成为第一批接受苏联专家培训的哲学工作者中的一员并担负助教工作。他后来曾回忆说：“自己一生最值得庆幸的是遇到了大众哲学家艾思奇和苏联专家凯列两位老师”。在这两位老师的影响和指导下，他走上了哲学研究的道路，从此开始了一个马克思主义哲学家的研究生涯。此后，他担任中国人民大学马列主义教研室、哲学教研室主讲教师，历任哲学系副主任、《光明日报》哲学专刊编委、《哲学研究》杂志编委等职。年轻的萧前把自己的满腔热情都投入马克思主义理论的研究与教学中。他勤学深思，博览古今，指点江山，激扬文字，在哲学教育和研究天地中逐渐崭露头角。

立足现实　创新体系

在接受了苏联专家正规的哲学指导之后，如何结合中国现实，兼容并蓄，融会贯通，创立新中国自己的哲学教育体系，成为萧前思考的首要问题。当时，他一边给从苏联聘请来的“洋专家”当助手，辅导研究班学员，一边独立地给本科班学员授课。在教学中，他能够把马克思主义理论与中国实际密切结合起来，旁征博引，深入浅出地阐述马克思主义哲学的立场、观点和方法，深奥的哲学理论被他讲得生动活泼、通俗易懂。这些教学实践为他日后研究哲学教学规律，推进我国高校哲学学科建设积累了丰富的经验。

20 世纪 50 年代末，萧前参加了由艾思奇主编的新中国第一本哲学教科书《辩证唯物主义历史唯物主义》的撰写工作，成为该书的主要执笔人之一。该书由人民出版社于 1961 年初版，1962 年修订再版，1968 年修订后又第三次出版。在该书的几次修订中，萧前始终都承担着主要工作，做出了重要的贡献。

1981 年至 1983 年，受教育部委托，萧前又与李秀林、汪永祥共同主编并由人民出版社出版了《辩证唯物主义原理》和《历史唯物主义原理》两部教科书。这两部书以其严密的体系、充实的内容、缜密的叙述体现了我国哲学教科书的新面貌和哲学研究的新成果，曾先后荣获国家教委优秀教材一等奖和北京市社会科学优秀成果一等奖。

20世纪80年代，在由中国学者编纂《中国大百科全书》的宏大工程中，萧前担任了哲学卷的编委，主编其中“总论”及“辩证唯物主义”部分，并撰写了“世界观”“方法论”“马克思主义哲学”“辩证唯物主义”“实践”等重要条目。

进入80年代末90年代初，时代主题的转换对马克思主义哲学研究和教学提出了新的要求。萧前再次受国家教委委托，牵头组织“马克思主义哲学体系改革”这一全国重点课题的研究。他不顾风尘仆仆，带领课题组部分成员赴全国各地广泛进行社会考察，在此基础上主持召开了多次哲学教材体系改革研讨会。1993年，凝聚着萧前与黄楠森、陈晏清等全国重点高校哲学博士点众多教师共同心血的《马克思主义哲学原理》（上、下册）由中国人民大学出版社正式出版，进一步推动了马克思主义哲学理论的创新和哲学教学体系的改革。

为了适应广大读者学习马克思主义哲学的需要，萧前还与杨彦钧共同主编了《新大众哲学》，由辽宁大学出版社于1996年出版。这本书既继承了艾思奇编写的《大众哲学》深入浅出、贴近大众的优点，又洋溢着走向21世纪的中国社会和哲学思想的蓬勃朝气。

在半个多世纪的高校教学生涯中，萧前始终站在哲学基本理论教学、研究和学科建设的前沿，成为中国马克思主义哲学原理教育的学科奠基人和带头人之一。

不懈探索　无悔追求

在努力进行学科建设和教学改革的同时，萧前还以科学严谨的态度、开拓创新的热情投入马克思主义基本理论的研究中去。在他看来，马克思主义哲学的生命力在于同社会实践、同人民群众的紧密结合。他及时把握时代脉搏，密切关注国家和民族前途，从20世纪50年代末开始，形成自己的哲学思想，并在长期深入的理论思考和实践探索中逐步走向成熟。

20世纪50年代末，面对农业合作化运动后期的盲目冒进和一哄而上的“大跃进”、人民公社化运动，萧前在《哲学研究》上先后发表《唯心主义的认识论根源与阶级根源》《主观能动性和客观规律性》等文章，对“大跃进”、人民公社化运动作了深刻反思，对当时社会主义建设面临的一系列重大理论问题作了认真探讨。1963年，他响应毛泽东“把哲学从哲学家的书斋里解放出来”的号召，在《人民日报》上发表了《把哲学变成群众手中的锐利武器》一文，受到毛主席和周总理的赞赏，周总理还特地将此文向应届毕业的大学生作了推荐。

党的十一届三中全会以后，尽管党中央努力进行了思想上的拨乱反正、正本清源，但“马克思主义过时论”又时有抬头。如何进一步解放思想、破除迷信，从根本上清除十年内乱期间“唯心主义盛行、形而上学猖獗”的混乱局面，科学地研究和应用马克思主义，成为全党的重要任务。萧前挺身而出，写作并发表了《高举实践唯物主义旗帜，为恢复辩证唯物主义应有的权威而奋斗》一文，为捍卫马克思主义发出了振聋发聩的呐喊。

自20世纪50年代以来，萧前笔耕不辍，发表文章阐述自己对世界深邃敏锐的洞察，记述自己对现实鞭辟入里的剖析。这些研究成果汇编成一本40万字的论文集——《哲学论稿》，由中国人民大学出版社于1988年出版。这部收录了35篇论文的文集，记录了萧前在追求真理的道路上奋进求索的历程，体现了这位坚定的马克思主义者“不仅要科学地解释世界，而且要能动地改变世界”的夙愿。

萧前始终实践着以中国革命和建设为中心，研究中国化的马克思主义哲学的理想。在改革开放初期，他开始主持研究“马克思主义认识论与中国社会主义现代化”等重大课题。他坚持认为：哲学工作者研究世界观，首先必须“观世界”，要深入实践，在实践中为理论研究发掘源源不断的新鲜资源。为此，他带领中国哲学家调研团深入苏南等地，全面考察了东部地区改革开放和发展经济的经验及存在的问题。在此基础上，先后出版了由他主编的《马克思主义认识论研究与我国社会主义现代化建设》和《关于中国社会主义现代化的哲学反思》。这两部书从不同角度反映了他对中国现实社会发展的热切关注，倾注了他对我国现代化建设实践的凝重思考。

在萧前看来，中国搞革命和建设要走自己的路，不能跟在别人后面亦步亦趋；马克思主义理论研究也应该从国情出发，不能照抄照搬别人的东西，中国一定要在坚持马克思主义基本理论的前提下形成有自己特色的革命和建设理论。他认为，毛泽东哲学思想和邓小平理论是马克思主义哲学中国化的两种成熟形态，是坚持和发展马克思主义哲学的桥梁，是马克思主义哲学具有强大生命力的源泉。他从进行哲学研究的初期开始，就努力用毛泽东哲学思想丰富和发展马克思主义哲学；到了晚年，他又从哲学的高度深刻阐述了邓小平建设有中国特色社会主义理论。他认为，在邓小平的著作中，处处体现着马克思主义哲学的实践观和实践标准、生产力观点和生产力标准、群众观点和人民利益标准，它们又集中地反映在邓小平的“三个有利于”标准之中。这是对马克思主义和中国现代化建设相结合的高度理论概括，是马克思主义理论发展的新境界，是当代中国的马克思主义。

尊重实践　勇于创新

实践是哲学之根，批判是哲学之魂。哲学研究不仅是对现实的批判和反思，更应该成为时代精神的引领和先导。这就要求一个真正的哲学家具备“独立之思想、自由之精神”。萧前在几十年的哲学研究中，不唯书，不唯上，只唯实，保持了自己学术思想的独立性。这一方面得益于他从小就养成的勤学慎思的思维习惯，另一方面则得益于他解放思想、实事求是的科学研究态度。

在“文化大革命”期间，萧前受到排挤和迫害，被剥夺了学术研究的自由。尽管如此，他还是利用这段时间重新学习马克思主义哲学经典著作，通过认真研读，深入思考，对马克思主义有了新的发现和认识。在给学生讲课时，他曾提到：实践观点是理解《关于费尔巴哈的提纲》的灵魂。恢复工作以后，面对中国改革开放和社会主义现代化建设的新情况，结合时代和实践发展的新特点，他继续挖掘马克思主义应有的科学内涵。

1980年，萧前为《红旗》杂志撰写了《论马克思主义的实践观》，强调实践性是马克思主义哲学的最根本的特征。因此，马克思主义哲学是实践唯物主义，是建立在实践基础上的唯物论和辩证法内在统一的哲学。在他为《哲学研究》撰写的《论实践的形式》一文中，特别提醒人们要重视毛泽东在《实践论》中提出的一个基本观点：“生产活动是最基本的实践活动，是决定其他一切活动的东西。”他深刻总结了马克思主义哲学的精神实质和理论特征，得出了“马克思主义哲学是实践唯物主义”这一具有重大理论意义的结论。鉴于长期以来人们对马克思主义的教条化理解，他认为，只有认识到实践观点是马克思主义哲学首要的、基本的观点，才能彻底驳倒唯心主义，也才能把辩证唯物主义贯彻到底。

“一石激起千层浪”。萧前的这些观点，在理论界引起热烈的讨论，得到了许多积极的回应，当然也遭到了许多严厉的批评，有人甚至断言：“实践唯物主义是资产阶级自由化的理论基础”。面对诸多的批评，他毫不畏惧，坚信自己的理论方向是正确的。他坚持认为，科学的实践观是马克思主义哲学赖以确立和发展，并使之具有无限生命力的基础，是把马克思主义和一切非马克思主义区分开的关键，也是中国共产党“解放思想、实事求是”思想路线赖以确立的哲学基础。现实的实践已经开始证明他的观点的科学性，这些观点也逐渐被理论界接受，并主要体现在他和李淮春等主编的《实践唯物主义研究》一书中。这本书汇集了当时国内马克思主义哲学理论研究的最新成果，在我国哲学理论创新方面跨出了重要的一步。

学术报国　关注民生

萧前是一位“家事、国事、天下事，事事关心”的爱国学者。与他早年的革命历程一样，他的学术发展始终与党和国家、人民的利益紧密联系在一起。马克思主义不但是他一生不断学习和探索的科学真理，而且是他毕生为之追求和奋斗的坚定信仰。在“大跃进”时期，当有人以反对条件论来为蛮干做论证和辩护时，他挺身而出，以《条件论》一文进行有力的反驳。他义正词严地指出：必须依据客观规律，从现有条件出发，正确地发挥主观能动性。在“以阶级斗争为纲”的年代里，尽管他受到严重的冲击，被剥夺了公开发表文章的自由，但他还是顶住了来自各方面的压力，不轻信，不盲从，坚持理论研究的正确方向，维护和捍卫马克思主义哲学的科学性。

改革开放初期，萧前深刻反思中国社会主义建设的历史经验和教训，提出实践本身也应该有一个标准，就是看对解放生产力有没有好处。当有人提出还应该考虑生产关系标准的时候，萧前据理力争：“生产关系标准指什么呢，是不是越大越纯越公就越好呢?”他通过发表《谈谈生产力》等一系列文章，旗帜鲜明地批评了各种怀疑和否定生产力的观点，为实现理论上进一步拨乱反正、恢复马克思主义的本来面貌做出不懈努力。1992

年，邓小平南方谈话发表以后，萧前又将实践标准、生产力标准和“三个有利于”标准结合起来，认为“三个有利于”标准是对生产力标准的深化和发展，是判断改革成败得失的最高标准。其中，生产力标准是核心，增强综合国力和提高人民生活水平是最终归宿。实践标准和“三个有利于”标准也是统一的：坚持前者，必然坚持后者；坚持后者，必然能更好地坚持前者。1996年，他在《马克思主义的实践观与建设有中国特色社会主义理论的哲学基础》一文中又郑重指出：人民群众最伟大的生产力，是社会实践的主体。社会主义是人民群众自己解放自己的伟大事业。马克思主义的实践观点和群众观点是不可分的。邓小平的“三个有利于”标准抓住了最基本的实践活动——生产以及实践的最高目的——人民的共同富裕和物质文化生活水平的提高，这是对马克思主义实践标准的实际应用和发展。

世纪之交，在江泽民提出“三个代表”重要思想以后，萧老尽管年事已高，却仍然坚持每天阅读报刊，关注理论界的反应和各地实践的报道。鉴于苏联解体的历史教训，他认为应十分重视“最广大人民群众的根本利益”，加强民主与法制建设，下大力气惩治腐败，这是党风好坏、民心向背的关键，也是关系到党的生死存亡、国家盛衰荣辱的关键。对中国社会的关注，对国家命运的忧思，对人民疾苦的体察，构成了萧前全部思想和活动的主要脉络。

桑榆未晚 霞光满天

爱智是哲学的真谛，求真是哲学的本性。在哲学王国里探索了几十年的萧前，不仅以他睿智的思想启发和教育了一代又一代的人，而且以他执着率真、乐观豁达、勇敢坚毅的品性影响和激励着他身边的每一个人。在处于大变革的当今社会，许多人心浮气躁、急功近利，不愿再安下心来扎扎实实做学问，可萧前仍保持着一份宁静与淡泊。萧前是位性情率真的人，对真理的执着追求，对名利的超然淡泊，对他人的热心坦诚，是他对“真”做出的最好诠释。他总是实事求是地估价自己，不居功自傲，不沽名钓誉。在一篇题为《我与哲学》的短文中，他写道：“我曾自信崇尚理性反对迷信盲从，其实要做到这一点则很难、很难。五十年代末，我在社会主义学院授课时，遇到对我国当今伟人能否‘一分为二’的难题。经过一番思考，我做了解答。而此一解答，在当时可以说是‘机智’的，实质却是错误的。崇尚理性的我，原来不过是在‘个人迷信’的笼子里谈哲学；虽然谈得很艰苦，却偏离了马克思主义哲学本身应有的无限广阔的视野。”在哲学研究已颇有建树之时，他却能保持着这样一份清醒，对自己做如此深刻的剖析，这是怎样的一种坦荡与率真！也许正是这种精神，才使他在追求真理的跋涉中步子迈得更平稳、更坚实。

“千教万教教人求真，千学万学学做真人”，这不仅是萧前自己做人处世的座右铭，也是他从事教育工作的箴言。萧前在哲学的园地里耕耘了几十年，桃李满天下。为培养有志于研究马克思主义的青年，他总是把自己的利害得失抛在脑后，为学生的发展尽可能提供有利的条件。他不但以自己渊博的学识和睿智的思想把学生领进了智慧的殿堂，而且以自己的人格魅力影响他们如何处世做人。在他的言传身教下，这些学生有的后来成为著名的哲学家、理论家，有的成为优秀干部、管理人才、商界精英，在各行各业大显身手。

1996 年秋，萧前不幸中风。病后的老人不得不暂时放下自己研究多年的课题，离开自己心爱的讲坛，和病魔开始了一场艰难的较量。面对疾病给自己生活带来的困难和不便，他没有怨天尤人，没有放弃希望和努力，而是以顽强的生命意志克服了常人难以克服的困难。他乐观地称自己是“两手抓”，即一手抓体能锻炼、一手抓脑力恢复。尽管看书读报非常吃力，但他每天坚持阅读，始终以一个理论家特有的敏锐及时把握国内外重大时事和理论研究动态，关心哲学社会科学的发展与繁荣。

“风雨沧桑数十年，追求马列志不减。桃李芬芳映华发，桑榆未晚霞满天。”在半个多世纪的理论研究生涯中，萧前把自己的全部热情和精力都献给了社会，献给了党，献给了马克思主义哲学的教学与研究。他严谨治学，诲人不倦，为新中国马克思主义哲学正规化教育奠定了基础；他乐于探索、勇于创新，不断汲取科学和实践发展的新成果，为在新时期坚持和发展马克思主义哲学开辟了道路。他以自己卓著的理论成就提高了生命的浓度，以自己多年的革命实践拓展了生命的宽度，以自己不凡的人格魅力提升了人生的境界。人生有限，事业无涯，对萧老而言，追求真理的长途永无止境，人生奋斗的历程也远无终结。

（原文刊于《中国人民大学》报 2004 年第 2 期）

彭明

(1924—2008)

河南夏邑人，当代著名的马克思主义历史学家、教育家。生前系中国人民大学马克思主义学院中共党史系教授、中国人民大学国际关系学院政治学系政治学理论专业博士生导师。中国人民大学政治学理论专业博士点的开创者，国内外公认的五四运动史、中国近现代政治思想史和中华民国史研究领域的学术大家。1945 年入中国人民大学的前身——华北联合大学教育学院史地系学习，1947 年、1948 年在华北联合大学和华北大学先后师从胡华和范文澜攻读研究生，1949 年担任华北大学中国革命史助教。1950 年中国人民大学成立后，一直在中国人民大学从事教学和科研工作。1983 年被评聘为中共党史系教授，1986 年起任博士生导师，2002 年起担任国际关系学院政治学理论专业博士生导师，2005 年获“中国人民大学荣誉教授”称号。曾担任中国人民大学学术委员会委员，全国哲学社会科学规划党史党建学科规划组成员，中国现代史学会常务副会长、名誉会长，黄埔军校史研究会会长，中华炎黄文化研究会理事，北京市政协委员等职；曾被国内多所高校和科研院所聘为兼职教授、客座教授、特邀研究员。

彭明：板凳精神的传人

毛燕 陈霄英 段蕾

与 82 岁高龄的彭明教授交谈是一件很愉快的事。他谈吐幽默，思维敏捷，让人不时会有获得新知的惊喜。彭明教授笑着说："从住房的楼号就能看出我和自己的研究领域很有缘呢。"他说："我原来在校内住林园五楼四号，我称之为'五四书屋'，现在搬到时雨园后住九楼十八号，从'五四书屋'到'九一八'，是不是很巧啊！"爽朗的笑声中透出了他对事业的深情。

彭明教授与他的《五四运动史》

"《五四运动史》是我学术思想最集中的一本书，也是我一生的心血。"手抚着厚厚的《五四运动史》，彭明教授像对待自己的孩子一样爱惜不已。的确，这本书从 1946 年开始收集资料，到 1983 年最终脱稿，其间经历了"文革"等无数变动，每一个字都是他呕心沥血、精雕细琢所成。

20 世纪初发生在中国的那场轰轰烈烈的五四运动，离我们现在不算远也不算近，但由于世间对这一阶段保留的资料少之又少，想写就一部《五四运动史》谈何容易！彭明教授的工作是开创性的，也是极其艰辛的。为了搞清楚几十年前的真实情况，保证书中史料的真实性，20 多年来，彭明教授查阅了一切可以找得到的报刊、档案、文献等资料，尽可能地走访了当时事件的发生地，还请教了许多当年五四运动的参加者、目击者，这些都让他获得了大量的文献资料和书中所没有的新鲜材料，纠正了不少以前书本上的谬误，形成了《五四运动史》一书资料翔实、语言生动的特色，让读者感到那个年代发生的事情就鲜活地摆在眼前。

正因为如此，历时 27 年、几易其稿的力作《五四运动史》，一经问世便激起了学术界强烈的反响，同时引起了当时国家领导人王震的关注，他亲自批示各学校机关要以此书为参考，胡绳和胡乔木也都在不同场合多次推荐此书。作为彭明教授的代表作，《五四运动史》已成为研究五四运动的奠基之作，是今天人们在学习、研究相关历史或事件时不可或缺的参考资料。该书获得中国人民大学科研成果一等奖、北京市哲学社会科学优秀成果奖、国家教委优秀教材一等奖等。

“板凳须坐十年冷， 文章不写一句空”

“板凳须坐十年冷，文章不写一句空”，这是彭明教授被大家广为传诵的治学格言。他说：“这是范老对我的教诲。”谈及自己的恩师——我国老一辈著名的马克思主义史学家范文澜先生，彭明教授感怀颇深：“是范老引导我走上了治学的道路，让我树立了一种坚定的信心——做学问要持之以恒。”

彭明教授解释说：“板凳须坐十年冷”是说做学问不能着急，要坐得冷板凳；“文章不写一句空”的意思是要从积累材料入手，言之有物，不能讲空话。彭明教授不仅是这么说的，多年来更是身体力行，严格按照这一标准治学育人。

“文革”到江西下放的三年，彭明教授做了三件事：打石头，锯木头，做馒头。下放时，他带了满满一柜子书，在一个月仅有的四个休息日中，他蹲坐小马扎上，反复修改《五四运动史》手稿。“三年中，给我最大的感受就是无论身处什么样的环境，都要从中发现有用的东西，让自己有所收获。只要有心学东西，就都可以学成，关键在于有心。”虽身处逆境，但彭明教授对工作和自己热爱的学术研究始终怀有奋发的热情，使他从容地战胜了困难，在“文革”后的改革开放中迎来了自己教学和学术的春天。

作为国内公认的五四运动史研究的开拓者，彭明教授既是中国近现代政治思想史和中华民国史研究领域的著名学者，也是中国人民大学中共党史系建系近50年来至今仍活跃在教学和科研一线的知名的教授。“教书育人”的理念是他一直坚持奋斗的动力。他不仅向学生传授丰富的历史知识，而且结合课程内容，深入浅出地对学生进行爱国主义、社会主义教育。多年来，他一直坚持为新入学的本科生讲解校史。在他“甘坐冷板凳”的言传身教下，其门下弟子大都练出了坐冷板凳的硬功夫，扎扎实实做学问蔚然成风。

“对于年轻的学生，希望他们能够做‘通才’基础上的‘专才’，希望他们有‘板凳须坐十年冷，文章不写一句空’的精神！”采访中，彭明教授提出了他对新一代学生的殷切希望。

注重考证历史事实　客观评价历史人物

“实践是检验真理的唯一标准。历史人物起的作用是推动历史前进还是开历史倒车，都要靠他在历史中的行为、语言来判断。”采访中，彭明教授反复强调了这一条评价历史人物的标准。

彭明教授认为，“五四”提倡民主、科学，提倡新文学，是一个从旧民主主义革命到新民主主义革命的转折点，同时涌现了一批人物，他们在20世纪起了很大作用，这些人中我们今天只记得毛泽东、刘少奇、周恩来这些大人物，但历史中还有一些人物的作用不容忽视。

彭明教授在学术界纪念张闻天逝世80周年时，发现张闻天在1919年至1929年写的文章中，直接提出了要学习马克思主义学说，而且有四五篇文章讲到用马克思主义的问题，当时张闻天年仅19岁，其思想的先进性远远超过了同时期40岁的陈独秀、30岁的李大钊、26岁的毛泽东以及21岁的周恩来。同时，五四运动的一个大的偏向是对国学的彻底否定，但当时张闻天提出要树立国学，提出不要形式主义。“这些功不可没的成就都是前人所未发现的。”彭明教授说，对张闻天这一人物在历史中所起的作用应重新评价，让世人重新认识张闻天的功过。

彭明教授对历史人物的评价标准和研究的态度，对我们今天如何客观对待历史、如何辩证地评价历史人物有很大的启示。

看今朝中西文化　殷殷期盼寄国学

五四运动是中国走向现代化的全面启动，是“全盘西化”还是“中学为体，西学为用”？这是当时争论最激烈的焦点。在谈及我们今天应如何正确对待我国传统文化和西方文化时，彭明教授谈了他的思考和观点。

他拿出当天的《参考消息》，说：“我刚看到上面转载的新华社关于《国学热意味着什么》一文，感到如何对待国学，从哪里入手确实是个问题。五四运动中在提出‘民主、科学、新文学’的同时，也提出‘打倒孔家店’，把儒家学说彻底否定了，这是错误的。国学并非全面复古，应该批判地接受，《毛泽东选集》中就引了很多孔子的话，今天研究国学，更需要研究哪一方面是有利于我们现实的。”

谈到人民大学成立国学院，彭明教授认为，就国学院的发展来说，国学教学和研究切勿笼统，什么都搞反而什么都搞不好，勿大而全，宜少而精，要培养出现代社会最需要的国学人才。

采访中，彭明教授虚怀若谷、乐观豁达的性格给我们留下了深刻的印象。“我从小就爱好京剧，还喜欢打太极拳、打篮球、溜冰、游泳等各种运动，但现在最喜欢的还是看书，每日的《参考消息》《光明日报》《新京报》等报纸必看，每天的新闻联播也绝对不落下。”在我们的邀请下，彭明教授兴致勃勃地清唱了京剧《打渔杀家》的片段，洪亮的嗓音、浓郁的京韵，博得大家的阵阵喝彩。

采访结束，参观彭明教授的新居，发现壁上挂着一幅字画：“宠辱不惊，看庭前花开花落；去留无意，望天外云卷云舒。”也许，这正是对他的学术和人生境界的最好诠释。

（原文刊于《中国人民大学》报 2006 年 6 月 5 日第 1212 期第 4 版）

钟契夫

(1925—2008)

原名钟西萍，江西萍乡人，中国共产党党员，我国著名经济学家，国民经济计划与管理领域的权威专家，专于再生产理论和国民经济计划方法论的研究。中国人民大学资深教授、荣誉教授。曾任国务院学位委员会学科评议组成员，全国宏观经济管理教育学会会长、名誉会长，中国投入产出学会顾问，中国数量经济学会顾问，国务院学位委员会第二届学科评议组成员，中国高等院校计划学研究会第一、二届副会长。1950 年中国人民大学成立后，任国民经济计划系教员，成为新中国培养的高等院校经济管理学科首批教师之一。当时，他师从苏联计划经济理论专家布列也夫，并紧密结合中国国情从事开拓性的研究和教学工作。1953 年至 1956 年，他担任国民经济计划教研室副主任，组织编写并出版了《国民经济计划讲义》(六分册)。20 世纪 50 年代中期至 60 年代初期，他以我国“一五”时期的工业化建设和有计划、按比例发展等问题为重点，发表多篇论文。执教 50 余年，为中国社会主义国民经济计划和管理的人才培养做出了突出的贡献。

钟契夫：情有独钟 锲而不舍

降瑞峰　李宏伟

一个真正的大师必须是一个智者，善于学习，敏于思考；一个真正的大师必须是一个仁者，仁者爱人，惠于众生；一个真正的大师必须是一个勇者，仁者必有勇，实践出真知。

一年之计在于春，春天是播种与希望的季节。在一个阳光明媚的下午，我们走进了经济学教授钟契夫的家。映入眼帘的是满墙满柜的书，一副“难得糊涂”的字画显示出了主人的率真、坚韧、豁达……

立身精进校园中　咬定治学不放松

谈及自己的经历，钟契夫说：“我这一辈子可以说就是从学校到学校。”钟契夫祖籍江西省萍乡市，1946 年从萍乡中学毕业后，顺利考入北京大学机械系。1948 年，解放战争时期国统区的热血青年纷纷到解放区参加革命。“当时大学生热情高涨，都认为中国的希望就在解放区。”钟契夫也毅然加入广大青年学生的队伍，从北平来到解放区的华北大学继续学习。

当时，华北大学主要是对国统区来的学生进行思想改造。钟契夫回忆："当时条件很艰苦，但是我们学习的热情很高。尤其是跟着吴老（吴玉章）那些老一辈学习，使我们受益匪浅。"在一年多的时间里，钟契夫和同学系统学习了马克思列宁主义、毛泽东思想著作，更使他们坚定了革命必胜的信念和建设社会主义新中国的渴望。

1950年，中国人民大学成立，钟契夫进入国民经济计划系读书。"那时国家经济发展采取的是苏联的计划经济发展模式，但国内对此了解的人不多，所以人大就成立了全国第一个计划系。"在计划系学习一年，钟契夫便提前任教员，成为新中国培养的高等院校经济管理学科最早的一批教师之一。"当时，人大有40多位从苏联聘请过来的专家，人大教师先跟他们学，后再根据国内具体情况搞研究、给同学们上课。"钟契夫师从要求严格的苏联计划经济理论专家布列也夫后，深知自己不是"科班出身"的钟契夫更是对自己严格要求，精益求精。"那时也年轻，熬通宵是常有的事情。"

1953年至1956年，钟契夫担任国民经济计划教研室副主任，主持编写了具有中国特色的国民经济计划教材——《国民经济计划讲义》（六分册）。同时，钟契夫还担负了本科、专修科、干部进修班教学和指导研究生等繁重的工作。"就是感觉有使不完的劲，大家都在努力干，盼着国家早日富强。"但严谨的治学态度和实事求是的工作方法给钟契夫带来了意想不到的后果。

1959年，钟契夫在"反右倾"运动中遭受批判，并被下放劳动锻炼。"文革"时期，钟契夫再次成为"整治"的对象，1969年被下放到江西余江县中国人民大学"五七"干校劳动锻炼。

1978年，中国人民大学复校，百废待兴、万象更新。人大的复校，让钟契夫这一批人大的奠基者在事业上"梅开二度"。钟契夫担任国民经济计划系教研室副主任，研究重点转到计划管理决策的科学化。1979年，由钟契夫参与、指导，山西省编制出全国第一个省级投入产出表；1982年，钟契夫与他人合著的我国第一部投入产出分析专著《投入产出原理及其应用》出版；1983年，钟契夫与他人合写的大学教材《投入产出法（部门联系平衡法）概论》出版；1984年，经国务院批准，人大计划统计系国民经济计划和管理专业建立全国第一个博士学位授予点，钟契夫被批准为博士生导师；1987年，由钟契夫主编的《投入产出分析》（该书于1992年获得第二届国家级优秀教材奖）出版；1990年以后，从教学一线离休的钟契夫“余热不减”，出版《中国地区经济计划管理研究》，并先后主持了国家社会科学研究基金资助项目“计划和计划经济思想史研究”“宏观经济管理研究”等多项课题。

实事求是为良训　一分辛苦一分才

谈及自己一生的治学经验时，钟契夫说：“其实人大校训就是最好的经验。无论是学品，还是人品，都应该做到实事求是。”钟契夫的一生正是不断探索、勇于实践的一生。

“50年代，人民大学要求老师注重阅读马克思主义经典著作，要掌握第一手资料。马克思‘怀疑一切’的座右铭给我影响很大。”为了掌握经济活动的第一手资料，在“大跃进”期间，钟契夫曾先后两次到河南信阳县农村调研。在一年半的时间里，他搜集整理关于农村人民公社的劳动组织、县计划管理、县及社办工业等方面的报告10万多字。

“文革”时期，钟契夫始终没有忘记自己的学术。“那时学校的正常学术活动都停了，我就开始深入基层调查，了解社会实情。”在此期间，钟契夫先后到江苏无锡和江阴调查乡办企业发展情况，到河北省调查农业经济问题，到北京第二汽车制造厂、电冰箱厂、葡萄酒厂调查企业管理和工业经济问题。长期深入中国经济活动实际，使钟契夫对中国国情和社会主义运行中的微观基础和宏观管理有了深刻的认识，因而在理论上始终做到独立思考。

70年代末，钟契夫力图把投入产出分析法用于社会主义经济建设。但由于研究尚处于起步阶段，对该方法的采用与否争议颇多。实践是检验真理的唯一标准，从1979年至1981年，钟契夫和校内外同志合作，在山西、黑龙江等地进行实地调查，顺利编制出全国第一个投入产出表，在全国引起很大影响，大大推动了投入产出分析方法在我国的研究和运用。1984年，钟契夫发表《计划方法论的几个问题》，首次探讨了系统论、控制论、信息论在计划管理中的应用问题。当时改革的目标是缩小中央高度集权的范围，扩大地方计划自主权。为深入研究和探索地区计划管理的新路子，钟契夫于1986年申请并主持了国家教委“七五”计划课题——“中国地区计划管理研究”，带领课题组成员深入四川、湖北和广东的市县进行调查研究。

“我的学术活动差不多和国家的整体经济调整一致，这其实具有很大挑战性，需要对原先有的知识不断更新。”“任何经济理论必须到社会实践中才能获得它的生命力，而研究这一理论就必须到生活中去。”钟契夫总结道。

醉心学识老益壮　桑榆未晚夕阳红

尽管早已离休，但是钟契夫始终不忘记学习。书房中挤满了各种书籍，就连书房小床的枕头旁都摆满了书籍、报纸。“毕竟是上了年纪，现在精力不如以前了。”钟契夫尽管腰痛时常发作，但还是坚持每天有八个小时的读书看报时间。“人就应该活到老，学到老，这也算是与时俱进嘛。”钟契夫爽朗地笑着说。书架上“人民大学荣誉教授”的证书等是对钟契夫“学无止境”的最大肯定和激励。

“青山依旧在，几度夕阳红。”现在，钟契夫看的书范围更广了，关心的事情也更多了。“老伴常说我不像是一个搞经济的，倒更像是一个做社会问题研究的。”胸怀一颗仁爱之心，钟契夫仍在关注国计民生。对现在建设和谐社会、建设社会主义新农村、保护环境等问题，钟契夫说：“中央坚持改革的战略是对的，但战术一定要对头才行。”就经济学自身而言，钟契夫认为，现在的经济学家要走向社会，“从社会实际调查中，寻找问题，解决问题”。

今年已经 81 岁的钟契夫还带着 3 位博士生，抽空就和他们聊天，讨论学术问题。“钟老师的思维一点都不像是八十几岁的人。”每当提及钟契夫，他的学生都会这样说。“我喜欢和年轻人在一块，他们知识面广，思想活跃。”钟契夫提醒我们：“做学问要扎实，要像明朝朱元璋那样——‘广积粮，高筑墙，缓称王’才行。”厚积薄发，有容乃大。

“现在学习条件好了，我们又是生活在人大这样的名校中，没有理由不学习呀。”钟契夫的话和他的儒者风范令人难忘。

（原文刊于《中国人民大学》报 2006 年 4 月 5 日第 1207 期第 4 版）

黄达
(1925—)

天津市人。我国著名的经济学家、教育家，中国人民大学荣誉一级教授、博士生导师。1946 年就学于华北联合大学政治学院财经系，不久转为该院研究生。1946 年 12 月加入中国共产党。从 1953 年起，先后任教研室主任、副系主任、系主任等职。从 1983 年起任中国人民大学副校长。1991 年 11 月至 1994 年 6 月任中国人民大学校长。1991 年开始享受政府特殊津贴。现任中国人民大学校务委员会名誉主任、教育部人文社会科学研究专家咨询委员会主任委员、中国金融学会名誉会长、中国企业联合会副会长。2011 年 6 月 1 日获得首届中国金融学科终身成就奖。2014 年 12 月 18 日获得第三届吴玉章人文社会科学终身成就奖。

黄达：孜孜以求 拓植新中国大金融学科

陈骊骊 赵梦姝

60年前，他曾因“谈论金融、研究市场”，同占据当时学术界主流的观点——“苏联式”计划经济理论背道而驰而被批判为“学术毒草”。

斗转星移，如今，青葱少年已至鲐背之年，他与经济理论研究结缘已逾甲子，他的主张与论点被证明是符合实际的科学理论。

捧起“吴玉章人文社会科学终身成就奖”的奖杯，面对经久不息的掌声，他淡然而笑。他说：“我就像一名导游，全身心地参与到了解、欣赏、介绍中国货币银行学景观的旅程中。”

他，就是中国人民大学黄达教授，被经济学界誉为新中国金融学教材与课程体系的主要奠基者与引领者、新中国经济学领域综合平衡理论体系的系统论证者、新中国金融学科体系的主要设计者、新中国金融教育事业的主要开拓者、新中国金融理论的积极实践者与金融决策的积极参与者。

师者：守定三尺讲台 65 载

1950 年秋天，结束了在华北大学为期四年的学习后，踏上中国人民大学财政系的讲台，黄达的心中还是有些茫然。在那个摧枯拉朽、激情喷薄的年代，他被分配从事经济理论教学，就这样“一点思想准备都没有”地开始步入自己为之奋斗终生的职业道路。

初为人师，他意识到，仅仅抱持传道授业的美好愿望远远不够。想把学生教懂，首先得自己懂；自己懂了还不够，还要通过语言精确地表达自己的观点。从备课、编教材、讲授到主持讨论、组织考核，他从不假手别人，努力使每个环节都成为从“自己懂”向“使人懂”的转化，在这一系列转化中建立良性循环。

黄达爱讲台这一方天地。在人民大学被迫停办的十年间，他离开了教学岗位，亦曾彷徨，但强烈的学术责任感让他重新振作。拨乱反正后，他重归金融讲台。1983 年，黄达就任中国人民大学副校长，无论行政和科研工作如何繁忙，“不脱离教学第一线”是他始终恪守的准则。

1981 年，黄达成为我国首批经济学博士生导师，此后一直从事博士生教学与指导工作，担任校长后依然给博士生授课（五道口第一期研究生系统授课），培养了一大批优秀博士研究生，其中包括王广谦（中央财经大学校长、全国优秀博士论文获得者）、王松奇（中国社会科学院金融研究所副所长）等佼佼者。

为了能够推动中国经济学教育交流与人才培养的国际化进程，1984 年教育部与美国福特基金会合作共建“中美经济学教育交流项目”。作为项目中方主席的黄达教授为此四处奔波，最终将该项目办成对中国经济学教育跨越式发展给予核心支撑的重要平台，培育了一代中青年领军人物。

2001年，黄达与诺贝尔奖得主蒙代尔教授共同冠名设立了“黄达-蒙代尔经济学讲座”，跟踪经济学尤其是财政金融领域的前沿动态，构建中西方良性学术沟通平台。2002年，两位学者又冠名创立了“黄达-蒙代尔经济学奖”，以期更多的青年学子能够对当下中国的经济做出研究，提出创见。

今天，即使年近九旬，黄达每个新学期也都要给本科生讲金融学第一课，让新同学刚入校就能够领略金融学的奥妙。

奠基：建立“中国的”金融学体系

新中国成立后，高等教育领域内“一边倒”地以苏联为榜样，大部分课程没有中国自己的教材，教学也往往是在“苏联模式”中加入“中国部分”。年轻的黄达对此深感忧虑，在他的学术观中，计划经济既然不能取消货币、不能没有银行，那就应该有相应的货币银行学研究。黄达下决心要编写一部中国的货币银行学教材。

1959年，黄达主编的新中国第一部金融学教材《货币信用学》出版。这部教材初步摆脱了苏联的理论框架，添加了很多切合中国金融实际的内容，将“资本主义”与“社会主义”一起纳入经济学考量，这大胆的手笔为黄达引来了诸多非议，但该教材也奠定了传承至今的金融教材编写思路。

1981年，黄达与其同事在总结“文化大革命”以前十几年教学心得以及对新形势下社会经济发展现实开拓性思考的基础上，编写出版了《社会主义财政金融问题》。该书标志着将货币、价格、资金（公司理财）、财政、金融等融为一体的全新学科体系的首次建立，“立足于中国土地、中国实际的准则始终贯穿全书”，成为20世纪80年代金融专业各层次学生和理论工作者可以获得的屈指可数的宝贵文献。

20世纪90年代初，经济体制改革已进入明确建立市场经济体制的阶段，金融学科建设又一次面临新挑战。当时的金融学教材，“本土”的，内容失之于“旧”；翻译的，是外国教授结合外国实际写的，脱离中国国情。这种情况下，黄达和同事受国家教委委托编写《货币银行学》教材。该教材后来几经修订再版，成为全国大专院校经济管理类核心课程的首选教材。该教材1995年获国家教委高等学校优秀教材一等奖，1997年获国家级优秀教学成果一等奖。

求是：理论创新与服务决策并重

在经济学研究领域，黄达是综合平衡理论体系的系统论证者。20世纪60年代初，黄达开始涉足这一领域，改革开放后结合主编《社会主义财政金融问题》一书的经验，他继续关注这一课题。

1984年，黄达发表了《中国财政信贷综合平衡和通货物价控制问题》一文并获首届孙冶方经济科学论文奖。同年出版的《财政信贷综合平衡导论》，系统论述了货币流通与市场供求平衡的基本内涵、信贷收支与财政收支之间的关系，并提出了正确解决建设资金供求矛盾是实现财政信贷综合平衡的关键这一重要论断，标志着财政信贷综合平衡理论体系的系统论证。该著作荣获1986年“孙冶方经济科学著作奖”和1995年全国高等学校人文社会科学研究优秀成果一等奖，入选“中国文库”。

1997年，黄达在新出版的《宏观调控与货币供给》一书中进一步深化了这一理论体系。综合平衡理论体系采用规范分析方法，按系统论的要求，建立了关于财政信贷综合平衡的分析方法系统，设计了理论分析模型。

金融研究具有较强的实践性。除了理论探索，黄达还积极为国家经济发展、金融改革献计献策。他曾担任中国人民银行货币政策委员会首届专家委员，第八届全国人大代表，财政经济委员会委员，中国证券监督管理委员会股票发行审核委员会第四届、第五届委员等，积极参与国家金融规划和决策、金融事业的创新和发展咨询，为中国金融改革与发展提供理论支撑。

早在1979年，黄达即开始正面讨论当时尚属理论“禁区”的通货膨胀问题，开了改革开放以来国内讨论该问题的先河，提出的政策建议在今天仍具指导意义。1980年，他在国务院财贸小组召集的专家讨论会上明确提出“通货膨胀已是不能回避的问题”，并强调中国经济改革中通货膨胀的长期存在。1993年，黄达提出用“货币供给”概念代替“货币发行”概念的政策建议。1990年代中期，黄达论证了关于中国银行业不良债权问题。

新世纪以来，针对经济全面开放背景之下中国应当采取的应对政策，黄达提出了许多自己独到的看法，如他在2000年对当时流行的银行传统业务急剧衰落乃至金融市场终将代替金融中介的看法提出疑问，认为“我国的银行业同样拥有开阔的发展空间和绚丽的前景”，而随后全球金融体系的演进特别是“次贷危机”对全球银行体系的冲击以及各国的政策反应充分证明了这种质疑的合理性。

破冰：“大金融”体系总设计师

世纪之交，针对经济改革与金融全球化对中国金融学科建设提出的新挑战与新要求，黄达在国内率先提出兼容宏观金融与微观金融的“大金融”学科体系建设，并身体力行。2001年出版的《金融——词义、学科、形势、方法及其他》，系统提出了大金融学科建设的整体构想。

迈入21世纪，全球金融学科飞速发展，黄达依然站在金融学理论与学科建设的前沿。他由澄清因东西方文化链接而在“金融”与FINANCE之间所造成的迷茫入手，重新构建基于中国国情的金融学科新框架。2003年首次出版、2009年修订再版的《金融学》，反映了金融学科的前沿成就，可谓黄达多年实践其大金融学科建设思想的标志性成果，对于中国金融学科在新世纪的建设具有里程碑的意义。

徜徉于浩渺之经济天地，黄达的目光深邃而坚定，“今天看来，西方金融学全面发展的内容我们已经能够及时了解并融入到金融学科建设中了。现在，中国的金融学科应该在世界经济研究中登场了。作为一个大国，我们要有自己的金融创新和金融理念指导我们的实践，同时也要为世界金融学科的建设做出自己的贡献”。

（原文刊于《中国人民大学》报2014年12月22日第1512期第2版）

黄顺基

(1925—2016)

中国共产党优秀党员，著名哲学家、逻辑学家、社会系统工程学家，中国人民大学荣誉一级教授。中国自然辩证法学界、逻辑学界、社会系统工程学界的学术带头人，在逻辑学领域做出了重大贡献，在自然辩证法学科体系、科学技术社会学、生态哲学、科学技术发展战略、管理科学领域成就卓著。1951 年大学毕业，由国家统一分配到中国人民大学马列主义教研室做研究生，系统地学习马克思主义。1956 年开始在哲学系逻辑教研室承担教学工作。在中国人民大学从事教学与研究 63 年，中国人民大学自然辩证法（科学技术哲学）专业首批硕士生导师和博士生导师之一，为国家培养了大量优秀人才，并开展了大量具有重要社会影响的学术活动，受到社会各界的尊崇。

黄顺基：师法自然 顺意人生

降瑞峰 余英

先生朴实平和，几许华发，一身便装，但讲话铿锵有力，谈哲学、谈社会，指出做学问、做学者要谦虚谨慎、勤学精思、修身敬业。

先生的斗室书橱满壁，有英、法、俄、德等各种文本的书籍，书页的空白处写了密密麻麻的批注，有读书时的感受，亦有对内容的疑问和点评。

一篇介绍黄顺基先生学术思想的文章说，“在中国自然辩证法领域，像黄顺基这样以大尺度的时空跨越为本学科作了如此系统深入研究的学者，是为数不多的”。

生活中的黄顺基先生豁达开朗，正如他所说，“研究哲学久了，对生活中的名利就淡泊一些，获得的幸福和得到的真理就多几分”。回首几十年的求索之路，真可谓“师法自然，顺意人生”。

为学之本：两门学科三个转折点

谈到在自然辩证法和科学技术哲学领域的学术成就，黄顺基先生对立学的基础作了简单的概括。他说："我的学术研究得益于两门学科，我的学术研究道路有三个大的转折点。"黄顺基先生提及的两门学科基础，一门是数学，另一门是哲学。黄顺基先生认为，学习数学的两个分支微积分和抽象代数，较好地锻炼了抽象思维与逻辑思维。而谈及哲学，黄顺基先生回忆道："当时主要是读罗素的哲学，受益匪浅。"

黄顺基先生大学毕业后分配到马列主义教研室攻读研究生；此后的从教生涯，随着学校事业的发展和哲学学科的分合变化，有了三次大的转折，黄顺基先生也由此而涉足三个哲学研究领域，取得了显著成绩。

1951 年大学毕业，由国家统一分配到人民大学马列主义教研室做研究生，系统地学习马克思主义，这是黄顺基先生学术生涯的第一个重要转折点。黄顺基先生当时分配在逻辑组，除了听哲学课程外，还专门听苏联专家讲的逻辑课。

1956 年，人民大学成立哲学系，由于黄顺基先生的专业方向是数学与逻辑学，为了教学的需要，校方把他从工经系数学教研室调到哲学系逻辑教研室承担教学工作。当时，哲学是党和国家十分重视的一门科学，也是黄顺基先生有兴趣研究的方向，担任哲学系逻辑学的教学工作符合所学专业，这是学术道路上又一个重要的转折点，它给黄顺基创造了一个发展的机会。

1978 年，中国人民大学复校，由于工作需要，黄顺基先生从逻辑教研室转到自然辩证法教研室，教学与研究的方向也就转到自然辩证法。从此，自然辩证法成了黄顺基先生后半生的学术研究方向，也为他创造了更大的发展空间。

术业之功：从逻辑学到科学技术哲学

黄顺基先生既是学术道路上孜孜以求、不知疲倦的孺子牛，同时也推动了中国科学技术哲学研究前进的车轮，并取得了辉煌的成果。

1956年，我国的理论教学和研究基本上是按苏联模式进行的。当时在逻辑学领域发生了一场争论。按照流行的苏联观点，形式逻辑是一门哲学学科，“是就是，不是就不是”，也就是说，一个事物要么存在，要么就不存在。这是同辩证法主张的一切事物皆生皆灭、皆动皆变的观点相对立的。

黄顺基先生没有盲目追随苏联的观点。经过独立思考后，他提出了自己的见解：形式逻辑是一门研究思维形式的学科，并不属于哲学，这门学科抽去了思想的内容，只从形式的侧面研究思维过程，因此它只回答推理形式的正误，而关于前提内容的真假，应由其他学科来回答。

1957年春，这个观点在《教学与研究》上发表后，立即受到毛泽东的重视。同年4月11日，年仅32岁的黄顺基与当时的逻辑教研室主任王方名先生应毛泽东的邀请，到中南海讨论逻辑学问题。

1985年，教育部批准中国人民大学建立全国第一批自然辩证法博士点，黄顺基先生因为学术根底较深厚、知识面较宽，被聘为自然辩证法博士点的学术带头人。

经过近20年的研究，黄顺基先生撰写了《科技革命影响论》，主编了供哲学系和其他专业用的《自然辩证法教程》《自然辩证法讲座》《科学的哲学反思》《自然辩证法发展史》和工科院校教学用的《科学技术哲学教程》，并举办了“自然辩证法研讨班”。

80年代初，世界新技术革命引发了一场关于人类未来发展的思考，“后工业社会”“三次浪潮”“大趋势”等学说如潮水般冲击中国思想界。黄顺基先生组织了自然辩证法学界部分学者，编写出《大杠杆——震撼社会的新技术革命》一书。该书根据新的形势指出：共产主义运动和工业化运动，当代世界的两股洪流，是改变世界政治格局的决定性因素。

《大杠杆——震撼社会的新技术革命》一书的出版引起强烈反响，《人民日报》《中国青年报》《大众日报》《文摘报》《文史哲》《国内哲学动态》等报刊先后发表文章称赞此书。

多年的教学研究，不但使黄顺基先生对哲学有了新的认识，而且锻炼了他观察社会的洞察力。黄顺基先生提出了关于“科学技术哲学”这门学科的总体设想，并出版了《科学技术哲学引论》。他认为，科学技术哲学是自然辩证法在现阶段的新发展，它与西方的科学技术哲学虽名称相同，但有着原则的区别。

确定了科学技术哲学的定义、研究范围以后，黄顺基先生又潜心研究，撰写和主编了《大动力》《大创新》《大协调》《中国管理科学》等一系列重要成果。

经世之事：同毛泽东、钱学森谈哲学

1957 年 4 月的一天，黄顺基和当时的逻辑教研室主任王方名两位先生接到通知，受邀前往中南海，与毛泽东主席座谈。

谈到当时的情景，黄顺基先生依然感到兴奋，他说：“我那时刚三十出头，万万没有想到像我这样一个无名小辈竟然能够同学术界的名流坐在一起，特别是能够受到伟大领袖毛主席的亲自接见，这是何等的荣幸！接见时的情景我终生难忘！”

黄顺基先生后来了解到，毛泽东十分关注《教学与研究》，因为它是新中国成立后党中央创办的第一所新型大学的刊物，面向全国。毛泽东经常深夜阅读《教学与研究》刊载的文章，了解国内的思想理论动态。毛泽东正是阅读了《教学与研究》上发表的文章，才特意邀请两位先生谈论逻辑学问题的。

毛泽东在这次会见的谈话中，除了谈逻辑学问题外，还讲了开展学术研究要结合中国的实际情况、学术上要百花齐放。这些谈话以及毛泽东后来发出的“学点逻辑”的号召，对黄顺基先生的研究作了充分肯定。

钱学森作为世界著名的科学家，不仅潜心研究自己的学问，而且非常关注哲学方面的研究。钱学森和黄顺基先生曾多次通信，交流思想，探究学问。

1986年，黄顺基先生的《大杠杆——震撼社会的新技术革命》出版，钱学森在阅读全书后写信表示祝贺，他说：“《大杠杆》比起时下流行的、中外关于新技术革命的书都更完全，所以是本好书。向各位执笔人及编者致贺!”

1994年，黄顺基写了一篇题为《社会科学也是第一生产力》的论文，投到《人民日报》。看到文章后，钱学森来信说：“江总书记26日在全国科学技术大会上讲话是完全支持您的观点的，也是支持我的观点的：自然科学、工程技术要同社会科学、哲学联合；社会科学也是第一生产力！让我们庆贺吧!”

回首这段历史，黄顺基先生说：“我在科技革命与社会发展的研究方向上取得的成果与钱老对我的关怀、帮助与指导是分不开的。”

黄顺基先生用六个字表达他对学术研究和人生追求的心得，即“勤学、好思、敬业”。他说：“多年来，我所做的，就是在工作上努力做好本职工作，在业务上刻苦学习，在教学上对学生严格要求。”

谈到人民大学的发展，黄顺基先生提出了新的思考和希望，他说：“中国的发展是在复杂多变的国际国内环境中进行的，新问题层出不穷。中国人民大学是一所以人文社会科学为主的、综合性的研究型重点大学，对中国发展问题的研究具有优势，希望能成立综合性的研究中心，在科学发展观指导下，对我国发展中面临的重大问题进行跨学科的研究，这对于加强各院系、各学科之间的联系，对于人才的培养具有重要意义。”

（原文刊于《中国人民大学》报2006年4月15日第1208期第4版）

卫兴华

(1925—　)

山西五台人，中国著名经济学家。1952 年中国人民大学政治经济学专业研究生毕业，留校任教。1983 年晋升为教授，博士生导师。1983—1986 年任中国人民大学经济学系系主任。1987—1993 年任《中国人民大学学报》总编，国务院学位委员会第三届经济学科评议组成员。现任全国哲学社会科学经济学科规划小组成员，中国《资本论》研究会副会长，全国综合大学《资本论》研究会名誉会长，中国工商行政管理学会常务理事。著有《卫兴华选集》《政治经济学研究》，主编《政治经济学原理》、《政治经济学教科书》、《探索・改革・振兴——社会主义初级阶段的经济》、《政治经济学》（资本主义部分）、《中国共产党经济思想史论》，与人合著《社会主义经济运行机制》《经济运行机制概论》《什么是社会主义》《我国新经济体制的构造》。1980 年获北京市劳动模范称号。1983 年担任中央电大教材《政治经济学》副主编及课程主讲教师。1998 年获宝钢优秀教师特等奖。

卫兴华：怀安邦兴国之志 治经世济民之学

杨默

“如果说中外学界的大师们是参天大树，我也许是其中的一支细细的枝条，或许是其中的一片树叶。”2015 年 12 月 17 日，卫兴华以其在马克思主义经济学和社会主义经济理论领域的卓越贡献，获得吴玉章人文社会科学终身成就奖。谈起自己的成就时，他仍旧谦逊。

最早提出社会主义商品经济理论，最早系统研究和论述了社会主义经济运行机制理论，最先提出非公有制经济是社会主义市场经济的组成部分……从事马克思主义经济学和社会主义经济理论的教学与研究工作 60 余年，卫兴华在我国经济学界具有举足轻重的理论地位和巨大的学术影响力，被学界称作“杰出的马克思主义经济学家”和当代中国马克思主义政治经济学的杰出代表，被境外媒体誉为“《资本论》研究权威”“中国稳健的改革派经济学家”。

“对马克思主义的信仰给了我最大的人生动力”

卫兴华先后取过三个名字。1925 年，他出生在山西省五台县善文村的一个农民家庭，家中取“金童玉女”之意，为他取乳名“玉童”。考东冶镇高小时，小学老师给他取“官名”卫显贵，希望他将来荣华富贵。他从小目睹日军暴行，立志抗击日寇、振兴中华，到日军占领的东冶镇上高小附属中学补习班时，又把名字改为卫兴华。

1946 年，卫兴华参加了党的地下工作，并于 1947 年在解放区正式入党。后被捕入狱，在狱中严守党的秘密，没有暴露身份。出狱后转到北平继续从事地下工作。此后，卫兴华先后在华北大学和中国人民大学学习，1952 年于中国人民大学政治经济学专业研究生毕业后留校任教。

读政治经济学专业研究生之前，卫兴华连“政治经济学”这个词都没有听说过。由于没有基础，他只好“笨鸟先飞”，把全部时间都用来学习，几乎从来没有休过节假日，“虽然苦读书、读书苦，但当自己弄懂和把握了博大精深的马列主义的有关基本理论和方法，并获得成绩时，又会有苦中有甜、苦中有乐的收获感”。

“我的命运是和我们党和国家的命运联系在一起的。我们党和国家的命运走曲折道路的时候，我的命运也是曲折的。”改革开放以前，几乎每次“左”的政治运动，卫兴华都是挨整的对象。1957 年反右派斗争时，他被划为“中右”；“文化大革命”中，他被打成“叛徒”“特务”，遭受到残酷的迫害。

在人生最艰难、最无助、生命没有保障时，他给自己的最低要求是既不自杀，也不被杀。“对马克思主义的信仰给了我最大的人生动力。”卫兴华说，“新中国成立后，中国站起来了，敢和最强大的西方国家抗衡，这在以前是无法想象的。共产党是追求真理、为人民谋福利的，即使一时犯了错误，也一定能改正。改革开放后，中国创造了世界史上前所未有的经济奇迹，让全世界看到了中国特色社会主义的优越性。”

“真理就是在交锋中迸发出火花的”

卫兴华的治学态度是：不唯上，不唯书，不唯风，不唯众。他求真求实，追求真理，搞研究也好、讲课也好，从来不会随着“风向”左右摇摆。他说：“马克思主义揭示和追求的是真理，我就要用追求真理的精神去坚持马克思主义、发展马克思主义。”

党的十一届三中全会以前，卫兴华发表的论著与当时“左”的政治氛围保持了距离，没有为“左”的理论和政策进行过论述和宣传。上世纪50年代，针对当时在国内流行的苏联政治经济学教材中的一些观点，还是年轻教师的卫兴华在三个问题上提出了不同意见：一是货币没有阶级性；二是抽象劳动不是商品经济范畴；三是反对“固定资本的周转快慢影响利润率高低”的观点。这三个意见后来都被认为是正确的。

粉碎“四人帮”和党的十一届三中全会后，卫兴华获得了理论精神上的解放感，更是积极地参与到理论工作的拨乱反正中。他先后在《光明日报》发表了《生产力是社会发展的决定力量》和《略论生产力发展的连续性》，并在《哲学研究》发表《关于生产力的内容和发展生产力的问题》，对批判所谓“修正主义的唯生产力论”及宣传上层建筑决定论、生产关系决定论等观点进行矫正。《关于生产力的内容和发展生产力的问题》一文更超越了生产力二要素、三要素的框框和争论，提出了生产力多要素论。

“争论是有必要的。经济学的发展、理论的发展是不怕交锋的。有时候真理就是在交锋中迸发出火花的。”卫兴华认为，马克思主义经济学的研究，不是简单地照搬马克思的著作，必须深刻地学习领会、把握马克思主义原著的精髓，在理论上进行创新和发展。他从整体性和系统性上坚持和发展马克思主义经济学，对马克思著作中难解或被错解的诸多问题，对误解、错解中国特色社会主义经济理论与实践的有关问题，都进行了理论是非的辨析，被学界称为“经济学理论的清道夫”。

“坚持和发展马克思主义经济学”

“理论工作者应该学习卫兴华教授，坚持马克思主义经济学的科学性，真正做到理论自信。”著名经济学家洪银兴谈到卫兴华在马克思主义经济学的研究与发展、构建中国特色社会主义经济理论体系和经济改革与发展方面做出的重要贡献时极为感佩。

在长期的理论研究工作中，卫兴华提出了诸多前瞻性的理论观点，对中国社会主义经济发展和改革事业做出了理论贡献。1959 年，他在国内最早提出社会主义商品经济理论。1986 年，他最早系统研究和论述了社会主义经济运行机制理论，并提出了纵向二层次调节理论，这与后来中央提出的国家宏观调控下市场经济的内涵相接轨。同年，他在国内较早提出探寻公有制的实现形式问题，这又与中央后来提出的探索公有制多种实现形式的观点相吻合。

对改革和发展中的一些前沿性理论问题，卫兴华也有前瞻性研究。他在国内较早论证了允许多种经济成分同时存在的客观依据；肯定和论述了国有经济之间应进行竞争的问题，突破了社会主义消灭竞争只有竞赛的传统观点；较早提出并坚持效率和公平相统一与并重的分配原则；最先提出非公有制经济是社会主义市场经济的组成部分；突破生产力二要素、三要素之争，提出运用马克思的生产力多要素论发展我国生产力。对转变经济增长和发展方式问题、对中国特色社会主义经济理论体系问题、对改革和搞好国有经济问题，他都有系统深入的研究。

“我觉得目前有一个很重大的问题，就是怎样坚持和发展马克思主义经济学。这些年来我不断地写文章，从正面阐述、力求创新与发展马克思主义经济学，研究和阐发中国特色社会主义经济理论，澄清一些理论是非。”几十年来，卫兴华笔耕不辍，发表《中国特色社会主义经济理论体系研究》等文章近 1 000 篇，出版《走进马克思经济学殿堂》等著作 40 多部，成为中国最多产的经济学家之一。

卫兴华认为，中国对待西方经济学有两种不好的、不应该有的倾向：改革开放以前，把西方经济学“骂倒”；现在又走到了另一个极端，对西方经济学由“骂倒”变成“拜倒”，马克思主义经济学被边缘化了。“学好马克思主义经济学，同时也要学好西方经济学。这样才能判断是非，才能对我国改革开放以来经济发展过程看得清楚。”

“我还在燃烧呢！”

如今，卫兴华已经年过九旬，每天学习工作时间仍然不少于 8 个小时，至今还在担任博士生导师，并经常参加各种学术活动。他说，希望通过勤学、勤思、勤写，继续为中国马克思主义经济学和国家经济社会发展做出贡献。“我不赞成让老同志‘发挥余热’的提法，我还在燃烧呢!”

如何让马克思主义经济学的精髓传承下去，是卫兴华近年来苦苦思索的问题。在多年的教学中，他坚持把教书和育人结合起来，既教授知识，也传递信仰。他认为，无论是对西方经济学的借鉴和评判，还是对马克思主义经济学的教学和阐释，都要结合国内外的经济社会实际来进行，要让学生们真正认识到马克思主义经济学的科学性和与时俱进的品格。

“在马克思主义被一些人淡化、边缘化的情况下，人民大学应该在这方面更好地坚持发展马克思主义、坚持发展马克思主义经济学，更好地发挥我们的带头作用。”在人民大学学习工作 60 多年，卫兴华对学校怀有极其深厚的情感，他说："有人民大学就有我。我关心人民大学的发展，希望人民大学培养出更多优秀的人才。"

学生们曾送给卫兴华一幅词匾："倾一腔热血，携两袖清风，默默以育人为乐；招八方弟子，探九州方圆，时时凭真诚敬业。"对于青年一代的成长，卫兴华也充满希冀，并用"为学当如金字塔，要能博大要能高"勉励他们刻苦学习、刻苦钻研，希望他们理论功底扎实、知识面宏厚、人品文品兼修，"希望我们的青年教师、青年学生能够出世界级的经济学泰斗、经济学大师"。

（原文刊于《中国人民大学》报 2015 年 12 月 21 日第 1555 期第 2 版）

孙国华
(1925—2017)

河北省阳原县人，中国共产党党员，著名法学家，杰出法学教育家，中国人民大学荣誉一级教授，新中国法理学主要奠基人，马克思主义法理学科的开创者，中国人民大学法理学科的创始人和博士点创建人、博士生导师，中国法学会名誉理事，中国法学会学术委员会名誉委员，中国法学会法理学研究会顾问，朝阳大学校友会会长，中国人民大学朝阳法学研究中心主任，《朝阳法律评论》编辑委员会主任，最高人民检察院专家咨询委员会委员，中宣部国家中高级干部学法讲师团特聘专家，国际法哲学社会哲学协会（IVR）中国执委会前执委。

孙国华：法学研究就要实事求是

张璁

“青年时看到的旧中国的景象，让我决心要走马克思主义道路。”坐在记者面前的孙国华已经年过九旬，回首自己亲历的这段近百年的历史，他说：“事实证明走对了。”

在数十年潜心学术与教学的生涯里，孙国华桃李满天下，为包括中国人民大学在内的全国众多高校培养了一批又一批人才。

学习法律：为了追求真善美

孙国华家的客厅里一直摆放着一架小提琴。孙国华一生痴迷音乐，当年他“原本打定主意要到音乐系深造”，却在阴差阳错中走上了法学研究之路。孙国华笑谈当年最终选定这条路，其实既是个人的机缘巧合，也是时代发展的必然。

1925 年出生的孙国华，少年时看到的是日寇步步蚕食、国家山河破碎，而他的家乡也在 1937 年沦陷。有一次，他因不愿意向日本兵行礼而招致了一顿毒打。这些侵略者的暴行和不甘为亡国奴的痛楚，让他一生都刻骨铭心，也对祖国的强盛充满了向往。

孙国华 16 岁那年前往当时的北平汇文中学，并于 1946 年毕业后考入在当时有“南东吴，北朝阳”之称的朝阳大学司法组学习。

尽管当时日本已宣布无条件投降，可中国依然还没能从深重苦难中解脱出来。孙国华眼见国民党政府腐败无能，老百姓的生活一日不如一日，于是决心投身进步学生运动，并很快成为当时的学运领袖，在党的地下组织的领导下率领同学们与国民党反动派进行斗争。

“当时我就上了国民党的黑名单。”孙国华回忆说，在 1948 年的一次对北平进步学生的大逮捕中，他因未来得及撤离而被捕入狱，一度被关押在军统的看守所里，“连放风的权利都没有”。直至平津战役打响，北平经谈判即将和平解放之际，孙国华才被保释出狱。

“当时我一直忙于参加进步学生运动、办壁报、组织游行，脱不开身。”孙国华说他几度都想考北平师范大学音乐系，甚至都走到了“只差拉小提琴”的复试，可又被当时的局势屡次打断，还是留在了朝阳大学，“我想我最终会选择这样一条道路，是因为修习法律和学音乐一样，最终都是为了追求真善美”。

初识法理：开启漫长法学生涯

新中国成立之后，中国人民大学得以组建。到了 1950 年下半年，孙国华进入中国人民大学法律系，成为当时的第一批研究生，由苏联专家谢米里亨和中国著名哲学家、法学家、马克思主义著作翻译家何思敬教授共同指导，研究马克思主义法学理论。

“这两位导师都有着深厚的马克思主义法学理论功底。”孙国华说。在这一时期，他一边在苏联专家的指导下阅读了大量的马克思主义原著，如《共产党宣言》《哥达纲领批判》《资本论》等；一边跟随何思敬学习第二专业——国际法和国家与法权理论研究。1952年，孙国华正式留校任教，由此开启了他漫长的法学教育和研究生涯。

然而，新中国法治刚刚起步却遇到了挫折。1957年，由于对国内阶级斗争形势估计得过于严重，反右派斗争被严重扩大化，法律界尤其成了“重灾区”，许多高校中的知识分子被错划成了“右派”。

“这一时期，法学教育中法律本身的东西开始减少。”孙国华回忆道。当时，诸如“政策就是法”这样的错误观点一度占据上风，这让“政策取代了法律”，造成了对法治的巨大破坏。

投身法治：坚持马克思主义法理研究

“马克思主义有两条重要启示，一条是积极进取往前走，另一条是实事求是。”孙国华说，马克思主义在中国发展实践，就是在前进中不断校正自己的方向。

历史的发展也确实如此。随着党的十一届三中全会的召开，人们很快就感受到了一股民主与法治的暖意，法学研究呈现出蓬勃向上的朝气。孙国华也正是在改革开放之初，就发表了《党的政策与法律的关系》一文。他反对“党的政策本身就是法”的观点，他认为这个观点表面上看来是在强调党的政策的重要性，实际上却是否定了贯彻党的政策的一个有力武器——社会主义法律。因此，法律虽然是党的政策的体现，但是法律和党的政策相比又具有国家意志性、国家强制性、更强的稳定性和规范性。

当年这样振聋发聩的声音，如今已变成社会的常识。党的十八届四中全会提出，实现立法和改革决策相衔接，做到重大改革于法有据、立法主动适应改革和经济社会发展需要，这就准确把握住党的政策与法律的辩证关系。

在法治闸门重新打开的时代里，孙国华深感时不我待，很快就融入了时代洪流。

1980 年，在决心重新编写法学教材之后，时任中国人民大学法理学副教授的孙国华被任命为新中国第一部法理学统编教材的主编，主持参与编写工作。之后，孙国华作为法学理论专业博士生导师，建立并主持中国人民大学法学院法理学专业博士点。1986 年，孙国华还曾受邀前往中南海给中央领导同志讲法律课。

对于法理学研究，孙国华说，过去有过只讲苏联的倾向，改革开放后也出现过只讲西方的情况，但这都不是正确的认识和研究问题的态度，“还是要实事求是，只要是好的就要学”。

关注正义：民生与民心不可偏废

毕竟上了年纪，孙国华的腿脚已经不太方便，但观察与思维依然敏锐，采访的话题也很快落到了对于当下社会的关注上。

“社会的公平正义，这是我近几年最关心、关注的问题。”孙国华说，他写了一篇题为《公平正义仿佛是治国理政的“牛鼻子”》的文章，这个题目本身就提炼了他最想说的话。

在孙国华看来，如果说民生问题的关键在利益，那么民心问题的关键就在利益关系的均衡。“民生与民心不可偏废。”孙国华认为，解决公平、正义的问题，不但要求解决民生问题，而且必须解决人们的正义观、价值观问题。相应正义观、价值观的形成，是维护一定公平正义的必要条件。

而从法律层面来看，孙国华观察到，与确立制度的立法相比，执法、司法中的正义则更容易引起群众的密切关注，这方面的不公正也最为群众所不能容忍，“所以必须坚持科学立法、民主立法与严格执法、公正司法一体推进，让人民群众在每一个案件中都感受到公平正义”。

（原文刊于《人民日报》2016 年 11 月 23 日第 18 版）

彦奇

(1926—2010)

中国共产党党员，著名政党史学家，民主党派史研究开创者，中国人民大学马克思主义学院中共党史系博士生导师。历任中国人民大学历史系中国工人运动史教研室主任、中共党史系中国革命问题教研室主任。1986年被国务院评为博士生导师。1992年开始享受政府特殊津贴。2005年被授予学校首批荣誉教授称号并获金质奖章。主要学术著作有《中国新民主主义革命史参考资料》(合著)、《中国共产党历史讲义》(参编)、“中国各民主党派历史研究丛书”(主编)、《中国各民主党派史人物传》(主编)、《中国国民党史纲》(参编)等。

彦奇：豪气指苍穹 傲然不老松

高燕燕 宋洁

他疾恶如仇，曾是爱国学生运动中“不怕死的领袖”，甚至遭到国民党特种刑事法庭的通缉；他爱国情切，曾与胡华、戴逸一起用稿费给正在抗美援朝的中国人民志愿军捐了一架战斗机；他勤于探索，开创了党史学界中国工人运动史和民主党派研究的先河；他豁达乐观，患上膀胱癌仍笑对生活，在病痛面前决不低头……

在春日的阳光里，八十高龄的著名政党史专家彦奇教授兴致盎然地向我们讲述他的一生，眼睛里重又焕发出了青春的豪情与飞扬的神采。

最爱忆年少时，豪气满怀

“我现在最爱回忆的就是当学生的那段日子，真有意思!”彦奇笑着说。

彦奇告诉我们，他原名商国臣，出生于吉林延吉一个贫苦农民家庭。“1946 年 9 月到国立东北大学地理系读书，这才是我人生的开始。”在沈阳，黑暗的社会现实激发了彦奇的爱国热情和正义感，他很快就作为学生领袖投身到爱国学生运动中去，领导了多次学生罢课斗争。1946 年 6 月 15 日，他光荣地加入了中国民主青年同盟这个中国共产党的外围组织。

“1948 年 7 月，随东北大学迁到北平后，我被推选为东北大学学生自治会主席团主席，经常领导同学们开展斗争活动，比如北平各大学生举行的声势浩大的‘七九’大游行和东北大学学生反对北平市参议会的大游行，当时在社会上的影响可是相当大的呢!”这个“多事”的学生领袖最后成为国民党的眼中钉，国民党北平特种刑事法庭对彦奇发出了通缉令。彦奇在地下党的保护下，被迫离开北平，改名换姓，逃往解放区。

“在解放区，尽管生活条件很艰苦，冬天屋里冷得像冰窖一样，喝的只有小米粥，但我们热情饱满、斗志昂扬。我为自己是有责任感的革命者而感到光荣。”到解放区后，彦奇顺利进入华北大学一部十七班学习，与戴逸同在一个班。在那里，他开始如饥似渴地学习马克思主义知识。在信仰和学术的双重养分中，他迅速成长了起来。因为表现出色，结业后，彦奇留校入政治研究室党史组，成为胡华的助手兼研究生，开始系统地研究中国革命问题。1949 年 10 月，彦奇光荣地加入了中国共产党。

勤探索治学道，最重拓新

“我这辈子大部分时间都是在课堂上度过的，全国各地我都去讲过课，各校发给我的聘书足有满满一箱。”彦奇从 1950 年 9 月中国人民大学组建起，就一直耕耘在党史教学第一线。彦奇将他的治学之道总结为六个字；严谨、博精、拓新。

“严谨，就是做学问要一丝不苟，要严格地遵循辩证唯物主义与历史唯物主义的原则；博精，就是做学问不仅要着眼于‘博’，还要从‘博’

中取‘精’；拓新就是做学问要敢大胆涉足前人未曾研究的领域，使自己的研究方向既有一定的合理继承性，又有相当大的开拓创新性，力求写出实事求是、具有新意的著述。”

50年代，彦奇与胡华、戴逸一起编辑出版了《中国新民主主义革命史参考资料》一书，热销全国，他们将稿费悉数捐出，为中国人民志愿军购买战斗机；而后，他带头创新，进行中国工人运动史研究，主编了《中国工人运动史讲义》；60年代，他参加了高等学校教材《中国共产党历史讲义》的编写；80年代，他作为中国革命教研室主任，不仅带领同志们进行了卓有成效的学科建设，填补学科空白，开出了如“中国各民主党派史”“共产国际和中国革命”等一批新课，还陆续出版了各门新课的专著，备受好评。其中，要数由彦奇主编的“中国各民主党派历史研究丛书”和《中国各民主党派史人物传》反响最大……

“我这一辈子有两次重大的学术创新。一次是带头研究工人运动史。当时我任中国工人运动史教研室主任，教研室总共只有三个人，我们到各地采访，抄录了几千万字的资料，仅用了两年就推出了工运史课程，我还编了《中国工人运动史讲义》，这在当时党史学界引起较大震动。”说到这里，彦奇显得颇为自豪，“还有一次是首开对民主党派研究的先河。”

彦奇主编的“中国各民主党派历史研究丛书”是第一部对我国各民主党派的历史进行系统研究，有重大学术价值的著作，获得了人民大学优秀科研成果奖。1991年，他主编的《中国各民主党派史人物传》前三卷出版。此书被誉为“一套好的传记史书，填补了现代史的一个空白”。中央电视台、《人民日报》等媒体对此书的首发式进行了广泛的报道。全国人大常委会副委员长费孝通、雷洁琼盛赞此书。同年，彦奇与张同新共同主编的系统研究国民党历史的专著《中国国民党史纲》一书也出版了，获得了很好的反响。

经风雨育人才，笑对人生

在彦奇的家里，挂着老友为他写的一首诗：

荆棘丛中一青松，枝干挺拔傲立山巅，散豪气，直指苍穹。经风雨，栋梁才枝繁叶茂，现风采，沧桑见证冬来也。大雪封山，寒风凛冽，老干峥嵘显坚强，岿然不动。

回忆往事，有悲有喜，但是彦奇说的时候总是笑呵呵的。在“文革”中，彦奇不幸被扣上了“刘少奇吹鼓手”的罪名，多次被抄家，他写的《中国工人运动史讲义》等珍贵资料全部丢失；人民大学被解散，他又被下放到“五七”干校从事重体力劳动，盖房子、打石头，学术生涯被迫中断……面对这些，彦奇的话中有一些无奈，但更多的是乐观，他最爱拿那时当“积肥队队长”的经历开玩笑，末了，淡淡地说一句：“人生的经历要多些才好，这样生活才不会单调。”

也正因为如此，彦奇在人大复校后，全身心地著书立说、教书育人，培养了许多中共党史和中国各民主党派史方面的人才，其中有 16 位博士、5 位硕士、6 位访问学者、5 位外国研究生和进修生，他们大多已成长为国内著名高校的教授、博导。1994 年，彦奇被人民大学评为优秀博士生导师。

彦奇的一生波澜起伏。如今，他回想自己所走过的路，最常念叨的还是对人民大学的感激和深情。“我的人生是愉快的。因为我由刚懂事到懂一点事，到很懂事，都是在人民大学。它给我的教育坚定了我的信念和理想。在这里我遇到了胡华老师，还有何干之老师，这里的一切都让我终身受益。”

离休后的彦奇还是坚持看书、做学问、指导学生。直到前几年查出患了膀胱癌，他才在家人和医生的强烈要求下静心养病。“人要乐观，要看得开，有病就治病。人总有生老病死，关键这一辈子要活得有意义。”彦奇经过手术，身体已渐渐康复。现在，闲不住的彦奇又开始着手联系《中国各民主党派史人物传》后面几卷的出版工作。

（原文刊于《中国人民大学》报 2006 年 4 月 25 日第 1209 期第 4 版）

戴逸

(1926—)

江苏常熟人，中国共产党党员，中国著名历史学家。中国人民大学一级岗位教授，享受国务院政府特殊津贴。现任国家清史编纂委员会主任、中国人民大学清史研究所名誉所长、中央文史研究馆馆员、北京市文史研究馆馆长。曾任国务院学科评议组历史组召集人，第四届、第五届中国史学会会长，第七届全国人民代表大会代表等。1948 年，戴逸因参加学生运动被国民党政府通缉，为躲避政治迫害，在党组织的安排下离开北大前往解放区，进入解放区华北大学学习，后留校任教，最初从事中国革命史、近代史研究。主要著作有《简明清史》《二十世纪中华学案》《清通鉴》《乾隆帝及其时代》《18 世纪的中国与世界》《履霜集》《语冰集》《涓水集》《戴逸自选集》《繁露集》等。1961 年被推举为高教战线先进工作者。1985 年获吴玉章科研奖。1986 年被评为全国教育系统劳动模范，获人民教师奖章。1994 年获国家“五个一工程”奖和香港柏宁顿中国教育基金会首届孺子牛金球奖、中国图书奖等。1995 年获北京市社科优秀研究成果一等奖。2011 年 4 月，被聘为中央文史研究馆馆员。曾先后赴越南、日本、美国、澳大利亚、德国、苏联、加拿大等国讲学。2013 年获得第二届吴玉章人文社会科学终身成就奖。

戴逸：涓水洪流汇清史

林麦凌

“我在人民大学接受了教育，工作在这里，成长在这里。吴老的言传身教对我影响很大，他是我心中的旗帜。”2013 年 12 月 17 日，著名历史学家戴逸荣膺第二届吴玉章人文社会科学终身成就奖，深情追忆老校长吴玉章先生。

在中国人民大学已逾一甲子的岁月里，戴逸先生毕力于清史，“可说是寝于斯，食于斯，学于斯，行于斯。清史是我的理念之归宿，精神之依托，生命之安宅”。

而立至耄耋　三起三落修清史

北京市张自忠路 3 号，俗称段祺瑞执政府的“清陆军部和海军部旧址”，是中国人民大学老校区。从 1958 年至今，除了“文革”期间下放劳动外，戴逸先生从未离开这个院子，埋头治史，由黑发至皓首。

院子里一座不起眼的平房内，桌上放着几本正在审改的清史稿件。除去在清史编委会办公，其余的日子，戴逸先生就在这里，每天审读六七个小时，一篇篇地核对、修改。

今年是《清史》编纂的第11个年头，3 000万字的初稿全部汇集，正在进行第二次专家审读。

2002年8月，国家正式启动新世纪标志性工程——清史纂修。时年76岁的戴逸先生受命担任清史编纂委员会主任。十余年来，他“潜心修史，未能忘情，只能牺牲个人著述的时间”，关于《清史》编纂的工作实录和重要思考，大多收入《涓水集》一书出版。

修史，自古就是一项浩大的工程。易代修史，是我国独有的史学传统。清代修《明史》，如果从清顺治二年（1645年）开设明史馆起，到乾隆四年（1739年）正式由史官向皇帝进呈，前后共历时94年。民国时期，清朝遗老主持编修了《清史稿》，历时14年，却尚不成书，仅为书稿。二十四史之后，我国一直没有一部完整、权威的《清史》。

领衔清史纂修，戴逸先生面对的是上千人的专家学者和浩如烟海的史料。纂修规划共分两大部分：其一为主体工程，是《清史》的主要内容，分为通纪、典志、传记、史表、图录等五部分，约百卷，达3 000余万字；其二为基础、辅助工程，包括文献、档案、编译、出版等工作，目前已经完成几十亿字，其中《清代诗文集汇编》（全800册）篇幅计约4亿字。

时至今日，清史纂修主要成果尚未出版，先生每每感慨“希望有生之年能够看到清史纂修的完成”，然则他给出的全书定稿时间依然是几年之后，他心心所念的是“要对历史负责”。

戴逸先生的清史纂修历程实则已过半个多世纪。

新中国成立之初，董必武提出编修《清史》，引起了党中央的重视。1959年，周恩来总理委托历史学家吴晗制定《清史》规划，吴晗便找了戴逸和郑天挺、任继愈等人商量，当时戴逸才30岁出头。正当酝酿编纂方案时，赶上三年困难时期，起草工作也停止了。

1965年秋，周恩来总理委托中宣部部长周扬召开会议，组成了以中国人民大学副校长郭影秋为首的七人编纂委员会，39岁的戴逸是最年轻的委员。会上决定在中国人民大学建立清史研究所，作为编纂《清史》的机构。不久，“文化大革命”爆发，修史计划又告夭折。

此后多年，直至改革开放初期，学术界屡有纂修清史的倡议。1978年，中国人民大学在“文革”停办之后复校，戴逸受命组建清史研究所，当即呼吁把大型《清史》的编写任务提到日程上来，并提出规划设想。但限于社会经济环境，各方筹议一再搁置。

2001年，学术界再发呼吁。历经一年半的调研，中央做出启动清史纂修工程的重大决定。此时，戴逸先生不胜感慨：“能够继郭校长之后参与修史，真乃人生幸事。”

实际上，戴逸先生的学术生涯并非从研究清史开始。他在《我的学术生涯》一文中写道：“我的治学，沿着‘逆向回溯’的路径进行，即由近及远，由今至古。最初我从党史和革命史的研究开始，稍后研究中国近代史，一步步往前推移回溯。”但最终，他将此生都寄托于清史研究。

独坐小楼　立志于斯

江苏常熟，荣木楼，历史上是钱牧斋、柳如是的居所，清朝大学士蒋廷锡的府邸就在边上。这里，就是当年戴逸家的住房。

戴逸出生于常熟的一个小官吏家庭，幼时所居之地文化底蕴丰厚，江南著名的藏书楼铁琴铜剑楼就是他青少年时代常去的地方。

“有次，我买了部残缺的《昭明文选》，之后依照着借来的善本，我一字一句地抄写补齐装订。就这样，日积月累，到高中时，我便有了属于自己的小小的藏书室。”戴逸先生曾在自述中这样回忆少时的读书时光，“每当夜深人静、万籁俱寂时，独处小楼之上，青灯黄卷，咿唔讽诵，手握彤管，朱蓝粲然。”

在常熟这个历史文化名城，文人名士众多，编修地方志书可说是富于地域特色的文化传统之一。也许，戴逸沉潜史学的种子彼时已经种下。中学时代，语文和历史是他最喜爱的课程，在常熟中学读高中时，经由杨毅庵先生近三年的指导，他接触到了经史子集各部类书籍。

1944 年高中毕业时，戴逸阴差阳错地考入上海交通大学，学习铁路管理。“当时，大部分人认为理工科易于找到工作，养家糊口；读文科在当时毫无出路，毕业后就是失业。”抗战胜利后，北京大学从昆明迁回北平，准备在上海招生，恰好在交大设考场，戴逸抱着试一试的想法报名投考，“居然考上了历史系的正取生”。经过一番抉择，他毅然决然地放弃原有的学籍奔赴北平，“当时，心中有强烈的冲动——到北京大学去，学习历史！”

在北京大学，戴逸听过胡适、郑天挺、沈从文、朱光潜等众多著名学者讲课，图书馆里的藏书也令他目不暇接。然而，对国家民族命运的关心使他从学术钻研投入进步学生运动中。白色恐怖时期，戴逸被列入黑名单通缉，一度被拘捕入狱，“郑天挺和胡适说，‘戴秉衡（即戴逸）被抓进去了’，胡适先生赶忙写信去保释我”。

1948 年深秋，在中共地下党的安排下，只在北京大学读了两年书的戴逸割舍学业，前往华北解放区，进入设在河北省正定县的华北大学一部学习。途经沧州时，为免连累家人，他将原名“秉衡”改为“逸”，表明逃脱藩篱之心。

从“戴秉衡”到“戴逸”，他犹如发现了一个新世界。

当时，华北大学校长是吴玉章，范文澜、成仿吾、钱俊瑞、田汉、艾思奇等文化名人都在这里工作。戴逸在这里系统学习了马列主义和中国革命史，讲授新民主主义革命史的便是著名中共党史专家胡华。

新中国成立后，华北大学迁往北京，承担起培养新中国建设干部的任务。戴逸留校从事历史研究，在胡华教授领导的中国革命史组工作，从此正式走上了历史学研究的道路。

“勤苦乐迷”铸就“学识才德”

江西省余江县，中国人民大学“五七”干校旧址所在地。戴逸曾被下放到这里劳动，任务就是喂20多头永远也喂不肥的“老头猪”。“我买来多本《养猪指南》，多方研究。无奈的是，我这个研究史学的猪倌虽然看了很多书，还是没有把猪养肥。”

繁重的体力劳动之余，戴逸抓紧一切可能的机会读书、思考。1977年，在中国人民大学已经停办，无法正常开展学术研究的条件下，他历经几年完成的《一六八九年的中俄尼布楚条约》一书正式出版。

写作这本书的缘起是1969年发生的“珍宝岛事件”。中苏两国举行边界谈判，苏联的历史学家带着档案来，可中方没有。“当时有人通知我到外交部去开会，我也不知道是什么事。去了以后，当时的外交部副部长余湛在会上讲，现在要跟苏联就中苏边界的问题进行谈判，其中牵扯很多历史问题，希望我们能够收集这方面的东西。”于是，戴逸花了4年时间，对《中俄尼布楚条约》签订的背景、谈判情况、条约文本和争议问题作了详细研究，以“澄清一些历史上有争议的问题”。

戴逸先生至今编写过数百篇文章和10多部著作，《一六八九年的中俄尼布楚条约》与《中国近代史稿》《18世纪的中国与世界》等是其重要之作。

1952年，戴逸被调到中国历史教研室，开始从事中国近代史教学研究。考虑到国内没有一本完整的、适合高校授课的近代史讲义，他决定撰写《中国近代史稿》。1958年，38万字的第一卷即告完成，由人民出版社出版，此时他才32岁。该书得到了范文澜、翦伯赞、尚钺、吴晗等史学前辈的好评，成为戴逸的第一部代表作。

对于戴逸先生主编的《18世纪的中国与世界》及其撰写的“导言”卷，国内史学家认为，该书把中国历史放在世界历史范围中讨论，与西方各国从各方面进行比较研究，在史书体例和研究方法上有所创新，破解了近代中国为什么落后于西方这一历史难题，有助于了解当代中国诸多现实问题的来龙去脉。

戴逸先生创新的理念和思维体现在清史纂修中。如今纂修工程还未结束，让他欣慰的是已有一定的成就：一是坚持世界眼光，把清代社会置于世界历史的发展进程中来对照，并吸收海外清史研究的主要成果。二是重视档案文献整理编纂，为后续研究积累了大量资料。三是编纂体例创新，与以往史书相比，增加了通纪、图录部分，传记中增加了类传，史表中增加了事表，典志的数量和涵盖面也大大增加。

“暮年多见世上客，未识真容已白头。”清朝灭亡仅仅百年，对现实生活影响巨大，和当前各方面息息相关，但清史研究目前尚处于起步阶段。曾经，戴逸先生以而立之年投身清史研究，鲜有同行；以知天命之年主持清史研究所建设及《简明清史》编写，影响广远。而今，他时为后学之辈的论著撰序，勉励前行。

“勤、苦、乐、迷”，戴逸先生曾以四字向青年学生总结学术道路。而在学生们眼中，“他是当代具备史学、史识、史才、史德四长的一位优秀历史学家”。我国第一位历史学女博士黄爱平师从戴逸先生，在她看来，戴老师从传统走向现代，他的旧学功底深厚，但又和完全的旧学不一样，他接受、运用了马克思主义历史唯物论的理论方法，但又拥有坚实的文史哲功底，这是后来人无法企及的。

“希望将来能设立国家大奖，给人文社会科学工作者更大的激励。”受颁吴玉章人文社会科学终身成就奖，戴逸先生想到的是还有很多贡献更多的中青年，“中国的发展不仅要依靠自然科学，还要依靠人文社会科学为国家和社会的发展方向、道路提供科学的建议，提升国家软实力，让中国由一个大国成为硬实力、软实力都充分发展的强国。”

走下颁奖台，戴逸先生言谈中依然不离清史，“清代历史中的重大问题，每一个都牵扯社会学、统计学、地理学、经济学等，对于这些重大课题都需要花很长时间去研究”。

（原文发表于人大新闻网，2013 年 12 月）

方汉奇

(1926—)

中国人民大学荣誉一级教授，享受国务院政府特殊津贴。现为中国人民大学新闻与社会发展研究中心顾问兼学术委员会主任，中国新闻史学会名誉会长，北京大学、清华大学、南京大学、暨南大学等 17 所大学新闻传播学院的顾问、课程教授及兼职教授，北京大学新闻学研究会学术总顾问，南京大学新闻传播学院名誉院长。曾任中国新闻学会常务理事、首都新闻学会副会长、第三届国务院学位委员会新闻传播学学科评议组成员、第四届国务院学位委员会新闻传播学学科评议组召集人、中国新闻史学会会长。1950 年毕业于苏州国立社会教育学院新闻系。1958 年随北大新闻专业全体师生并入中国人民大学新闻系，1979 年被评为副教授，1983 年被评为教授，1985 年起任博导，2004 年退休。退休后，继续返聘担任博导。2009 年被评为荣誉一级教授。从事中国新闻史教学研究工作逾 60 年，曾两次获吴玉章奖新闻学一等奖，一次获高校文科优秀教材一等奖，两次获北京市优秀科研成果一等奖，一次获北京市高等教育精品教材奖，一次获吴玉章教学奖及教育部国家级教学成果二等奖。1984 年被评为全国一级优秀新闻工作者。1987 年被评为全国优秀教师。1987、1997 年两次被评为北京市优秀教师。2009 年，在中国传媒大会 2009 年会上被评为“共和国 60 年 60 名传媒影响力人物”之一。

方汉奇：坦荡人生书写新闻史宏伟篇章

谢天武

生活不讲究，随遇而安；学术不迷信，不疑处有疑。

55 年风雨历程，铸就新闻史研究丰碑。

这就是我校新闻学院荣誉教授方汉奇的写照。作为中国新闻事业发展历程中一位举足轻重的人物，方汉奇用一生的时间为中国新闻史研究画上了浓重的一笔。在纪念改革开放 30 年、我校复校 30 年之际，记者近日对方汉奇教授进行了专访。

方老的家面积不大，但书房却显得格外宽敞。堆满三面墙的图书让整个书房飘荡着浓郁书香。初见方老，见其：行动敏捷，丝毫不见老态；一头银发，显得精神矍铄。谈起往事和治学之路，方老更是思维敏捷，妙语连珠。

筚路蓝缕　以启山林

1926 年 12 月，方汉奇出生在一个书香世家。他的外曾祖父林启和外祖父林松坚都是学贯中西的学者。幼时所受的良好教育和适逢乱世的外界环境，使得方汉奇十分关心时局，喜欢上新闻这一行业。1946 年，方汉奇考上了校址设在南京、苏州两地的国立社会教育学院新闻系。大学毕业后，方汉奇来到上海新闻图书馆负责《申报》历史的整理工作。

应北大中文系副主任罗列之邀，年仅 27 岁的方汉奇来到未名湖畔，在北大中文系主讲新闻史，从此开始了他 55 年的新闻史研究生涯。新中国成立初期，中国新闻史研究在我国还是一片尚待开垦的领地，全国从事新闻史教学的只有复旦大学的曹亨闻和方汉奇两人。“那个时候连一本通用教材都没有，涉及现当代部分的内容更是一片空白。往往是下个礼拜要讲的课，这个礼拜还没有备出来，要找米下锅啊！没办法啊！只好到图书馆、档案馆去查，连暑假也不闲着，就这么紧张。”方汉奇一边讲课，一边扎进图书馆、资料室，从浩如烟海的故纸堆里精心选择资料，为新闻史的研究奠定了一块块基石。

寒暑易节，燕园中风光无限，但一心治学的方汉奇连午休时间都抽不出来，哪里有心思闲游骋怀。由于长期伏案工作，他上衣两肘总被磨得由光而破、由破到烂，他干脆准备了无数套袖备用。1958 年，方汉奇随北大中文系新闻专业并入人大新闻系。“经过三五年这样的积累后，讲课算是上正轨了，可是政治运动又开始了。”

实事求是　安于治学

1958 年，方汉奇随北大中文系新闻专业并入人大新闻系。1960 年，在“反右倾”“反现代修正主义”的政治思潮中，人大新闻系也开展了“学术批判”运动，方汉奇因坚持近代无产阶级报纸与早期资产阶级革命派的报纸存在历史渊源的观点，被视为阶级立场有问题，成了批判对象之一。十年动乱中，方汉奇又被打成“牛鬼蛇神”，挂牌游街、参加大小批斗会，然后当小工、打扫厕所。谈起这段往事的时候，方汉奇评价自己是随遇而安。他说：“有一点就是做好本职工作，是‘牛鬼蛇神’，就做好‘牛鬼蛇神’。当时我的身体很好，属于强劳动力。我的体会是知识分子过劳动关不难，劳动人民过知识关不易。”

没有条件进行学术研究，方汉奇就埋头做着史料的收集整理工作。他白天当黑帮，挨批斗，晚上回来还猫在冰冷的小屋里坚持读书。别的书不让看，就啃《资治通鉴》，照样做卡片，甚至连《小学生字典》都反复研读，“平日里有些恍恍惚惚的字认不准，字典帮了我这个忙”。

1978 年，中国人民大学正式复校，方汉奇带着自己的四大箱书从江西“五七”干校回到了人大。当时，校园百废待兴，条件艰苦。方汉奇的家连一张书桌都摆不下，他就用书箱当书桌，用两年的时间写出 57 万字的《中国近代报刊史》。这部《中国近代报刊史》一出版，就引起了学术界的震动。《中国近代报刊史》一书对中国近代新闻事业的产生和发展作了科学、系统的记述，涉及报刊 500 余种、报人 1 500 余名，纠正前人著述失误 200 余处，受到海峡两岸新闻学界的高度评价和国外新闻学界的注意，被认为是继 1927 年戈公振的《中国报学史》之后又一中国新闻史权威著作。

在治学生涯中，方汉奇始终坚持“实事求是”的治学理念，先后在海内外刊物上发表论文百余篇，提出了许多学术观点。例如，他认为中国的报纸起源于唐朝，而不是像有些有影响的新闻史专著所说起源于汉朝；他认为中国的民办报纸起源于北宋，而不是南宋；他认为朝报、邸钞、阁钞、杂报、状报、除目、京报等都是古人对封建官报即邸报的异称，并不是独立于邸报之外的一些报纸……

史海无涯　上下求索

1976年，随着“文革”的结束，已届知天命之年的方汉奇重新焕发出学术的青春，他以昂扬的姿态投入到紧张的教学、研究中。1983年1月，他发表论文《从大不列颠图书馆藏唐归义军“进奏院状”看中国古代的报纸》，振聋发聩地提出“中国报纸始于唐代”，“《进奏院状》是现存的中国最早的报纸和现存的世界上最早的报纸”。

“《进奏院状》是北大历史系向达教授上世纪30年代在英国求学时，在当时的伦敦不列颠博物馆首先发现的，它是斯坦因从我国窃走的7 000件敦煌文卷中的一件。后来，他在《唐代文化与西域文明》一书中提到了《进奏院状》，但是没有展开。”

凭着深厚的专业素养，方汉奇敏锐地意识到，这份罕见的古代报纸实物将对我国古代报纸起源研究产生极为重大的意义。“我的一个学生孙文芳在新华社当记者，在伦敦常驻，我就委托他替我到不列颠图书馆查《进奏院状》，他誊录后还替我拍了原件的照片，现在新闻史课本里用的《进奏院状》的照片，就是他当年拍的。”

得到这份《进奏院状》的誊录件后，方汉奇不避繁难，开始了逐字逐行的疏证、辨析。“进奏院和邸是个什么关系？进奏官和邸吏又是什么关系？为什么说朝报、邸钞、阁钞、杂报、状报、除目、京报等是古人对封建官报的异称？”

就这样，他一个一个问题地深入探讨，苦苦追寻，条分缕析，层层剥笋，终于使缠绕着《进奏院状》的一个个疑窦渐次消弭。经过严密的考证，方汉奇推出了自己的结论：现藏不列颠图书馆的这份《进奏院状》，是一份唐僖宗光启三年（887年）的官方报纸，同时也是现存的中国和世界上最早的报纸，并由此证明了唐代是中国开始有新闻事业的朝代。

老而好学 如秉烛之明

古代圣人孔子曾曰：“发愤忘食，乐以忘忧，不知老之将至云尔。”而这恰恰也是方汉奇教授晚年生活的真实写照。在采访方老的时候，记者注意到他桌面的两台电脑。方汉奇说，自己是人大老教授里面最早使用电脑的人。“1996年开始用电脑打字，当时用的是386；1998年开始上网，用的是奔Ⅱ；现在已经换到第四代了。上网除了捕捉信息，更重要的是沟通方便。我和海外学者合作写一个论文，他写好了，发过来我改，我再发回去，人都没有见面，论文就已经发表了。”

如今，方汉奇仍然保持着旺盛的激情和活力，日程安排得满满的，每天至少工作12个小时。除了博览群书之外，方汉奇每天都要浏览人民、新华、新浪等网站，也少不了光顾一下Google和百度。“我到网上去看新闻，主要是希望扩大一些信息量，捕捉媒体上没有报道的或者漏报的一些信息。网络是全天候的，可以24小时沟通，还可以互动，这些优点都是平面媒体没有的。”

除了继续在新闻史方面的学术研究，方汉奇还在培养新一代的新闻史研究人才。“现在还带着6个博士生，今年新招了两个，还有2个博士后还没有出站。”方汉奇介绍说。

正是基于方汉奇的薪火相传，半个世纪以来，方汉奇的学生中新闻名家辈出，其中不仅有郭超人、陈锡添等新中国新闻事业的杰出代表，更有一大批走上教学岗位的优秀新闻教育工作者，他们已成为共和国新闻事业的脊梁。方汉奇成为我国资历最深、教龄最长的新闻史教学研究工作者，1996年被授予我国新闻教育界的最高荣誉——韬奋园丁奖一等奖。

（原文刊于《中国人民大学》报2008年11月24日第1289期第4版）

高放

(1927—)

原名高元浤，中国人民大学荣誉一级教授，享受国务院政府特殊津贴。现任中国和北京市国际共运史学会、中国科学社会主义学会当代世界社会主义专业委员会和北京市政治学行政学学会顾问，同时担任《理论探讨》《理论参考》《新视野》《中共天津市委党校学报》《社会科学研究》等期刊顾问或编委。1946 年考入北京大学，1948 年 1 月到晋冀鲁豫解放区，改名高放，进入北方大学文教学院学习；7 月，被选拔为研究生，攻读马列主义理论。1950 年 8 月，调到新成立的中国人民大学马列主义基础教研室任教员，长期执教国际共产主义运动史、科学社会主义、当代世界社会主义等课程。1981 年，由国务院总理批准聘为全国第一批博士生导师之一，在人民大学建立全国第一个国际共运史专业博士点。1982 年出版约 23 万字专著《社会主义的过去、现在和未来》，同年开始主编《国际共运》杂志。1993 年以来，六家出版社先后出版《高放文集》9 本，共计 400 多万字。改革开放以来，主编、合编、合译、合著、专著共 50 多部。2003 年，《启蒙助我成为学者》获《光明日报》征文一等奖。2009 年获评中国人民大学首批荣誉一级教授。

高放：尽心培育桃李 竭智求索真理

张强

“老骥伏枥期盼青春永驻，烈士暮年唯思昂然奋起，尽心培育桃李，竭智求索真理。”耄耋之年的高放说，这是他有生之年的夙愿至理。

1992年开始享受国务院政府特殊津贴，全国国际共产主义运动史专业第一位教授、第一位博士研究生导师，建立全国第一个国际共产主义运动史专业博士点，中国人民大学首批荣誉教授、首批荣誉一级教授……从事政治理论教育工作60余年，高放在国际共运史、科学社会主义和政治学领域成就卓著，被《中华当代文化名人大辞典》、《中国现代社会科学家大辞典》、《中国人物年鉴》（1995）等称作“国际共产主义运动史学家”“政治学家、马克思主义理论家”“社会主义学家”。

学海沉浮　融会中西

1927年，高放出生于福州，因五行缺水，父亲为他取名“高元浤”。1948年，他怀着革命激情投奔到晋冀鲁豫解放区，“感到思想上、精神上获得解放，又想甩掉那个‘五行缺水’的封建主义尾巴”，便把名字改为高放。

高放的高中生活在福州英华中学度过，这是福建省第一所教会中学，时任校长的华人陈芝美博士思想开明，主张英美式自由主义教育，允许学生不信宗教、反对宗教，也允许宣传马克思主义。那时，高放阅读过孙中山、蒋介石、费尔巴哈、卢梭、托尔斯泰、屠格涅夫、鲁迅等人的著作，还借读到《共产党宣言》《西行漫记》等书，受到马克思主义的启蒙教育，并且对中国共产党有了初步认识。他 17 岁就开始在《东南日报》《南方日报》发表新诗、散文和杂文，还创办过级刊《成渊通讯》和校刊《英华消息》，当时，他的愿望是当一名新闻记者。高中毕业的高放，本来以第一名的成绩由暨南大学新闻系录取，但心中更向往北京大学，又因北京大学当时没有新闻系，一番思索后，选择了北京大学政治系。在北京大学的一年半，改变了高放的命运，他不仅在政治学方面打下了基础，还积极投身学生民主运动，于 1947 年 6 月加入地下党领导的民主青年同盟，“可以算是老资格的共青团员”。

学习一段时间后，高放感觉北京大学死啃英文版政治学原著的教学模式太脱离中国实际，同时也越来越不满于国民党的专制统治和贪污腐败。他于 1948 年 1 月越过国民党政府设置的封锁线，投奔至晋冀鲁豫解放区，立志成为一名战地记者。他被分派到山西潞城的北方大学学习数月，后来历经北方大学迁址、合并。在华北大学筹备培养研究生之际，他被中国革命史专家何干之看中，成为中国社会史研究小组研究生。高放说，这改变并且决定了他一生的工作方向和工作岗位。解放区的革命传统教育帮助他养成了艰苦奋斗的生活习惯和注重联系中国实际的治学态度。1949 年 3 月，高放随华北大学迁至北京，担任华大二部学习助理员，帮助新入学的学员学习马克思主义，他的理论水平和思想觉悟进一步提高。几个月后，他在《人民日报》发表了第一篇马克思主义理论文章《“群”是有阶级性的》。同年 12 月 30 日，他正式加入中国共产党。他说，从那时起，他更加自觉地决心为共产主义事业奋斗终生。

革命传统教育有艰苦奋斗、联系实际的良好风格，但也无法避免系统性不足的缺点。为了系统学习革命和建设理论，1950 年 9 月中共中央创办了第一所新型正规大学——中国人民大学，先后邀请了近百名苏联专家来华讲学。那时，高放被调到马列主义教研室当教员，教授“马列主义基础”课，他一边独立授课，一边听苏联专家的讲课，学习了大量马克思列宁主义经典著作。七年的教学生涯，他打下了坚实的理论基础，树立了马克思主义世界观，养成了从理论角度观察问题、思考问题的习惯，掌握了从理论高度分析问题、解决问题的方法。“但苏联式的马克思主义理论教育教条主义习气浓厚。”高放说，“由于以前接受过自由主义和革命传统两种教育，我受教条主义影响还不算严重。”这一时期，他发表了第一篇史论结合、论从史出的科学论文《从巴黎公社和十月革命的历史吸取镇压反革命的经验教训》，出版了第一本论著《论我国过渡时期的工农联盟问题》。1956 年，凭借教学、研究方面的突出成绩，高放的行政职级连提三级，教学职级升至六级，并被评定为副教授上报（后因反右派斗争搁置），他深入浅出的教学风格、锐意创新的教学经验也在全校广为流传。

“我的个人命运紧随祖国的命运。”改革开放前，高放经受了两次思想上的重大打击。1957 年反右派斗争时，他被当作“白专”典型。“文化大革命”中，他被视为反动学术权威，失去了教学和科研机会。高放说：“经历了思想上的重大打击，我的心路更加通达了，今后我会更加严谨地钻研问题，更加尽心地善想善说，继续发挥余热。”

潜心治学　矢志不移

“谈到读书、做学问，我一向对高放教授非常佩服。我可以毫不夸张地说，他真正是当前中国哲学社会科学界的一位大师级人物。”“高放教授八十华诞学术研讨会”上，85岁高龄的中国政治学会副会长、北京大学教授赵宝熙在讲话中说道。

高放在学术上本着解放思想、实事求是的原则，不囿旧说，勇于创新，形成了一系列新观点、新见解。有关马克思主义的定义，他用一句话、22个字简明概括为“马克思、恩格斯创立的无产阶级和全人类解放的科学”，并认为“马克思主义不仅有哲学、经济学和社会主义学3个组成部分，而且还包括政治学、法学、军事学、社会学、历史学、文化学、教育学、民族学等十几个组成部分，相应也有十几个来源；无产阶级和全人类的解放需要有这十几门科学为它服务，马克思和恩格斯毕生的研究，对这十几门科学都有重大建树”。谈及国际共产主义运动史，他提出应该以无产阶级和人民大众的解放运动为主线，要改变以往“四个突出”（即过分突出几个大党、几个领袖、几本经典著作和几次路线斗争）的偏向，力求完整地反映历史本来面目，全面地总结历史经验。针对西方各种社会思潮和学术派别，他主张全面分析，取其精华、摒其糟粕，全盘照搬和全盘排斥都是不对的。

“不唯上、不唯书，凡是自认为不对的观点，不论什么人讲的，都不要去论证，去传播。要讲真话、实话、新话、深话，不要讲假话、空话、套话、浅话。要虚心听取不同意见。”长期以来，高放秉持独立的学术品格，矢志不移追求真理，坚持不懈进行探索，取得了丰硕的学术成果。1980年，他被评为中国人民大学先进工作者，自那时起，连续被选任为国际政治系国际共运史教研室副主任、当代社会主义教研室主任；1983 年被评为教授（也是全国国际共运史专业的第一个教授、第一个博士生导师）；1987 年被任命为中国人民大学新成立的国际政治和国际共运研究所（1993 年起改称国际事务研究所）所长。校内担任学术委员会、教师学衔委员会、吴玉章奖金基金委员会、学报编委会、大学丛书编委会委员及书报资料中心顾问；校外担任国务院学位委员会学科评议组成员（1983—1991 年）、中国政治体制改革研究会副会长、中国政治学会理事等，从事社会兼职 30 余项。

耄耋之年　伏枥之志

“在科学上没有平坦的大道，只有不畏劳苦沿着陡峭山路攀登的人，才有希望达到光辉的顶点。”《资本论》第 1 卷序言中的这句话是高放最欣赏的格言，也是他追求真理、不断探索的真实写照。

1997 年 9 月，年满七旬的高放从中国人民大学离休，但实际上是离而不休、欲罢难休。多年来，他继续被外交部机关党校、中央社会主义学院、北京大学等高校聘任为教授、兼职教授或客座教授，不断被邀请到上海、海南、温州、天津等地参加学术会议和讲学，还在《人民日报》《中国青年报》《报刊文摘》各大报刊发表文章。21 世纪伊始，他先后出版《高放政治学论萃》《政治学与政治体制改革》《国际共产主义运动别史》《纵览世界风云》等文集，学术研究领域进一步拓宽，社会影响力持续扩大。

离休后的高放学术成果连年累累，78 岁高龄时被学校返聘，继续招收博士研究生，至今还在担任博士生导师。“士兵的生命在战场，教师的生命在课堂”，在多年执教经验的基础上，高放总结出了悉心、精心、倾心的“三心”教学法。他传授学生“要学习、掌握五个基本，即基本原理、基本历史、基本知识、基本方法、基本训练”，“要处理好‘专与博’以及‘学与思’的关系，对某一门科学深入研究时，还要广泛涉猎其他学科，多去图书馆，多听各种专题讲座”。

近年来，高放仍奋战在学术一线，先后发表《〈共产党宣言〉当代解读》《〈共产党宣言〉与中国特色社会主义》《选举是民主第一要义》《“公仆”的理念与实践》等文章，出版《中国政治体制改革的心声》《马克思主义与社会主义新论》等专著和文集。虽然年岁已高，但他仍然坚持每天拿着放大镜读书看报，留心获取新资料、捕捉新信息，还注意从来访者和自己接触的人那里了解各方面现状实况。“虽然已到耄耋之年，但我仍有伏枥之志，愿继续为伟大祖国教书育人，建言献计。”

（本文写于 2017 年）

陈共

(1927—)

辽宁省盖州市人，中国共产党党员，财政学家。中国人民大学荣誉一级教授，财政金融学院教授，博士生导师。曾就读于东北大学农学院。1948年10月赴解放区正定华北大学学习和工作。1950年转入中国人民大学，研究生肄业，先后在财政系会计教研室和财政教研室任教，曾任财政教研室党支部书记。1972年至1978年在北京经济学院期间，曾任经济研究所所长兼党总支书记。1978年中国人民大学复校后，曾任原财政系副主任、主任，校党委委员，校学术委员会委员。曾任中国财政学会、中国税务学会常务理事和顾问，中国税务咨询协会副主席。

陈共：栉风沐雨 深耕学术沃土

李书慧

“我一开始工作就是在中国人民大学，这一辈子也都是在这里，算是典型意义上的‘人大人’了。”陈共在“口述历史”中这样描述他和人民大学的不解之缘。从烽火中救亡图存的有志青年到和平年代授业解惑的饱学之师，陈共见证了新中国崛起腾飞之路，也亲历了中国人民大学发展壮大的历程。

名副其实的“人大人”

1948年的秋天，解放战争硝烟弥漫，国民党当局变本加厉地腐败。正在东北大学农学院读二年级的陈共再也无法平静地稳坐书斋，他通过秘密通道来到正定的华北大学，从此走上了革命的道路。华北大学密切结合革命斗争实践的课程内容、注重理论联系实际的教学方法让陈共耳目一新。他像一株雨后春笋，带着一个青年人的激情吸吮新思想的养分。短短四个月的学习，陈共觉得顿开茅塞，对很多问题有了更为深刻的认识，基本形成了马克思主义人生观。学习结业后，陈共留校工作。1950年初，华北大学一批具有一定文化基础的同志转入中国人民大学，成为第一批教员，陈共就是其中之一。他从此开始了长达半个多世纪的教学生涯。

中国人民大学是中国共产党在新中国成立之初创办的第一所新型正规大学，作为第一批教员，陈共有幸经历了建校初期的艰难和兴奋。他还记得，转到人民大学的第一件事情是参加建校后第一次招生工作，他被编入由5人组成的辽宁省招生小组。那时，人民大学还没有面向社会招生，是由各部门各地方党委组织部门推荐，由学校审核报考资格和文化水平择优录取。陈共至今仍记忆犹新，那是1950年初，正值除夕，陈共到锦州招生办完工作后坐火车回沈阳，是在火车上过的春节。人民大学的第一批招生，无论对学校还是对参与招生的个人，都是一件值得纪念的事情。

招生回来后，学校关于开学的有关工作基本就绪，当时苏联专家也陆续到校，陈共被分配到财政系会计教研室任教，这对他来说无疑是一次“挑战”。陈共原来是农学院的学生，对经济学和会计学方面的知识几乎一无所知，甚至连什么叫“会计”也不清楚，只知道是记账的，学习后才知道会计学的基本原理是借贷关系，而每一笔借贷都是相关联的，是一门复杂而系统的学问。现在居然要在课堂上讲授会计学课程，只能是一切都要从头开始——“现学现卖”。教员们先跟着苏联专家学习，回来后要整理出自己的讲稿，接着就要登台讲课了。陈共至今还记得第一次上讲台时出现的尴尬情景。当时，初出茅庐难免有些紧张，又加上刚刚学来的专业知识还不够熟练，当讲到多个账户、多项借贷的时候，讲来讲去，居然把自己都讲迷糊了，这时只好停下来冷静一下，弄明白了再讲。好在当时的学生大部分是工作多年的干部，完全谅解青年老师的“窘态”，不仅没有责怪，反而给予勉励。不过，事不过三，几次讲授之后，陈共就逐步进入状态，越来越熟练，不断升华，很快成长为教学骨干。

当时，陈共还教授一门“工业企业经济活动分析”课程，这门课程是很多干部从事工业建设的“入门课”。通过学习，学生们对企业的整个经济活动有全面的了解并能进行一定的分析。同时，大家也普遍反映这门课通俗易懂、务实管用。这个时期，新中国的工业建设如火如荼，国家部委和机关，如天津市委工业部、北京市委、国家监察部以及大专院校也纷纷邀请陈共去讲课。课程最为繁忙的时候，一个星期大概要讲二十几个课时。能够为新中国的经济建设做贡献，陈共感到无上荣耀和兴奋，从来不讲报酬、不顾劳累，哪里有需要就去哪里讲。

人民大学建校之初就建立了一套健全的教员培养制度。一是邀请苏联专家直接给教员讲课。几乎每个专业都有苏联专家指导和授课。二是举办教员研究生班。陈共也曾在这个学习班学习，在苏联专家的讲授和指导下攻读《资本论》，只半年时间就基本上学通了《资本论》第一卷，并感到受益匪浅。三是举办夜大学。教员们白天讲课，晚上到夜大学系统学习哲学和政治经济学等课程，奠定了大家马克思主义的理论基础。

1955 年，因工作需要，陈共转到财政教研室，由于会计和财政都是财经专业，是相通的，所以这次比较顺利，很快就进入状态。人民大学停办后，陈共和多数员工一起赴江西余江“五七”干校，干校结束后回北京，财经专业教员集体安排在北京经济学院工作 6 年。1978 年，人民大学复校，教员们遂按原编制集体回归人民大学。陈共重新回到了留恋而熟悉的校园，回到人民大学在新时期创建一流大学的队伍和岗位。

陈共的教学人生是与人民大学的创建和发展一起栉风沐雨、休戚与共的。人民大学为陈共的学习和工作提供了一方沃土，陈共在人民大学的培育下成长和发展，为人民大学贡献了自己的青春和全部精力，是一个名副其实的“人大人”。

财政理论的开拓者

早在上个世纪60年代之前，陈共已经在《经济研究》发表了有关财政理论问题的两篇文章，主编出版了两本教材。1978年，党的十一届三中全会宣布党的工作中心转移到经济建设上来，实施改革开放，提倡解放思想。随着经济的快速发展、经济改革的不断深入，不断出现一些新问题，越来越丰富的改革实践为学术研究提供了丰厚的土壤，如何看待这些新问题，如何解决这些新问题，要求理论工作者与时俱进，认真进行深入的研究。这个时期，陈共和教研室同事们提出了一些新的观点，获得了社会公认。陈共对财政理论的研究涉及财政理论的广泛领域，诸如资金问题、财政本质、财政职能、财政政策及财税改革等，对许多领域的研究几乎都有个人独到的见解。

陈共对财政理论的研究是从研究资金问题开始的。1978年，党的十一届三中全会宣布国家进入以经济建设为中心的时期，资金的筹集、安排和使用成为当时理论研究的一个热点问题。陈共依据《资本论》的原理研究了流动资金与固定资金的区别、固定资产折旧基金的积累性，特别是明确提出了资金的三性，即物质性、补偿性、增值性。有人质疑这种提法是混淆了资金与资本的根本区别。陈共认为，资金与资本二词是有区别的，即资本是体现资本主义的剥削性；但资金与资本的运行过程又具有共性，即都是投资和经营的“本钱”，资金使用要有相对应的物资，消耗的资金必须得到补偿，运营资金的结果必须获取利润，即增值。我国改革开放后第二年（1979年），曾出现巨额财政赤字，当时大多数人认为赤字是资本主义现象，社会主义国家是不允许的。陈共则提出，财政赤字不过是收大于支的现象，社会主义社会也是存在的，只要做好财政、信贷和外汇的综合平衡，就可以避免赤字的危害，而且财政赤字可以是宏观调控的一种重要手段。后来经济发展的现实佐证了他的观点是正确的。财政基础理论问题一向是陈共研究的主题。关于财政本质的讨论，陈共一贯支持当时的主流学派“国家分配论”，并撰写“关于财政理论坚持唯物史观的几个问题”，澄清了一些疑问，完善了“国家分配论”。陈共认为，前辈引入西方经济学的“public finance”这一表述，并译为“财政”，是准确地表达了财政概念的内涵，这体现了前辈的高度智慧。陈共认为，财政自从它诞生那天起，就注入经济与政治两种因素，“财”是指财政收支，而“政”是指施政，即指财政政策和财政制度等财政治理，因而财政是政治和经济的结合体，是名副其实的政治经济学。党的十八届三中全会在明确市场在资源配置中起决定性作用的前提下，提出“财政是国家治理的基础和重要支柱”的论断，陈共认为这里的财政就是财政收支及其治理，财政收支是国家治理的基础，而财政治理是强化国家治理的支柱。这一论断明确了财政在全面深化改革中的重要地位和重大作用，也是财政基础理论的升华。

陈共从事财政学科的教学与科研工作60余年，在财政理论研究方面取得公认的重要成果，是中国财政理论的主要开拓者，赢得同行们的好评。国家社科院荣誉院士何振一教授对陈共的理论研究曾给予如下的评价：“陈共教授有三‘勇’，第一个是勇于坚持真理，不唯上，不唯书，只为真，不管这个官怎么说，只要认为是不对，都敢于说，这是非常重要的。第二，他敢于创新，随着时间的推移，改革开放，总是能做出前瞻性课题，而不是政府提出什么改革就跟着，能够做出创新性成果。第三，在学术观点上坚持真理，发现新的勇于吸纳，来丰富这些成果，这是研究工作很重要的品格。”

为财政学科开拓耕耘

1978年人民大学复校后，可谓“百废待兴”，首要的是重建学科的问题。学生已经进校了，然而教员对本身的专业已经荒废多年，因而重建学科的迫切问题又是面对进校学生的讲课问题。好在本科生的专业课排在后面，但研究生的专业课必须马上开课。在这种情况下，黄达、陈共等人组成五人讲课小组，采取有系统又分段的讲课方式，每个人讲授本人最熟悉的部分。这次讲课的讲稿经黄达整理修改后，作为《社会主义财政金融问题》一书出版。该书既是专著，也是教材，出版后引起经济理论界的广泛关注，得到了高度评价，曾获 1987 年国家级优秀教材奖，并为财政金融学科的重建奠定了良好的开端。

陈共早在 1954 年和 1964 年先后主编《工业企业经济活动分析》和《财政学》，这两本教材都是新中国财政学科公开出版的最早一批高校教材。1981 年，由陈共主编的《财政学教程》获 1987 年国家教委优秀教材一等奖，其他论文和著作曾获多项省部级奖项。

陈共认为，教书为主、教书育人、为国家培养合格的建设人才是教员的天职，认为为国家建设培养大批人才是人生一大幸事。“教员科研成果必须体现在教学上，做政府的智库和社会活动家不是教员的主要本职，学生和教学应该永远是第一位的，若不然怎么保证教学质量和培养合格人才?”陈共在 1978 年至 1987 年的十年间，担任原财政系副主任、主任，主管学生工作和教学工作，精心制定教学方案，合理安排课程体系，注重教学质量和改进教学方法，尽可能满足高考恢复初期进校的大批社会青年炽热求知的渴望。陈共曾甘愿为学科建设和人才培养付出了大量精力，而他却谦虚地说：“这是不能用什么指标来表达的，只能说是尽心尽力了。”

1998 年，陈共承担国家教委“面向 21 世纪财政专业系列课程及其主要教学内容改革研究”项目，先后邀请 7 所院校 30 余人参与这项研究，主要是对财政专业大学本科的培养目标、专业设置、课程体系、教材编写、改革教学方法与手段以及相应的配套措施提出意见和建议。该项目的研究报告 2000 年送交国家教委，对财政学专业的建设与改革发挥了一定的推动作用。

陈共认为，学科建设的关键在于编写以马克思主义基本原理为指导的结合中国实际的教材。陈共对《财政学》教材的建设投入了巨大的精力，做出了重要贡献。1990 年，国家教委确定财经类专业设置 10 门专业核心课程，并审定了教学大纲，由教委委托主编编写教材，国家教委选定陈共主编“高等学校财经类专业核心课程教材”《财政学》，1994 年由四川人民出版社出版。1998 年，转由中国人民大学出版社出版，主编“教育部经济管理类核心课程教材”“普通高等教育精品教材”“国家级精品课程教材”《财政学》。该教材与时俱进，常改常新，如今已经出版至第八版，总发行量达 160 余万册。

谈起这位新中国的第一代财政学家，财政部财科所的一位博士生的崇敬之情溢于言表：“我们这一辈年轻人，好多在大学里读的都是陈共教授主编的《财政学》，我读本科时学的是第三版，读硕士用的是第四版。我有好几位老师告诉我，当年他们在大学里读的也是陈共教授的《财政学》。”中央财经大学姜维壮教授赋诗表彰陈共的教学人生：“勤奋几十载，为国育栋梁，桃李满天下，德才共辉煌”。

在陈共耄耋之年，国家财政部和中国财政学会授予他“财政理论研究终身成就奖”，这既是对他个人学术贡献的肯定，也是向中国人民大学财政金融学科专业建设与教育所取得的成就致敬。

从一个没有接受过系统专门训练的年轻学子，成长为新中国财政学领域的开拓者和奠基人，陈共将一生都奉献给了学生，奉献给了自己热爱的教育事业，为国家和学校贡献了自己全部的青春和毕生精力，始终没有忘记自己的责任与使命。老骥伏枥，志在千里，年过九旬的陈共仍在继续为财政学科建设做出自己应尽的责任和贡献。

（本文写于 2017 年）

许征帆

(1927—)

福建金门人，著名理论家，中国人民大学荣誉教授，马克思主义基本原理、科学社会主义与国际共产主义运动专业博士生导师。1946 年在马来亚参加党领导的革命工作，担任《南侨日报》、马来亚共产党机关报《民声报》的特约记者，在地下组织中共新加坡作协领导下参加马华革命文艺活动，撰写反蒋抗英的习作。1948 年被英帝国主义当局勒令“自由”出境，经组织推荐到我党领导的香港达德学院新闻专修班学习，并为党报《华商报》撰稿。1949 年 3 月自香港回京。1950 年初毕业于华北大学马列主义基础教研室，调到中国人民大学马列主义基础教研室当研究生。始终在教学第一线工作，先后担任过《教学与研究》总编、马克思主义理论教育研究所所长、马克思主义理论教师进修学院院长，两次担任国务院学位委员会政治学学科评议组召集人。

许征帆：学海征途尽扬帆

毛燕　郭燕

早春的一个上午，我们带着鲜花，走进了许征帆教授的家。

映入眼帘的是满墙满壁的书。书法家舒同的作品“海外赤子”引人注目。家具是那种六七十年代的木制家具。客厅两个扬帆船模，暗示着主人的名字和经历。

少年曾有爱国举　海外漂泊初练手

许征帆，原名许乃妙。1927 年 10 月出生于福建省金门县的一个城镇贫民家庭。7 岁时，在一家中药铺当学徒。“七七”事变前夜，他在家乡多次目睹日本浪人的横行霸道，一再耳闻日本士兵在我国东北犯下的滔天罪行。卢沟桥事变发生后，全国抗日救国浪潮高涨。他将自己的微薄工钱交了“救国捐”。当时，有记者写了文章《十龄童许乃妙热心爱国》，登在当地的《浯江日报》上，受到社会好评。

金门、厦门沦陷后，失去家园的许乃妙跟着乡亲在海上漂流了 7 天，闯南洋到马来亚（现在的马来西亚）投奔当中医的大哥。

到马来亚后，他先一边在大哥的中药铺当学徒，一边上小学。后来考进了陈嘉庚创办的新加坡南洋华侨师范学校读初中，王任叔（著名作家巴人）、高云览（《小城春秋》作者）等都是他的老师。他读了《雷雨》《日出》《子夜》等名著，进一步接受了进步思想。“当时海外华侨组织得很好，我们的校长、班主任都是地下共产党员。老师组织我们给八路军、新四军写信，指导我们成立‘抗日歌咏队’。”

当时，日本鬼子占领了马来亚和新加坡。谈到日军滥杀无辜、制造白色恐怖的暴行，许老的愤怒之情久久无法平抑。

以笔为剑投身革命　被逐入港幸遇名师

日军占领马来亚、新加坡期间，许乃妙和大哥逃难到印尼，在苏门答腊的一个小岛上刀耕火种、以捕鱼为生。他在劳作之余苦读《古文观止》《现代文选》和艾思奇的《大众哲学》。

反法西斯战争胜利后，许乃妙回到马来亚。战争与苦难的磨炼，进步思想的熏陶，使他拿起笔，写了《失业》《探病》《怒吼吧！龙引河》等反映劳苦大众疾苦和揭露日军暴行的进步文章，先后在胡愈之主编的《风下》《南侨日报》等进步报刊上发表。

1946年，许乃妙以笔为剑投身革命，成为马来亚共产党机关报《民声报》和海外著名革命刊物《南侨日报》的特约记者。由于他当时接受党的指示，在报上撰写揭露英国殖民当局战争期间行动不力、战后统治不民主的文章，1948年被勒令“自由”出境。经地下党安排，他转移到香港，凭着一张记者证，进入了共产党在香港办的达德学院新闻专修班学习，改名许征帆。由此，他的人生张开风帆，一路远航。

当时的达德学院是由中国共产党领导、爱国民主人士出面创办的新型正规高等学院，是我党培养新中国建设人才的一个基地。在这里，许征帆有幸得到许多著名学者、教授亲传，乔冠华关于国际问题的学术报告，胡绳讲授的辩证唯物主义与历史唯物主义、中国近代史，茅盾、郭沫若的文学理论与创作，夏衍的新闻写作，许涤新的政治经济学，翦伯赞的历史，等等，令许征帆受益匪浅。

在达德学院学习期间，许征帆以《南侨日报》记者身份采访了郭沫若。他至今还记得采访的细节："那天，郭沫若躺在躺椅上，谈自己的经历，谈对革命形势的看法。郭老谈得很随意，很细。"许征帆的采访稿在《南侨日报》全文刊登。显然，这是他年轻时记者生涯中的一个闪光点。

归国为学踏上新程　虽经风浪不改初衷

1949 年 3 月，在党组织的安排下，许征帆和达德学院一批革命同学随张瑞芳、臧克家、狄超白、黎澍等同舟回国。"我们青年学生先到清华大学暂住，在中青联领导下学习革命理论。"不久，许征帆进入华北大学学习，随后又当记者，在成仿吾校长的领导下工作。一个月后，在成老的建议下，许征帆进入马列主义基础教研室，做了艾思奇 8 个月的研究生。1949 年 10 月，许征帆加入中国共产党。1950 年秋季开学，他开始教"联共党史"，从此开始了其半个多世纪的马列主义理论教学与研究的生涯。

1952 年，人民大学组建马克思主义研究班，北京大学、清华大学、中央党校、浙江大学、中山大学等著名高校的老师都前来进修，其中还有两位将军。20 多岁的许征帆作为分班班主任，边干边学，还写文章。"如果说我有所进步的话，与老同志们的帮助是分不开的。"

许征帆的写作能力很快受到吴玉章校长的器重，曾为吴老熬夜撰稿，他至今仍记得吴老让炊事员煮藕粉给他们当消夜。中苏论战时，他曾参与为重要报刊写“九评”；郭影秋校长到市委任职期间，他曾作为助手撰写文章；“下放锻炼”结束后，因为留在江西写“干校总结”，他回校最晚。因此，他得了个绰号——“黑笔杆子”。

“文革”中，许征帆的海外经历给他招来了麻烦。1970 年至 1973 年下放江西，当了 3 年石匠，“我打石头的技术还不错。身体精神，什么都想得开”。

浸淫马列半生余　学术信仰两相宜

1978 年中国人民大学复校以后，许征帆面对国内外新的形势和挑战，致力于从宏观上思考有关马克思主义和社会主义的一些重大理论问题。《马克思理论教育不可忽视》《天降大任于斯人也——话说社会主义制度的坎坷历程》《十月革命开辟的新时代在曲折前进》《嘲弄历史者，必定为历史所嘲弄——斯大林反法西斯战功不可否定》等文章的发表，在国内外产生了较大影响。

在多年的研究中，许征帆教授形成了自己的一套学术思想。他提出要建构科学的马克思主义观，并将马克思主义发展历程划分为 3 个十年，提出马克思主义史研究的 7 条方法论原则。科学社会主义和国际共产主义运动，也是许征帆教授研究的重要领域，他受邓小平“一国两制”提法的启示，提出“一球两制”的观点，用来概括全球范围内资本主义和社会主义两种基本制度。在《社会主义革命发生论》中，他认为存在“起步”和“征途”“双要题”。他还在恩格斯关于马克思一生两大发现的论述基础上，提出马克思（和恩格斯）的“第三大发现”——无产阶级历史使命的理论等。许征帆教授对马克思主义的综合研究，尤其是对科学社会主义和国际共产主义运动的研究，形成了独具特色的学术风格。

在许征帆教授身上，学术与信仰极好地实现了统一。他认为，我们所处的时代是世界由资本主义向社会主义曲折过渡的时代。这样的大时代是漫长的。这一时代中存在着不同的时期，每一时期可能有不同的主题，但从大时代本身来说，它的主旋律是一贯的。采访中，搞好国有经济、警惕和平演变、加强党的领导、保持党的先进性等始终是他的中心话题。

在谈到对人民大学的希望时，许征帆教授认为，现在我们社会主义讲得多，共产主义讲得少，“其实马克思是共产主义讲得多”。他说，不管怎样还是要讲共产主义，特别是我们人民大学，要保持自己的特色。

现在，许征帆教授正在做中宣部研究课题“马克思主义理论和建设工程”的结项工作，另一项国家社科基金研究重大课题“20世纪社会主义的历史与实践”的工作正在进行中。79岁了，许老还带着博士生，担任中央马克思主义理论工程小组的首席专家，他始终活跃在马克思主义的旅途上。

（原文刊于《中国人民大学》报2006年3月15日第1205期第4版）

周诚

(1927—2014)

原名刘起儒，1948年参加革命后改用现名。1927年10月1日出生于辽宁省义县。1946年毕业于成都黄埔中学，后在辅仁大学、北京大学学习农学。1948年底投奔解放区，被分配到正定华北大学政治部学习革命基本知识，然后留校在教育科工作。1950年人大成立后，被调到计划经济系农经研究生班学习。半年后，被调出担任教员，在苏联专家直接辅导下，经过半年备课，于1951年9月开始讲授“农业基本部门经济学”（此课后来并入“农业经济学”）。后来，陆续边学边教“农业企业管理学”“农业经济学”“土地经济学”等。“文革”期间，从1969年起在人大“干校”参加劳动两年多，后来被借调到中央农林部搞农村调研4年多。1977年人大复校后，回到农经系，担任主管教学的副系主任兼农业经济教研室主任，给农业经济研究生系统讲授“农业经济学”。1982年被派到美国康奈尔大学进修一年，返校后组织编写并出版了农业经济学教材。在人大增加土地管理系并与农经系联办后，他组织编写了土地经济学教材并给研究生开课。在担任教授、博导之后，他指导“农业经济”“土地经济”两个研究方向的博士生。曾经担任过的社会职务主要有北京农业经济学会会长、中国农业经济学会理论与学科建设专业委员会主任委员、中国土地学会副理事长，所获得的最高奖项为中国新闻出版总署颁发的科技进步一等奖。2013年被授予“中国人民大学荣誉一级教授”称号。

周诚：抔抔泥土垒大丘

陈骊骊

“零落成尘碾作泥，只有香如故”。半个多世纪在弹指之间悄然逝去，周诚教授把人生最宝贵的光阴都奉献给了教育事业，献给了他的一批又一批学生，在教学与研究工作中不知疲倦地耕耘……可贵的是，退休以后的周诚对学术研究仍充满热情，兴趣十分广泛，除研究农业经济学、土地经济学问题以外，还涉猎理论经济学以及其他经济和社会问题，兼议博论。

言传身教为楷模

1927年，周诚出生于辽宁义县。少年时期，因日寇侵华，被迫先后随家迁居天津、西安、成都等地，颠沛流离。抗战胜利后，他先后在北平辅仁大学、北京大学攻读农学，1950—1952年在中国人民大学计划经济系农业经济研究生班学习，结业后留校任教。

多年来，周诚一直从事农业经济与土地经济的教学与研究工作，是中国农业经济学术领域中的资深学者、农业经济系的“四大泰斗”之一、中国土地经济学术界的主要代表人物之一。

在50多年的教学生涯中，周诚曾为本科生、专科生、研究生开设过“农业基本部门”、“农业企业组织与计划”、“农业经济学”、“美国农业经济学”（英文教材）、“农业经济专题”和“土地经济学”等课程。他首先提出农业经济学的对象是“农业生产关系的协调与农业生产力的组织”的观点。他是我国第一本和第二本社会主义农业经济学课程教材的主要编写者之一，对该课程的教学和学科建设做出了开拓性的贡献。

周诚对学生的期望是：“年轻学子们应当集中精力学好本专业，但是不要把自己仅仅局限于狭窄的知识范围中。希望同学们能够特别注重基础知识的学习，包括基本经济理论、基本工具性学科，都应作为基本功”。

“严师出高徒”，周诚对学生的严格要求不仅体现在专业知识方面，更是从“斟字酌句”这些看起来微不足道的小事抓起的。长期以来，他对学生强调“文以载道”，督促他们注重写作方面的修养，除了注重专业问题外，还从语法、逻辑、修辞的角度严格要求。他的许多学生感慨：“跟周老师学到的不仅是专业知识，而且文字表达能力也有很大的提高。”周诚在修改作业时还同学生互相探讨，“教学相长，共同进步”。周诚以其谦和的为人与严谨的治学风范，赢得了学生们的景仰和爱戴。

周诚言传更重身教，不仅传授专业知识与技能方面的知识，还经常强调做人的重要性：“做学问首先要学做人，社会人要有德性”。而且，他自己给学生们树立了一个好榜样：他已是桃李满天下，如今却是退而不休，笔耕不辍，坚持每天在家工作8小时。

独辟蹊径勤钻研

早在上世纪50年代，周诚就对农业企业经济管理理论和方法作了全面与系统的探索，主编了《农业企业组织与计划教程》（校内用书），并于1958年撰写了《高级社劳动管理中的基本问题》一书。

在60年代，周诚研究的重点课题是农业经济核算和经济效果。他对社会主义农产品成本的内涵、实质，农产品的社会成本和个别成本等问题作了明确界定和深入论述；特别是在《经济研究》上发表的《论农产品成本》一文中，力主以标准报酬对农产品成本中的活劳动消耗进行货币估价，即用等量货币代表等量劳动，从而使农产品成本更具真实性和可比性。这一主张后被有关部门采纳。他提出了社会主义经济活动的“满足需要、符合可能与提高效果”的基本原则与讲究社会主义经济效果的三原则即“最优效果优先、充分投资，总经济效果最高，全部生产资源充分合理利用”；创造性地提出了考察农业生产经济效果的“单产—成本”综合指标。

在70年代，周诚强调要按客观规律办农业，探索了农业扩大再生产的规律，论述了农业现代化和“农业增产增收”的有关规律及实现增产增收的基本途径。其代表作被译成英文刊登在美国的《中国经济译丛》上。

1981年，周诚撰写了《农业扩大再生产》（教材）和《按客观规律办农业》（专著）。1982年至1983年，他曾赴美国康奈尔大学访问，在该校举办了“中国农村经济体制改革”讲座，并参加了全美农业经济学家年会；回国后，撰写了《美国农场制度剖析》等文章，介绍和分析美国的农业经济问题。1985年，他主编了《社会主义农业经济管理问题》一书。这本书在马克思主义经济理论指导下，借鉴国外的理论，阐述了我国农业经济的基本问题。这些著述在我国农业经济领域中发挥了重要的作用。同期，周诚还以副主编身份参加了《中国农业百科全书·农业经济卷》的编写工作。上世纪80年代末至90年代初，周诚重点研究农业规模经济问题，发表了《关于农业规模经营的几个问题》等论文。90年代中期之后，周诚重点研究农村基层组织、农民收入、农村土地制度等问题，他的学术观点新颖、独到，在学术界引起较大的反响。其中，《农民收入面面观》一文被重要学术期刊《中国社会科学文摘》等转载。

周诚是新中国研究土地经济问题的主要学术带头人之一。进入 80 年代后，周诚将土地经济作为研究的重点之一，对于城乡土地经济问题进行了全面、系统的论述，对社会主义土地经济理论的形成和发展起到了重要作用。1985 年，他受国家农业部门之托，作为中国的唯一代表，赴罗马参加了联合国粮农组织召开的农地问题专家评议会，收获甚丰。1986 年，周诚主编并印行了《土地经济学初编》，这是新中国成立以来第一本土地经济学教材，受到普遍的欢迎。1987 年，他又将美国农经教材《美国农业经济学》中译本出版；还主持翻译出版了《城市土地经济学》一书。不仅如此，周诚在中国大陆与海外同行的学术联系上也发挥了重要的作用。1989 年，他应全国政协委员、香港著名土地管理专家简福贻先生的邀请，并受国家土地管理局委托，对香港土地问题进行了为期两个月的考察，归来后发表长篇考察报告，并向我国土地管理当局提出了一些建设性意见。上世纪 90 年代初，周诚主动发函与台湾知名学者苏志超、林英彦进行联系，促成了台湾土地经济学界代表人物的首次大陆之行，开创了两岸土地经济学界交流的先河。

1994 年，周诚在《经济研究》杂志上发表了《论土地增值及其政策取向》的论文，标志着他对于土地经济问题钻研的日益深入；随后出版了《土地经济研究》文集。2003 年 8 月，由商务印书馆出版的《土地经济学原理》一书，是周诚独创的土地经济学“三大板块”理论构架的全面体现，目前这一构架正日益受到土地经济学界的重视。该书在一系列重大问题上显示了作者的独到、深刻的见解，在土地经济学科建设史上居于承前启后的地位。

周诚：

抔抔泥土垒大丘

“一专多能”兴趣广

周诚不但是农业经济、土地经济的专家，而且对于理论经济学、法学、社会学、语言学等都有所涉猎。

上世纪60年代初，周诚在《文汇报》上发表《试论喜剧》一文，引发了热烈讨论。80年代中期，他在《理论月刊》上发表了富有哲理性的杂文《方便论》，钱学森院士的评语认为它与各门学科有关。周诚还在《中国经济时报》上发表了《我国大城市交通拥堵问题剖析与建议》《关于公平问题的探索》等文章。

周诚对于写作中语言的运用很重视。他从各种报刊上信手拈来病句，加以点评，写成了《语病举例浅析》一文在媒体上发表。例如，他对著名美国学者T. W. 舒尔茨所著、被翻译为《穷人经济学》一书的“穷人”这一中文词（英文为“being poor”）提出了质疑。周诚遍查最新中外词典而无果，最终通过分析从网上下载的大量例句，判断其确切中译名应为《贫困经济学》。

此外，周老还有一些“业余爱好”，诸如设想将“五线谱”改为“十线谱”，并相应地改变音符，使之更直观易解、易用；设计“无方向邮票”（不分上下左右），以利于任意粘贴；设计“汽车追尾缓冲器”；等等。

记者忍不住提问：“您在学术上、业余生活上都兴趣广泛，搞‘多种经营’，这样一心多用，难道不怕影响主业、影响学术吗？”周诚大笑而答：“这个问题比较复杂，得从多方面作答。第一，从人生在于奉献的角度来说，无论搞什么，只要对社会有利，就值得去做；第二，哲学、社会科学的各门学科，从根本上来说是相通的，并非‘隔行如隔山’；第三，无论怎样‘多种经营’，我基本上并未脱离经济学，而且基本上未脱离我借以‘起家’的农业经济学与土地经济学；第四，我绝对不赞成青年学子以我为‘榜样’，大搞‘多种经营’，否则弊大于利，甚至会一事无成！”

（本文写于 2013 年）

何沁

(1927—　)

原名何明德，中国共产党党员。1944年，宛东中学毕业后，考入当时国立黄河流域水利工程专科学校学习；1949年5月参加中国人民解放军，曾任新华社分社记者，随军赴前线采访；1952年进入中国人民大学深造，毕业后留校任教；离休前是中国人民大学教授、博士生导师，曾任中国人民大学党史系主任、中共党史学会副会长、国务院哲学社会科学规划组党史党建组副组长；2005年被中国人民大学授予荣誉教授称号。从1984年至1991年，主编或与他人合著出版了《中国共产党史纲》《中华人民共和国简史》《党的建设》《中国革命史》等书（注：为庆祝建党70周年赶写编撰审修史稿劳累过度而致脑血栓右边偏瘫，右手不能握笔。近20年来，他边坚持工作、边与病魔抗争，用左手仍笔耕不辍，躬著于史学领地）；1997年负责主编完成了《中华人民共和国史》；2007年出版专著《中国共产党武装斗争认识史》。

何沁：知难而进 目标始终如一

高燕燕　宋洁

只要是对中华人民共和国史略有研究的人，对何沁这个名字恐怕都不会陌生——何沁就是《中华人民共和国史》的主编。在一个细雨蒙蒙的清晨，我们捧着鲜花，采访了我校党史系著名教授何沁。

坐在何老师简朴的书房里，听他侃侃而谈，我们在不知不觉中被他丰富的人生故事给深深吸引了……

文学少年多磨难　缘定人大开新篇

“如果不是由部队选送到人民大学学习，我恐怕就走上文学道路了。”何老师感慨地说。

何沁1927年11月出生于河南南阳的一个乡村，他从7岁开始上私塾。“在私塾，我从《三字经》一直读到《诗经》。”由于有良好的国学启蒙，少年何沁上小学连连跳级，尤其是语文对他来说更是“小菜一碟”。少年何沁非常喜欢阅读，从武侠小说、历史演义到古典文学名著，从巴金、鲁迅的作品到托尔斯泰、高尔基等的外国文学名著，他无一不爱。

然而，少年何沁求学的路却充满了坎坷。在抗日战争的烽火硝烟中，灾祸不断、民不聊生，何沁一家生活都难以为继，何谈上学？艰难中的出路只有去做学徒，可是少年何沁却说："我宁愿挨饿，也要上学！"在他的坚持下，他终于完成了初中学业并考上公费的国立黄河流域水利工程专科学校。

水利工程专科学校的学习没有割断何沁对文学的关注。战乱中，学校屡次搬迁，生活在山沟沟里，条件艰苦，但"从一些报纸、杂志上，我仍可以得到外界的信息，感受到国家、民族跳动的脉搏"。《向太阳》《白毛女》等一些追求光明、反抗压迫和表现解放区生活的作品走进了何沁的生活。由于这些书的启迪，再加上当时国民党社会的黑暗和腐败，青年何沁开始参加一些进步活动，开始办壁报，写散文诗、杂文还有短篇小说。他写的反映农民苦难的短篇小说《刘嫂》，还曾发表在开封的《中国时报》上。

浓郁的革命气氛鼓舞着青年何沁积极投身革命的意志。1949年，他参加了解放军并开始了战地记者生涯。他跟随部队南下，辗转于福建的崇山峻岭之间。他曾经参加赴金门前线、报道部队敌前练兵情况的记者组，奔波于金门岛附近沿海和各岛屿之间，和战士一起摸爬滚打，先后写了几十篇通讯报道。他还写了一篇反映部队文化学习生活的短篇小说《死角》，发表在《解放前线》上。

出色的文字功底使何沁被选中到师政治部作文化干事和理论助理员。不久，他又作为由部队选送的文化干部到人民大学进行理论学习。学习结束后，何沁留校任教，开始了在人大的教师生涯，从此与党史研究结缘。

实事求是做学问　研究党史成就深

“在人民大学研究班两年的学习，使我接受了比较系统的马列主义和中国近代史的教育，特别是加强了有关中国共产党历史的专业学习，由此也开始了我的教书生涯。”

说起人大党史系，何沁流露出了发自内心的自豪。“应当说，我一开始就是在一个比较高的平台上工作的。人大党史系是国内当时唯一的中共党史系，有何干之、胡华这样的大师，设有本科、研究生、进修班各种班次，担负着向全国高校输送和培训中共党史教师的任务。”

从50年代开始，何沁一直奋战在教学第一线。在采访中，何沁教授一再谦虚地说：“在人大党史系出色的老师还有很多，他们的成就比我大得多，我做的实在不算什么。”

50年代末，系里为了开拓课程建设新领域，加强对毛泽东思想和中国革命经验的研究，新开设了工人运动史、党的建设、武装斗争等课程，何沁负责武装斗争课题的研究。在既没有现成的东西可借鉴，又没有必要的资料的情况下，何沁广泛收集资料，到军事院校取经，逐步形成“中国民主革命的武装斗争问题”的课程体系。60年代中，何沁开始给留学生讲中国革命基本经验，他与王淇合著的《中国新民主主义革命基本经验简介》成为人大党史系第一本供留学生使用的教材。

复校后，何沁开辟研究的新领域，除继续撰写研究武装斗争方面的文章外，还以主要精力从事中共党史教材建设工作。

当“文化大革命”结束，全国开始全面拨乱反正的时候，思想混乱的谜团纠缠着人们：究竟该如何看待中共历史？毛泽东思想又该如何来认识？这些问题摆在党史研究者的面前。这时，何沁和他的同事们一起用跟时间赛跑的精神，从历史唯物主义的视角开始重新审视历史，消除“左”的影响。而鉴于党史研究的特殊性，这一工作也面临着严峻的挑战。“有一些档案材料我们看不到，对外进行学术交流也困难重重，但是我们首先不能动摇。”1983 年，何沁担任党史系系主任，他面对各个方面的压力，为新时期党史学科的建设做了大量基础性工作。这一时期，何沁先后编写、主编了《中共党史讲义》《中国共产党史纲》《中国革命史》等教材和专著，有的发行 100 多万册，在社会上形成了广泛的影响。此外，针对一些外国人对我国改革开放的疑惑和提出的问题，何沁与王顺生一起编写的《中华人民共和国简史》由外文出版社翻译成英文出版。80 年代末，何沁开设了“中华人民共和国史”即当代史新课程，并招收这一研究方向的博士生。

业内人士评价说：“何老师做的一系列工作为当时的拨乱反正以及推动中外学术交流方面都做出了贡献。”

师承党史界的前辈何干之和胡华，何沁一贯保持着科学严谨的治学态度。“何干之老师讲课逻辑严密，思路清晰，他对我的启发很大。”多年的教学实践，使何沁形成了自己独特的教学风格和他对党史学科建设的独特理解。

“何老师尤其注重对史料的挖掘，他强调用历史事实说话，而且他对历史的把握力求全面。”他的学生这样评价。何沁提倡党史学科要加大建设力度，用他的话说，“任何一个学科都需要投入、需要建设，否则再好的学科也会垮掉，党史学科更是如此”。

带病上阵不停歇　学术人生两相宜

《中华人民共和国史》是在何沁主持下编著的国内最具权威的国史教

材，但这本书的编著却并不顺利。

何沁在担任系主任之后，不仅有繁重的教学、科研的任务，还要处理琐碎的行政事务，超负荷的工作使他倒在了病榻上。1991 年 11 月，何沁突发脑血栓住进了医院，经过抢救，一个月之后他转危为安，但右肢特别是右手却从此开始不听使唤。而幸运的是，何沁的思维和语言没有受到任何影响。当时，国史编著已经立项，国家教委（后来的教育部）多次邀请何沁出山继续主持这项大工程。盛情难却，百般思量之后，何沁开始招兵买马组织编写小组，统率 7 所高校的国史研究专家，于 1997 年推出了这本大部头的国史教科书，并一版再版。2006 年，此书被列为“普通高等教育‘十一五’国家级规划教材”。

何沁治学的原则归纳起来就是：求严、求实、求是、求新。所谓求严，就是严格要求、严谨学风，坚持以马克思列宁主义为指导原则，坚持历史唯物主义观点；求实，就是从实际出发，占有充分的资料，不发空论和违心之论；求是，就是对资料进行分析，从中找出规律，得出合乎逻辑的结论；求新，就是在上述基础上创新。当然，要做到这些也不容易，这是一个克服困难、战胜困难，不断为之努力的过程。

何沁经常对自己的学生说：“做人首要一点是实事求是，不说违心的话，不做违心的事，只有这样，我们的言行才能经得起历史的检验；错了，真正总结出教训并加以改正。”党史研究是一门特殊的学问，它要求党性与科学性的统一，在占有大量可靠材料的基础上，提出新观点。何沁用自己的生命体验教导学生，他鼓励年轻人扎实研究、勇于创新，审时度势，学好、写好、讲好中共党史。

在生命的路途上，何沁是一个执着的追求者，他默默前行，超然自若。

尽管何沁的右手由于脑血栓后遗症无法工作，但他还是编写了一本论述中共武装斗争的专著——《中国共产党武装斗争认识史》。令人吃惊的是，20 万字的手稿都是何沁用左手的一根手指在电脑上敲打出来的。目前，书稿已交中共党史出版社出版。

每天上午，在校园内都有一位头发花白、身材高大的老人，迈着蹒跚的步子，他就是何沁。他说："我相信坚持锻炼，持之以恒，必有好处。"他尊崇并努力践行马克思"目标始终如一"的特殊品格。在正确的目标和任务确定之后，何沁总是在力所能及之中，努力把它做到、做好。他笑着说："我们这一辈人的人生选择不完全取决于自己，革命以后，我们服从组织分配，但是既然选择了就竭尽全力，不求尽善，但求尽力！"

（原文刊于《中国人民大学》报 2007 年 1 月 15 日第 1228 期第 4 版）

罗国杰
(1928—2015)

河南内乡人，中国共产党党员。我国当代著名的伦理学家、哲学家、教育家，中国人民大学荣誉一级教授、博士生导师，中国伦理学会名誉会长，新中国伦理学事业的奠基人，中国马克思主义伦理学的开创者，社会主义市场经济条件下道德理论的创建者，教育部人文社会科学研究专家咨询委员会委员，教育部社会科学委员会副主任委员，教育部高校马克思主义理论课和思想品德课教学指导委员会主任，吴玉章终身成就奖、中国伦理学会终身成就奖获得者。曾任中国人民大学哲学系主任，中国人民大学副校长，中国伦理学会会长，国务院学位委员会哲学学科评议组召集人，《道德与文明》主编，国家教委（教育部）《高校理论战线》编委会主任、特邀总编辑。

罗国杰教授追求真理，六十年如一日，俯而读，仰而思，留下了丰硕的原创性科研成果和宝贵的思想财富。罗国杰教授对马克思主义伦理思想、中国传统伦理思想、西方伦理思想进行深入研究，创立了具有中国特色的马克思主义德性伦理学体系。罗国杰教授心系国家、民族，关注社会进步，学以致用，把伦理学的学术研究与中国社会主义道德建设和社会治理紧密结合起来，提出了一系列社会主义条件下道德建设理论和以德治国理论。

罗国杰：皓首治伦理 道德焕文章

杨默 姚思宇

罗国杰先生，中国当代著名伦理学家、哲学家、教育家。其为人也谦逊、慎独、达观，其为学也勤勉、严谨、创新。他的学术思想声名远播，蜚声海内外。他的道德学问仰之弥高，钻之弥坚。他纵论历代治国理政经验之得失，建言献策，思想多次被中央采纳。他立足现实，关注社会道德建设；尊重传统，致力中国固有文化的推陈出新。罗国杰先生心系国家民族，关注中华新生大业。六十载笔耕不辍，诲人不倦，铸就泰山风范。耄耋之年仍潜心思考，谱写道德文章。他是新中国伦理学事业的奠基者，中国马克思主义伦理学的开创者，社会主义市场经济条件下道德理论的创建者。

——吴玉章终身成就奖颁奖辞

儒家的修身养德之道讲求“吾日三省吾身”，罗国杰却坚持做到“四省”，他说：“我最喜欢的格言是陶行知先生的‘每日四问’：第一问：我的身体有没有进步？第二问：我的学问有没有进步？第三问：我的工作有没有进步？第四问：我的道德有没有进步？”

主持组建中国高校第一个伦理学教研室，主编新中国第一部伦理学教材，创立以集体主义为原则的新中国社会主义道德理论体系，创立马克思主义德性伦理学……罗国杰把教学科研与社会主义伦理学事业结合起来，对马克思主义伦理思想以及中国传统文化、中国革命精神进行中国特色的当代创新，为中国特色社会主义思想道德建设发挥了重要的理论指导和智力支撑作用。

一点浩然气　千里快哉风

“我善养吾浩然之气。”早在同济大学法学院攻读行政法期间，罗国杰就毅然投身到如火如荼的“反迫害、反饥饿、反内战”学生运动中去，并从一名爱国青年成长为一名中共地下党员，后来又相继担任了同济大学地下党总支委员、总支书记兼法学院党支部书记。毕业后，他先后在中共上海虹口区委、中共上海市委工作了七年。“在实际工作中，从不少党员犯错误的教训中，我认识到思想改造和道德品质的修养对一个人的重要意义。我明白了哲学的重要，对哲学产生了浓厚的兴趣。”

1956 年，罗国杰放弃安定的工作，以调干生的身份进入中国人民大学，在哲学系就读本科和研究生班。“北上求学是我自愿选择的结果，从此以后，我就和人民大学结下了不解之缘，我个人的成长与发展也同人民大学的命运紧紧地联系在一起。”他深情地说。

毕业后，罗国杰留在哲学系从事伦理学的教学和科研工作。1960 年 3 月，他受命筹建中国人民大学伦理学教研室，在全新的基础上建立起一门与以往西方的资产阶级伦理学不同的马克思主义伦理学学科。从此之后，他一头扎进伦理学领域，教书育人，著书立说，乐此不疲地在这片亟待开垦的土地上耕耘，将自己大半生的心血都倾注于此。

短短三年时间内，罗国杰就带领教研室完成了几项历史重任：整理编辑了百万字的马克思主义经典作家对道德的有关论述；开创性地讨论和制定了马克思主义伦理学教学大纲，并编写了繁简不同的两本《马克思主义伦理学讲义》；在本科学生中开设伦理学课程，第一次在新中国的高等学校中讲授马克思主义伦理学。

受屈不改心　然后知君子

“文革”期间的一个晚上，将近10点的时候，哲学系两名青年教师敲开了罗国杰的房门，强行要走了他独立编写的30万字的《马克思主义伦理学》讲稿，声称要对他的修正主义思想进行批判。讲稿被拿走之后，石沉大海。“这么多年来，每每想起这本讲稿，我总是感到非常遗憾。”

“文革”前夕，罗国杰被指犯了认为“剥削阶级的道德可以批判继承”的错误，被撤销了哲学系副主任的职务，到农村参加了两年的“社会主义教育运动”。此间，他个人以至中国人民大学伦理学教研室的教学和研究工作全部停止。

“文革”结束后，中国人民大学复校，罗国杰请求回到刚恢复的伦理学教研室。年过半百的他，不惧十多年研究中断带来的巨大困难，进一步钻研了马克思主义关于伦理道德的基本观点，广泛涉猎伦理学名著，并把古今中外许多著名伦理学家的伦理思想逐个系统地整理出来，写了大约100万字的札记；同时，继续进修俄语，复习英语，为向伦理学更高峰攀登准备条件。

在他的主持下，伦理学教研室用整整一年的时间编写了一本全国通用的《马克思主义伦理学》教科书，这是十一届三中全会后我国高等学校通用的伦理学教科书，也是新中国第一本伦理学教科书，为伦理学教材构建了新的框架和新的体系。1981年开始，中国人民大学相继开办第一届、第二届伦理学学习班，随后还举办了多期伦理学研究生班，为培养我国的伦理学人才做出了重要贡献。1981年，伦理学教研室获得硕士学位授予权，成为当时我国最早具有硕士学位授予权的四个单位之一；1984年，教研室成为我国伦理学的第一个博士学位授权点。1987年，中国人民大学伦理学研究所、道德科学研究院相继成立。教研室与苏联、德国、日本、英国均有学术交流，在国内外的影响力不断扩大。

清心为治本　直道是身谋

“任重者其忧不可以不深，位高者其责不可以不厚。”1983年，罗国杰受命担任中国人民大学哲学系系主任。他顶着繁重的科研压力，又将大量精力投入哲学学科的建设工作中，为人民大学哲学系的学科建设、教材编写和人员补充做了重要工作。

1985年8月，罗国杰被任命为中国人民大学副校长。十年任期内，他主要负责学校的理论研究和发展工作，主持了“马克思主义原理”“中国革命史”“中国社会主义建设”“世界政治经济与国际关系”四门新理论课的开创与完善工作，推动了全国高校政治理论课改革。

1996年，在党的十四届六中全会召开之际，罗国杰应邀对起草《关于加强社会主义精神文明建设若干重要问题的决议》提到的若干重要问题提出修改建议。他提议在“以为人民服务为核心”的后面，加上“以集体主义为原则”，以便使这一文件能够更完整、更全面地体现社会主义道德建设方面的思想要求，最终得到中央采纳。

集体主义理论是马克思主义伦理学最基本的理论之一。罗国杰对集体主义原则的系统阐述，也是对马克思主义伦理学的突出贡献。“对集体主义的界定应强调三个思想：集体利益高于个人利益；个人、集体、国家利益相结合；在集体利益高于个人利益的原则下，切实保障个人的正当利益，大力发挥个人的能动作用。”

最爱种兰花　只愿做烟霞

罗国杰认为，伦理学绝不是一门纯理论的学科，而是一门强调实践的科学。“道德行为之所以能称为‘道德行为’，必须是不以享受某种道德权利为前提的。如果说一个人在从事道德行为的时候，就考虑着自己在实行这一道德行为后所能够得到的‘道德权利’，这就不能说是一种真正的、纯粹的道德行为。”

从我国社会现实出发，罗国杰将人的道德境界分为三大类型：自私自利的境界、先公后私的境界、大公无私的境界。并把道德境界划分为四个层次：共产主义道德觉悟的层次，即“大公无私”的道德境界；社会主义道德觉悟的层次，即“先公后私”的道德境界；以及合理利己主义的层次、极端自私自利的层次。面对现实的伦理现状，这样的划分让人豁然开朗。

罗国杰也用亲身的示范践履着伦理道德之道。“他始终以身作则，不但做道德文章，还以共产党员的高标准要求自己，无论什么时候，都对党的事业忠诚不贰，坚守马克思主义的基本准则。即使在刚做完手术的病痛时刻，他也不忘叮嘱前来探望的学生一定要学好马克思主义理论。”罗国杰的学生这样说道。

“罗老师对名利看得很淡，但对学术要求却很高，读他的著述，听他授课，你会感觉到所有的真知灼见都来自饱读诗书和反复思索，从不马虎，也从不哗众取宠。”罗国杰先生的学生们认为他正如他所钟爱的兰花，乃“花中真君子，风姿寄高雅”。

近十余年来，罗国杰前后6次遇险——脑血栓、车祸、严重“房颤”、因脑出血而作“开颅”手术、长时间的“心脏停跳”、急性脑梗死，他却依然笔耕不辍，为马克思主义理论研究和建设工程重大项目《思想道德修养与法律基础》的组织编写工作倾注了全部的心血。

他以君子之风勉励着学人：“要有远大的志向，要有不怕吃苦的精神，要树立终身学习的观念；只要想学习，肯学习，有恒心，就一定有一番成就。”

（原文刊于《中国人民大学》报2014年12月22日第1512期第2版）

李占祥

(1928—)

河北省遵化县人。曾求学于天津达仁大学。1950 年考入中国人民大学。1952 年从中国人民大学工厂管理系研究生毕业后留校任教，长期从事工业企业管理学的教学科研工作。先后担任中国人民大学工业企业管理系教研室副主任、主任等职。中国人民大学商学院教授、博士生导师，学位评定委员会副主席，中国企业管理协会执行理事，中国企业家协会执行理事，北京市人民政府专业顾问等。2013 年被授予中国人民大学荣誉一级教授称号。

李占祥：以下企业为乐的老学者

陈骊骊

李占祥生于敌占区，长于游击区，大学时参加地下党外围组织，作为新中国自己培养的管理人才被派往越南讲学，50多年来始终站在企业管理学界最前沿……曲折的成长历程以及时代的特殊性给他的人生留下了深刻烙印，磨砺出他坚韧的个性和不懈的奋斗精神。作为企业管理学矛盾管理学派创始人，他著作等身，桃李满天下，年近耄耋之年却不安于书斋悠闲生活，以下企业为乐，顶烈日、战高温，穿行于工厂车间。带着满心的好奇，笔者走访了这位充满“矛盾”的老人。

“我既不做什么运动也不吃补品，就是什么事都想得开。我最大的乐趣是下企业，尤其是到先进企业，一看到那么多创新成果就特别开心，人也就精神了！”78岁的李占祥教授在谈到自己的“养生之道”时爽朗地笑了，带着孩子般的得意神情。

李占祥精神矍铄，腰板硬朗，说话时气定神闲，语言简练朴实，条分缕析，透过棕色的眼镜框，可以读出一名管理学学者的严谨与冷静。

李占祥：以下企业为乐的老学者

“辩证唯物论认识论是我一生治学的座右铭”

“作为长期企业管理教学研究的教师，我的座右铭是辩证唯物论认识论，坚持走从实践出发到理论再到实践这样一条科研路子。”李占祥开门见山，谈起了他多年治学的心得体会，“为什么呢？因为企业管理是一门应用性、实践性很强的学科，是一门务实的学科，从国内国外的经验来看，企业管理要搞好，都得有正确的理论作指导。正确的理论从哪儿来？是从实践来的，然后再上升到理论的高度来指导实践，才能推动企业管理的发展，教学也才能得以提高甚至突破。”

回忆往事，李占祥感慨良多。“理论需要得到升华，而这种升华又只有在实践中才能完成。中国企业管理发展的每一个时期，都有代表性的先进企业，这样的企业我都会去。”1956 年，李占祥执教不久，就到当时我国最有代表性、生产管理搞得很好的先进企业上海机床厂去调研。半年时间里，他从车间到科室，一点一滴地为夯实企业管理的理论基础积累了珍贵的第一手资料。1962 年初，李占祥带领学生参加大庆石油会战，“大庆会战之所以能使我国在短时间内摘下贫油国的帽子，其中一个重要因素就是大庆有一套科学的企业管理理论，老老实实地按客观规律办事。这一成功使得企业管理在中国特色这方面大大向前迈进，也给了我深刻启发”。改革开放后，上海宝钢在引进日本生产管理技术基础上结合中国国情，并逐步发展成熟，“我到宝钢调研，意识到这套模式已经使中国的企业管理水平在大庆模式基础上又上了一个台阶，是时候向社会推广了”。李占祥的建议很快得到冶金部、宝钢和人民大学的大力支持。1991 年到 1993 年，三方合作出资聘请李占祥担纲主持编写宝钢现代化管理丛书。

50 多年来，这位以“下企业”为乐趣的老者走访了无数工厂企业。几乎哪里有先进企业，哪里就肯定出现过他的身影。从上世纪 90 年代初到现在，中国企业管理学界一年一度评选的国家级管理创新成果奖，已经逐渐成为学界和业界的一大盛会，李占祥作为评委每年都要到参选企业调研。“就是去年不巧，正准备下企业的时候生病了，被迫住院两个月，所以断了一年。”李占祥惋惜地说，眼神里闪烁的分明是希望、激情和好奇心。

凝五十年心血创建“矛盾管理学派”

在多年的科研和教学过程中，李占祥独树一帜，坚持走中国特色管理学道路，洋为中用、古为今用，博采众长，自成一家，凝结毕生心血首创了“矛盾管理学派”。2000 年 5 月，李占祥毕生心血的结晶《矛盾管理学——企业可持续成长之路》得以出版。袁宝华老校长在贺信中盛赞该学派“为建设有中国特色的管理学做出了突出贡献”。

回忆起这一学派的创立初衷，李占祥平淡地说：“过去人们认为企业是一个经济实体，企业的最大目标是利润、是赚钱。这对不对呢？我说这是对的，但是不全面。企业是有生命的，为什么企业的寿命有长有短、企业做得有好有差？我们要研究，于是我提出了这套管理学理论。”

对于现在企业管理学研究中面临的一些问题，李占祥很担心。他认为，企业管理教学可以走两条路：一是将国外经验拿来交给学生了事，这是懒汉教师；再有就是走辩证唯物主义认识论、实践论的道路，这是科学的，显然也是艰苦的。“作为企业管理的研究者和教师，不走这条路，就不是合格的企业管理研究者和教学者。”他说，“中国的问题得靠中国人来研究。中国改革开放特别是进入新世纪以来发展速度这么快，难道不值得研究吗？其他国家都在研究我们，我们自己为什么不做一些踏踏实实的研究呢？每年到先进企业考察时我都深刻地体会到，中国的经济腾飞靠的就是这些企业和它们的创新能力啊！我们研究的理论要从哪儿来？就是要从它们成功的实践中来啊！”

“只靠模仿他人永远创不出一流”

作为中国企业管理发展历程的见证者，李占祥饱含深情地说：“看着国家从旧社会的一穷二白到今天这样的成就，看着自己挚爱的事业一步步从无到有，逐渐成熟完备，心里的激动与满足是个人名利远远无法比拟的！到日本、美国一看，他们能做到的为什么我们不能？得靠创新，不能模仿，不能照搬，那不是正确学习外国先进经验的态度，正确的态度是要立足于中国本土上的创新！”

“人大提出创一流的目标，我举双手拥护。”李占祥从50多年的风风雨雨谈起人大的今昔，他怀着深深的依恋之情说：“我1952年从工厂管理系毕业后留校任教，除了1960年10月至1962年2月奉派到越南讲学之外，从来没有离开过人大，我对人大的感情就像孩子对母亲一样，想的盼的都是人大能办得更好。”但对于创一流出路何在的问题，李占祥又显得忧心忡忡：“创建一流大学这一问题的关键在于‘怎么创’，学校的创新和企业的创新是同样的道理，都要有自己的特色，总跟着别人模仿，学得再好再像也还是二流，我们必须走自主创新之路。”李占祥说，要明确自身特色，我们就具有了别人所没有的优势，这样学校发展才有生命力；创出特色不容易，需要进行长期而艰苦的努力才能成功。

“年轻人要多出去走走”

“我一见到年轻人就很高兴啊！”李占祥喝了口茶，笑着说，“不管是我的学生们还是我的孙辈，凡是年轻人想出国学习的我都支持。年轻人就应该多出去走走，到了国外看问题的思路就不一样，视野就豁然开朗了。但我总是告诉他们，出国的目标一定要明确，学习外国是为了解决中国的问题，否则，学习也没有目的性。我一有机会就出去走走看看，国外的见闻给我很多启发，对教学科研帮助很大。年轻人接触面越广越好，但一定要有正确思想，要有明确目标，不然不会有成果。”

采访结束，李占祥将在研究生期间曾读过的马克思的一句话，也是他求知治学的座右铭送给各位青年学子，作为共勉——“在科学上没有平坦的大道，只有不畏劳苦沿着陡峭山路攀登的人，才有希望达到光辉的顶点。”

（原文刊于《中国人民大学》报2006年6月15日第1213期第4版）

周升业

(1928—2015)

生于安徽省巢湖市，中国共产党党员。早年就读于中央大学经济系和北京大学经济系。1952 年进入中国人民大学货币银行学专业研究生班深造，毕业后留校任教，一直从事金融学领域的教学和研究工作。“中国金融学科终身成就奖”获得者，新中国金融学科的重要奠基人和新中国货币金融理论的先行者，新中国第一部金融学教材《货币信用学》的主要执笔人。参与编写的全国大专院校经济管理类核心课程教材《货币银行学》多次荣获国家级奖励。中国当代著名经济学家、教育家，中国人民大学荣誉一级教授、博士生导师。曾兼任中国国际金融学会常务理事，中国太平洋经济合作全国委员会金融市场发展专业委员会副主任，中国金融学会储蓄研究会副主任，北京市金融学会理事，北京市投资学会理事，中国人民银行教材委员会委员，等等。

周升业：踏实求新 诚恳待人

高燕燕

在金融领域，几乎没人不知道中国人民大学财政金融学院博士生导师、荣誉教授周升业。“没有数据，我不瞎讲话。”坐在我们面前的周老性格爽朗，精神矍铄，头戴一顶鸭舌帽，身穿一件灰夹克，说话简练而精辟，语调平和而字句铿锵，条理清晰，不紧不慢，娓娓叙述时，脸上始终挂着亲切的笑容。

治学须严谨　勤奋结硕果

1928年4月27日，周升业出生于安徽巢湖的一个小镇。他的小学、中学都是在抗日战争中度过的。1948年，周升业考入中央大学经济系。1950年，他转入北京大学经济系学习。1952年，从北大毕业后，周升业又考入人民大学研究生班学习货币银行学。

回顾自己的求学生涯，周升业说：“在人大学习的三年，对我而言是最重要的三年。虽然其中也经历了一些政治运动，但我在当时系统地学习了货币等方面的知识，为以后的研究打下了较为扎实的基础。”

研究生班毕业后，周升业留校任教，一直奋战在教学第一线，主讲过“货币银行学”“银行信贷”“财政与信贷”以及“信用资金运行”等多门课程。周升业在讲授中十分注意理论联系实际，深入浅出，逻辑性强，教学效果好，同学们都说：“听周老师上课真是一种享受。”

在科研工作中，周升业治学严谨、实事求是，勇于开拓与探索，着力研究我国金融实践中遇到的一些重大理论问题与现实问题。他坚持以马克思主义经济理论为指导，注意借鉴西方经济理论与方法，从较广的经济背景和若干重要经济范畴关系入手，进行理论概括，总结规律性的东西，提出自己独到的见解。

他主编、合著的教材、专著、辞书共24部，撰写论文50多篇。其中，他与黄达、陈共、韩英杰合著的《社会主义财政金融问题》曾获国家教委优秀教材奖；他主编的《中国社会主义金融理论》多次被推荐为全国金融类选用教材，并获全国金融类优秀教材二等奖；他与人合著的《中国货币流通的回顾与展望》是国家“七五”社科项目科研成果……此外，周升业还承担国家“七五”“八五”“九五”部分科研项目的研究，真可谓成果卓著。

实践找问题　理论去说明

“在实践中找问题，从理论上去说明。”这是周升业多年研究经验的总结。

一直以来，周升业都赞成让老师走出校门，到实际部门中去实践。“现在有些老师在学校，只是讲书本上的一些理论，很难让同学明白，即使明白了也很难加深理解。有些理论问题其实是可以在实践中讲清楚的。

对于搞理论研究的人来说，广泛地参与实践，很有必要。”周升业是这样说的，也是这样做的。

自1955年留校以来，周升业参加了很多实践调研，这让他对中国的财政金融实际情况有了比较深入的了解。周升业曾先后在中国人民银行总行计划司和中国人民银行北京市分行信贷科挂职，曾于1973年去山西基层蹲点半年，还曾随中国人民银行有关领导到四川调研，基本走遍了四川省……对于周升业而言，深入基层是他进行业务研究难得的宝贵经历。每每回忆起这些，周升业的脸上就闪现着激动的笑容。

“我的科研成果多半得益于实践。我并没有太深厚的理论基础，所以我选择了边研究边学习，从实际中提出问题，再在理论上补充自己的不足。这种方法有个好处，就是带着问题学，针对性强，吸收得快，提高也快，这样一来，理论和实际结合得就更加紧密了。”

周升业的很多研究成果都与中国金融实践紧密相连。

早在60年代，周升业就开始研究信贷资金与信贷收支平衡问题，著有《信贷资金运行规律与信贷收支平衡》等著作和论文。

1978年，人大复校。经过“文革”的洗劫，学校一片萧条，教研室缺人，也没有几个学生，不能正常上课。此时的周升业将全部身心都投入了社会主义财政金融问题的研究中去，写了《社会主义财政金融问题》金融篇。这本教材系统总结了我国改革开放之前的财经和金融规律，实现了本土化的目标，获得1988年全国高校优秀教材奖。

80年代以来，对外开放的不断扩大给我国金融运行带来了深刻的影响，出现了许多新情况、新问题。周升业开始结合实际，主要研究金融体制改革与对外开放条件下中国金融面临的问题。1984年，周升业发表论文《外汇收支与信贷收支、货币流通》，迈出了第一步，而后，他与自己指导的博士生一起进行深入研究。他主编的《对外开放下的金融运行》一书，是系统研究这方面问题的为数不多的著作之一，既有现实指导意义，又富有理论意义。周升业主编的《中国社会主义金融理论》获第二届全国高校金融类优秀教材二等奖，主编的《对外开放下的金融运行》获第三届全国高校金融类优秀教材一等奖。除此以外，周升业还承担了国家教委人文社会科学"九五"重点课题——《社会主义市场经济体系下金融新体系》，主持编写多本系列专著……

"周老的研究是问题导向型的，他特别注重结合实际情况，因此对于社会的指导意义很大。学习他的研究思路和方法，我自己受益很大。"周升业这种注重实践和理论紧密结合的治学风格，也给了弟子很深的影响。周升业的博士生徐元铖言语中满是敬佩。

桃李满天下　谆谆教诲深

周升业执教满 50 年的那年教师节，他的学生们为他举办了执教 50 周年的庆祝聚会，60 多名学生前来为恩师祝寿。"当时有好几位学生都激动地哭了。周老师一辈子淡泊名利，诚恳守信。能成为他的学生，我们觉得特别幸福。跟周老师在一起，学做人远远比学知识更为刻骨铭心。"周升业的博士生徐元铖说。

生活中的周升业谦逊随和，处事低调，不喜欢麻烦别人。

周升业的身体一直挺硬朗的，就是眼睛不太好，做过手术，看人会有重影，更别提看书了。因此，周升业忍痛放弃了很多研究计划。但是，对学生不能不管，学生的论文不能不看。

周升业为了不耽误指导学生的论文，想出了个好办法——听论文。周升业让学生将论文录成磁带，周升业就这样认真仔细地反复听好几遍，再把学生叫到家中交谈，提出意见，指导学生论文的写作。

“周老师渊博的学识、扎实的理论功底、严谨的治学态度、科学的治学方法、睿智的洞察力、独树一帜的研究风格都使我受益匪浅。”学生姜波说，“特别令我感动的是，周老师虽年事已高，且刚刚做完眼疾手术，但他还是逐字逐句、不厌其烦地阅读论文送审稿，并提出看法和改进意见，使我开阔了研究思路，充实了知识结构。导师不仅使我学会了做学问的方法，还让我养成了规范的学术工作习惯和求真务实的科研作风。”

对此，周升业只是淡淡地说了一句：“我对自己的要求就是‘踏实求新，诚恳待人’。”

“首先，做学问要踏实，不能搞轰动效应，不能急功近利。其次，要不断学习、不断创新。再次，做人、做事都要诚恳实在，做学问更要如此。”周升业寄语学生，语重心长。

（本文写于 2017 年）

高铭暄

(1928—)

中国人民大学荣誉一级教授，享受国务院政府特殊津贴，我国著名法学家，新中国刑法学的主要奠基者和开拓者。1951年8月从北京大学毕业后，被保送到中国人民大学法律系刑法研究生班学习，成为较早地系统学习和研究苏联刑法理论的中国青年学者。自1953年在中国人民大学法律系（现为法学院）任教以来，一直从事刑法学教学和研究工作。现任国家重点研究基地——中国人民大学刑事法律科学研究中心名誉主任，兼任中国法学会学术委员会副主任、国家教育考试指导委员会委员、中国刑法学研究会名誉会长、国际刑法学协会名誉副主席暨中国分会名誉主席。截至2012年6月，已培养出刑法学博士51名，受国家有关部委委托，先后主编刑法学教科书达11种。自始至终参加新中国1979年《刑法》的起草和1997年《刑法》的修订工作。作为"刑法学泰斗""新中国刑法学奠基人之一"，高铭暄先后获得"全国优秀教师""全国师德先进个人"等荣誉称号，并被收入英国剑桥世界名人录和中国多种版本的著名学者、著名法学家名录。

高铭暄：立治国之法典 育济世之英才

王煜熙

2016 年 11 月 22 日，日本早稻田大学授予 88 岁高龄的高铭暄名誉博士学位，以表彰其多年来为中日刑法学术交流做出的贡献。

“这份荣誉不只属于我个人，首先是属于我的母校和工作单位，中国人民大学，……还属于中国的刑法学界，乃至中国的法学界。”回到人大，面对采访镜头，高铭暄谦虚地说道。

他是中国刑法学专业第一位博士研究生导师，是中国国际刑法研究开创者和新中国刑法学的主要奠基者，他曾全程参与新中国刑法立法工作……这些，便是这位“最年长法学博士”的履历。

战乱时求学， 革命中新生

高铭暄的求学时代正值多事之秋，刚刚摆脱国民政府、走向独立的中国共产党方兴未艾，国民党在白色恐怖中迎来蒋介石掌权的时代，统治了北方广大土地多年的北洋军阀即将走向终结，而遥在海对岸的野心家日本开始了它新一轮侵华的谋划。

“兴，百姓苦；亡，百姓苦。”动乱的时代背景，让高铭暄在青年时期便见证了无数人间疾苦，法条纲纪的崩坏催发了他心中对法治社会的向往。

高铭暄的大学是在两所大学里读完的，前两年在浙江大学，后由于解放战争转学到北京大学。因此，高铭暄的大学生涯汲取了新旧两个时代的法学精华。

除了学识的收获，与中国人民大学的结缘也在此时。1950 年，党中央创办了新中国第一所新型正规大学——中国人民大学，由“延安五老”之一的吴玉章先生担任校长。

“我想中国人民大学办学既然是正规的，可以学到很多革命的道理、革命的理论，也就是可以学马克思主义理论。”出于对革命的敬意和憧憬，高铭暄毅然决然地在毕业分配志愿栏写下：“去中国人民大学当研究生”。

在中国人民大学两年的学习中，四位苏联刑法学专家的讲授使高铭暄对刑法有了更全面、系统、深入的了解，研究兴趣也越来越浓，为他的专业思想奠定了坚实的基础。

研究生毕业后，高铭暄被留校任教，这一干就是 50 多年，直到转眼间半个世纪过去，已是年近九旬的高铭暄才光荣退休。

正所谓“学无止境”，即使从工作岗位上隐退，高铭暄也没有停息自己刑法学研究的脚步，不断开拓进取，赢得了全世界学界的认可，享誉国际。这次日本早稻田大学名誉博士学位的授予就是最好的证明。

厚重刑法典，　悠悠四十年

作为新中国最早的一代法学毕业生，高铭暄在新中国法律界最显著的贡献便是参与了《中华人民共和国刑法》的修订。那时，新中国刚刚成立，立法任务艰巨繁重，刚刚留校任职的优秀毕业生高铭暄受人民大学的推荐和委派，加入立法小组，开始了漫长而曲折的刑法立法工作。

第一部《刑法》的立法工作从 1954 年开始，直到 1979 年结束。历经三年困难时期、“文革”等特殊时期的强制暂停，高铭暄和同僚们克服困境，迎难而上，经过无数次讨论研究，终于如愿完成《中华人民共和国刑法》(1979) 的起草工作，而高铭暄本人是唯一一位自始至终参与全过程的学者。

第一部《刑法》正式施行之后，全国人大常委会又通过和颁行了众多单行刑法，对《刑法》的内容作修改和补充。高铭暄参与了其中大部分刑事法律的草创活动，包括提意见、发表立法建议、要求纠正不当条文等，受到了立法工作机关的高度评价。

近 20 年的立法实操磨砺了高铭暄，使他从一名法学院毕业生逐步成长为一位立法战场上的“老将”。改革开放以后，人民生活日新月异，法律也需要吐故纳新，高铭暄开始了新的征战，无论是原有法律的修订、新《刑法》的编写，还是《刑法总则》的归纳创制，高铭暄都始终活跃在立法工作的一线。

从 1954 年第一部《刑法》开始起草，到 1997 年第二部《刑法》颁布，可以说，40 多年的立法生涯，高铭暄鞠躬尽瘁，参与和见证了新中国刑法建设的进程。

一甲子岁月峥嵘， 守初心老骥伏枥

66 年，这是高铭暄留任人民大学至今的时长。

66 年，弹指一挥间，研究立法、教书育人即是高铭暄生活的全部。对于传道授业这项工作，高铭暄有着深深的执念，即使是在立法工作错综复杂的困境下，高铭暄依旧没有中断在中国人民大学的执教工作。

“无论社会活动如何繁忙，我都坚持在教学第一线，我认为教学是老师的神圣职责。”

值得一提的是，高铭暄是我国刑法学专业的第一位博士研究生导师，他结束了新中国不能自己培养刑法学博士的历史。

从教多年来，高铭暄工作上一丝不苟，对学生严格要求，如今桃李芬芳遍天下，他的学生们也逐渐成长为国之栋梁。

除了教育学子以外，作为兼有刑法才学和立法实践的难得人才，高铭暄还有一项重要的工作：编写刑法学教材。

20 世纪 80 年代初，由于刚刚经过十年动乱，中国的法学园地几乎一片荒芜。中共十一届三中全会吹响了改革开放和社会主义现代化建设的号角，面对刚刚起步的法制建设，以及全国各地相继恢复的政法院系和政法机关，急需一套法学教材来满足法学教育和司法实践的需要。

年近六旬的高铭暄临危受命，先后主持编纂了《刑法学》《中国刑法学》等高等教材，又针对本科、自学高考、业大、电大等不同层次进行了全国性刑法学教材的编纂；1997 年，新的《刑法》颁布以后，高铭暄立即投入新教材的主持编写中。一系列新教材的出世，引起了当时学界的瞩目和读者的赞赏。

在人大的 66 年里，无论是站上讲台传授知识，还是伏于桌案编写教材，高铭暄始终无所保留，将毕生所学和 40 年的立法经验倾囊相授；无论是在教书育人的一线战场，还是隐退于幕后潜心研究，高铭暄始终谦虚谨慎，不断开拓，力图“百尺竿头，更进一步”。

高铭暄对新一代学子的成长寄予厚望，也对新一代从教者充满期待。在早稻田大学会见该校校长时，高铭暄用毛笔写了 16 个字：“传道授业、培育英才、经世致用，恩泽永垂。”这既是他对自己一生事业的肯定，也是他对后辈语重心长的教诲和期许。

（本文写于 2017 年）

王作富
(1928—　)

河北唐山人。1952年起先后任中国人民大学刑法教研室助教、讲师、副教授、教授。1986年，经国务院学位委员会批准，成为刑法专业博士研究生导师。现任中国人民大学法学院教授、博士生导师，兼任中国法学会刑法学研究会顾问，中国犯罪学学会副会长，北京市法学会理事和刑法学研究会副会长，最高人民检察院专家咨询委员会委员，中国犯罪学研究会咨询委员会委员，河北省人大常委会法律咨询委员会委员，北京市人民检察院检察咨询监督员，安徽大学、湖南师范大学、国家检察官学院、北京市政法管理干部学院兼职教授，湖南政法管理干部学院名誉教授等。

王作富：渊清玉洁 永不自满

降瑞峰　成晓曼

明媚的阳光照耀在办公室的书柜和书桌上，面前的王作富神采奕奕，我们怀着恭敬的心情采访了这位刑法学界的老前辈。

王作富是新中国培养起来的第一代法学家，从 1952 年走上刑法学教学研究道路至今的 50 余年间，一直致力于刑法学的教学研究工作，为新中国刑法学的创建和发展做出了重要贡献。

年少富有同情心　无心插柳柳成荫

王作富 1928 年 12 月 26 日出生在河北唐山的一个农村家庭，家境比较富裕，然而家庭环境的优越并没有使王作富沾染骄奢之气，他从不乱花钱，一直保持艰苦朴素的作风。中学时，他住在离家 30 里的学校，其间几乎从未去过校门口的饭馆，这种勤俭节约的习惯一直保持到现在。

受母亲的影响，王作富从小就富有同情心，总是尽自己的力量帮助有困难的人。小时候，他同情长工的辛苦，对路过家门口的乞丐总想方设法帮助，经常把自己家吃的东西送给他们。现在，王作富仍然乐于向困难群众提供捐助。

“我走上法学研究道路是个很偶然的机会。”在采访中，王作富这样告诉我们。

王作富说，小时候看到自己家乡的煤矿里面那些外国的高级管理人员待遇很好，就梦想将来成为一名工程师。1949 年高中毕业后，他来到北京报考北大工学院。但数学考完后，感觉很不理想，剩下的几场也就未参加考试。正准备和一名同学结伴回家，偶然的机会在报纸上看到刚成立的中国政法学院（现为中国政法大学）正在招生的消息。在不知法律为何物，又无思想准备的条件下，他就和另一名同学随意报了名。考完之后回了家乡，也没有把能否被录取的事放在心上。有一天，王作富的叔叔偶然间在报纸上看到中国政法学院录取名单上有王作富的名字，而且离报到截止日期只有两三天的时间了。于是，王作富第二天就来到中国政法学院报到，成为一名大学生。因此，“自己走上法学道路完全是捡来的机会”，王作富坦率地说。

1950 年，中国人民大学成立，王作富作为第一期本科学员转入人大法律系学习。之后不久，王作富被调到研究生班学习，主攻刑法学。1952 年 2 月，因教学工作需要，王作富未及毕业即被提前调入刑法教研室任助教，边学习边工作。“从那开始到现在，没有离开过法律这个研究领域。”王作富自豪地说。

致知之途自求索　刑法领域为己任

1950 年，新中国刚成立，许多法律还未制定出来，也没有新中国的法律教科书，又不能用旧中国书籍作教材，当时学校就邀请苏联专家指导，帮助中国培养社会主义法律人才，学生新学的课程全部是苏联的法律和法学理论，如苏维埃刑法、苏维埃民法等，整个教学方案基本上与莫斯科大学一样。正是最初几年对苏联刑法学的学习，为几年后转入对中国刑法学的研究打下了良好的基础。王作富对苏联专家的帮助至今不能忘怀。

从 1952 年开始，王作富开始给本科生上课，先是担任课堂辅导教师，不久就担任主讲教师。因为当时译成中文的苏联刑法论著很多，为了充实自己，王作富努力自学俄文，掌握了基本语法之后，就开始借助字典阅读俄文著作，从中获得更多知识，并及时向教研室其他老师介绍。他自己翻译的苏联刑法论文被收入《苏维埃刑法论文选辑》（1～3 辑）公开出版。此外，王作富参加翻译的苏联著名法学专家特拉伊宁的专著《犯罪构成的一般学说》1958 年公开出版，在中国刑法学界产生了很大影响。

1956 年，中苏关系恶化，苏联撤走全部专家，从此人民大学的教学就完全中国化了。这一年，王作富参与编写了新中国第一部刑法教材《中华人民共和国刑法总则讲义》，虽未公开出版，但由最高法院印发给全国各级法院作为参考资料，在当时对司法干部的培养起了一定的作用。

从 1964 年开始，农村搞“四清”运动，王作富被派到北京房山、通县等地参加“四清”工作，一直到“文革”结束，其间完全脱离了教学工作。1970 年，王老被下放到“五七”干校劳动锻炼，其间担任班长。人民大学停办后，王作富到北大工作五年，但由于当时搞政治运动，如“批林批孔运动”，正常教学与研究也受到很大的影响。在极其困难的条件下，王作富还和其他老师一起编写了《刑法政策讲义》《对敌斗争的路线和政策》，在校内出版。1978 年，人民大学复校，王作富又重新回到人民大学刑法教研室工作。

“我自己的经历很简单，从不懂什么是法律，到现在这么多年搞刑法研究，研究兴趣也越来越浓，我把刑法学作为毕生的事业，不再想做别的事情。只想尽力在刑法学教学、研究方面做点自己的贡献。”王作富朴实地说。

适逢甘泉出硕果　严谨民主谦治学

王作富虽然从教50余年，但由于历史原因，中间十多年中断研究。“文革”结束后，1979年《刑法》的颁布，使中国刑法学的研究有了依据，王作富也才开始了真正的学术研究。

20世纪80年代初，王作富和高铭暄老师联合主编了《中华人民共和国刑法讲话》。随后，王作富又主持集体编写了《刑法各论》，这是全国第一本全面系统地研究刑法分则的书，在司法机关反响强烈、评价很高。1983年，此书获人民大学优秀教材奖，后又被教育部评为优秀教材。值得一提的是，此书由王作富从头至尾逐一修改，但在最后署名时，他坚决不同意出版社署名自己做主编，认为这是集体的功劳，不想突出个人。王作富的高风亮节、淡泊名利的作风使我们不禁从心底里油然产生敬意。

随着国家刑法学的进一步发展，王作富于1988年出版了专著《中国刑法研究》。1991年，此书获北京市哲学社会科学优秀成果二等奖。1989年出版的《刑法分则要义》，作为电大学员的教材，发行十万多册。他主编的《刑法分则实务研究》（上、下卷），200多万字，也获得学界众多好评。

王作富告诉记者，他特别注重理论为实践服务，研究实践中的疑点、难点问题，“学术界对我主编的书的评价是理论和实践结合紧密；司法干部说读我的书很解渴；同行评价我的研究比较实在”。

王作富主张学术民主，从不居高临下以导师自居，从不把自己的观点强加给学生。他曾指导一位学生关于“刑法中因果关系”的毕业论文。当时关于这个问题，理论界有两派观点：一派主张刑法中因果关系就是原因和结果的必然的联系；另一派主张刑法中的因果关系有两种，一种是必然的因果关系，一种是偶然的因果关系。王作富属于第二派，而这篇论文赞同第一种观点，但是王作富仍然给他打了5分，因为他发现这位学生为写这篇论文阅读了大量的哲学著作，引证了大量的论据，来证明因果关系是一种必然的联系，表明学生是下了功夫的、态度是严肃的。王作富说，对于学术中有争议的问题，教师不应当只以自己的观点作为评判是非的标准。王作富学术民主的治学风范由此可见一斑。

王作富还一贯主张教学相长，喜欢和学生谈论问题，经常鼓励学生独立思考。他说，和学生们谈话，自己也很受启发。学生们也觉得他平易近人，从不摆导师架子，愿意和他探讨问题。

王作富对我们说，"学无止境，永远不能自满，问题会不断出现，一个问题解决了，另一个问题就会接着出现，做学问应该谦虚谨慎"，又说："法学研究是一件很严肃的事情，变成文字会作为历史传下去。科学研究应十分慎重，不能赶时髦，人云亦云"。

谈到未来刑法学的发展，王作富说："目前我国刑法学进入了空前大发展的阶段，正同国际同步发展，但这只是一个开端。未来刑法学的发展，除了本土化外，还要吸收借鉴发达国家的经验。今后，刑法学的发展要靠中青年一代，现在中青年学者为中国刑法学的发展做出了贡献，今后还要继续努力。"

2000年，王作富从教学一线退休后，又被学校返聘为教授，2006年又招收了一个博士生。将近八旬的王作富现在依然坚持读书看报，关注国内外大事。

"学无止境，永不自满。"这句话再一次在我们耳边响起。

（原文刊于《中国人民大学》报2007年1月15日第1229期第4版）

胡钧
(1928—　)

山东烟台人，中国共产党党员，教授，经济学家，主要从事社会主义经济理论与实践、《资本论》等方面的研究。1948 年 11 月奔赴解放区华北大学学习，后在华北大学政策研究室工作。1950 年 9 月入中国人民大学政治经济学教研室读研究生，1952 年毕业后留校任教。1990 年被国务院学位委员会批准为博士生导师。1992 年开始享受政府特殊津贴。曾任国家教委社会科学研究中心兼职研究员、中国社会科学院马克思主义研究院特邀研究员、中华人民共和国教育部中学政治课教材审查委员会委员、中国经济规律研究会常务理事等职。

胡钧：勇敢执着的马克思主义政治经济学人生

降瑞峰

寒冷被挡在屋外，阳光透过窗户射进胡钧教授家的客厅，给人很温暖的感觉。繁茂的绿色植物和墙上的几幅油画形成一种和谐，无言地向我们诉说着胡钧平静而幸福的生活。面对记者，77 岁的胡钧言语平和、朴实、稳健，其中别有真味。

勇敢：两次出奔、一次危险

胡钧原名胡松龄（1948 年到解放区时改为现名），1928 年出生于山东烟台一个普通家庭，父亲是邮局职员。温馨、平和的家庭环境影响了胡老的性格——“不太善于交往、交际，处事比较简单”。可是，就是这样“简单”的胡钧，在年轻的时候却有过“两次出奔、一次危险”的经历。

第一次出奔是胡钧初中毕业以后，当时日本已经占领了烟台。出于一种不愿做亡国奴的自觉，15 岁的胡钧和几个同学离家到 1 000 多里外的后方安徽阜阳县国立第二十二中学上高中。第二次则是离开北京大学奔赴解放区。1947 年，胡钧考入北京大学经济系，其间参加了共产党的地下组织——民主青年联盟。他积极参加学生运动，并且利用暑假读了当时苏联著名的哲学家罗森塔尔等人的著作，“对自己的政治倾向影响很大”。1948 年，胡钧离开北大奔赴解放区，到河北正定的华北大学（人民大学前身）学习。“在华北大学三四个月的学习，决定了我一生的事业、命运。”

如果说“两次出奔”只是思想的历练的话，那么“一次危险”则是身心的考验。那是在安徽阜阳上高一时的事情，胡钧出奔后回家取衣服，却被日本宪兵队知道了消息，在家中将他抓走。“关押、审讯、施刑、灌凉水”，这样的经历，胡钧只是娓娓叙来，语气平静，带着几分回忆往事时的轻描淡写。“当时很小，不到 16 岁，可是脑子很灵活。问我怎么去的，本来去还是有组织的，但我编了一套故事，他们还真信了，没有牵扯其他任何人。和我一块回来的同学就住在宪兵队的旁边，我妈妈给他报信就跑掉了。”说起当年，胡钧还有几分自得。后来，胡钧被当作要犯押解到当时华北区最高司法机关——北京 1400 部队，进行五堂会审。宪兵队给胡钧编造罪名，说他是来刺探烟台日本海军情报的，胡钧当堂翻供。后来被以“思想不良，扰乱治安”的罪名判了一年徒刑，关在政治犯监狱。抗日战争胜利后，才从监狱出来，然后考入北京大学。

“这些经历对我性格的影响就是变得勇敢。在死亡线上过来的，什么都不怕。所以以后搞研究工作写文章，我认为对的就会坚持，比较执着。”

执着：马克思主义政治经济学的坚守者

1952 年，胡钧进入人民大学政治经济学教研室读研究生，当时由苏联专家给他所在的研究生班讲课。经过两年学习，胡钧留校任教。1959 年 6 月，胡钧在第 12 期《红旗》杂志上发表了自己的第一篇学术文章——《关于全民所有制内部商品价值形式问题》，文章针对当时斯大林在《苏联社会主义经济问题》上关于“社会主义条件下，生产资料不是商品，消费品是商品”的观点提出反对意见，从理论上分析其错误。胡钧认为，按劳分配和等价交换虽然都是等量劳动的交换，但两者有着本质区别。“当时这在学校是件大事，校长胡锡奎找我谈话，很受鼓舞。”胡钧说，“这个观点也奠定了我今后研究的基础。我以后的主要研究成果，都是在这个观点基础上展开和发展的。”

1959 年的专著《旧中国工资问题简论》、1989 年的论文《对公有制与商品经济兼容问题的思索》、1990 年的《社会主义经济的结构、运行和管理》和 1991 年的《中国社会主义市场经济研究》等几本著作，勾勒出了胡钧的研究脉络，也生动地标示着一个词——“与时俱进”。

现在，胡钧也没有停下脚步，始终关注着我国经济建设的实践和理论研究。针对当前马克思主义政治经济学被边缘化的情况，胡钧说：“现在我们面临的一个严重问题就是如何处理和理顺马克思主义政治经济学和西方经济学两者的关系问题。两者到底是什么关系？有没有本质区别？区别在哪里？”胡钧认为，“现在在这个问题上还没有理清楚，只是笼统地讲马克思主义政治经济学处于主导地位，借鉴、吸收西方经济学。可是，主导地位主要表现在什么地方？借鉴，借鉴什么？”说起自己长期思考的问题，胡钧一直平和的语气变得有些激动：“现在是应当进一步划清的时候了！我最近想做出点有利于真正把马克思主义政治经济学的地位树立起来的工作。”

胡钧告诉我们，他正在研究两者的正确划分，从研究对象、研究任务、研究方法以及根本出发点上把两者的区别说清楚。“这些区别是本质的区别，两者谈不到融合，两者是根本对立的东西。”他强调，“借鉴、吸收不是在理论上，而是要吸收西方经济学在市场经济的治理方法等方面的经验。理论层面上还是要坚持马克思主义政治经济学。”

“改革开放以来我国建立了社会主义市场经济体系，这些年在经济发展上取得了巨大的成就，我们借鉴了西方市场经济的方法，同时又坚持了社会主义的根本原则，两者结合有成功的实践经验。现在解决这个问题的时机已经比较成熟了。”胡钧对此深思熟虑，因而显得信心十足。

“写出一本比凯恩斯的《通论》作用更大的著作”

19 世纪 30 年代，凯恩斯对罗斯福新政进行总结和理论提升，写出了《通论》，创立了宏观经济学。“我们应当研究我们的社会主义市场经济实践，写出一本比凯恩斯的《通论》作用更大的著作。”胡钧说。

胡钧对马克思主义政治经济学的现状心存担忧和焦虑：“现在马克思主义政治经济学的教材吸收了很多西方经济学的东西，越来越像西方经济学了。”他说：“我们的政治经济学理论主要体现在党的文件里。从十二大到十六大，党的文献主要解决的问题是政治经济学的问题，分配关系的改革、国有企业的改革、所有制结构改革等，都是政治经济学的问题。”而现在多数经济学家对党的文献的诠释，往往到西方经济学那里去找理论根据，他认为“这个方向是不对的”。

胡钧很遗憾我国到目前为止还没有一部深入阐述邓小平社会主义市场经济理论的著作。他说：“邓小平社会主义市场经济理论，本身从内容上来说非常丰富，但我们没有对这个问题真正做深入的理论研究，只是进行一般政策性的宣传。”胡钧强调：“所有的理论都是从实践中来的。离开实践谈什么创新？”他认为，“我们在马克思主义实践上与时俱进，但理论界却在退却，退向西方经济学。将西方经济学作为源泉，从那里吸收营养来发展马克思主义政治经济学，那怎么可能呢？还是应当从实践中吸取营养，发展理论”。理论家胡钧谈起“实践”变得激动起来：“我们实践有多丰富，搞市场经济以来遇到了多少事情啊？亚洲金融危机、人民币升值……我们应该去研究概括，丰富自己的理论，这才是正确的方向。而且这方面一点都不难找，就摆在那儿，研究去吧!”

当记者问及香港科技大学丁学良教授所说的“中国真正的经济学家不超过五个”的热门话题时，胡钧说：如果说他是针对一部分为有钱人和既得利益者说话的人或是西方经济学的代言人而言，的确难找到真正的经济学家，但他的看法有片面性，没有马克思主义政治经济学的概念，“对此言论不必在意”，胡钧摆了摆手。

“马克思主义政治经济学过去有些教条主义、僵化的东西，必须去掉。”胡钧对马克思主义的坚持不是盲目的，他认为，要培养我国自己的经济学家、坚持马克思主义政治经济学的地位，必须对马克思主义的基本理论进行再学习，真正掌握它的精神。

生活简单　淡泊名利

50 多年来，胡钧的马克思主义政治经济学研究的学术生涯，自始至终都体现出他的鲜明特点：勇敢、执着与平和、稳健。

和胡钧交谈近三个小时，从他的言谈和举止、神情中，我们能深深感受到他的幸福，而这种幸福来自他内心的质朴、洒脱和淡泊。

用胡钧自己的话说，“我对党培养我在马克思主义政治经济学方面的学习和研究很满意，也很有兴趣”。

现在，已是古稀之年的胡钧仍然身体灵便、精神矍铄，夏天到颐和园游泳，冬天常到附近酒店的游泳池游泳，每天保持着按时作息的生活规律，每周还给自己带的 8 个博士生上课。“工作上我还是比较勤勤恳恳的，也是有责任心的人。”胡钧评价自己的语气中肯、朴实。

胡钧说他的养生之道是“对名利比较淡薄，心态比较平和，对得失一般不太计较”。即使是下乡搞“四清”，以及“文革”下放农村，胡钧仍是一派乐观。他说，物质上没有遇到过很大的困难，精力基本都集中在专业上，“对事情理解得深一点，想得透一点”。对于许多事情都不放在心上的胡老，“唯一保存的、到哪儿都舍不得扔的就是讲稿”。

也许正是这种淡泊和通透，构成了胡钧人生风景的云淡风轻，也写就了他脸上清隽而柔和的线条。岁月留给他的，是圆融、亲切和智慧，如同佳酿，历久而弥香。

（原文刊于《中国人民大学》报 2005 年 12 月 25 日第 1201 期第 4 版）

许崇德

(1929—2014)

上海市青浦区（原江苏省青浦县）人，著名法学家、政治学家、法学教育家，新中国宪法学的奠基人之一，中国人民大学荣誉一级教授、博士研究生导师，中国法学会学术委员会委员，中国宪法学研究会名誉会长、学术委员会主席，马克思主义理论研究和建设工程《宪法学》课题组首席专家，《香港特别行政区基本法》起草委员会委员，《澳门特别行政区基本法》起草委员会委员，香港特别行政区筹备委员会委员，澳门特别行政区筹备委员会委员，第七届全国人大内务司法委员会特约研究员，最高人民检察院专家咨询委员会委员，中国民主建国会中央委员会特邀顾问，国务院发展研究中心港澳研究所学术委员会主任委员，香港基本法澳门基本法研究会名誉会长，中国联合国协会理事。1953 年，中国人民大学国家法研究生毕业后，留校长期从事教学研究工作。1954 年，参与了宪法起草委员会秘书处的工作，见证了新中国宪法的诞生。1980—1982 年，作为宪法草案的主要起草人，全程参与了我国现行宪法的修改工作，还参与了现行宪法的四次修改以及其他众多重要法律的制定修改工作。1985 年、1988 年，先后参与了香港特区和澳门特区两部基本法的起草工作。1998 年 6 月，为全国人民代表大会常务委员会举行了第一次法制讲座。2002 年 12 月，为中共中央政治局进行第一次集体学习讲授宪法。2004 年，中央电视台组织观众投票，许崇德教授高票当选为“中国 2004 年度法治人物”。2007 年 10 月，许崇德获第五届吴玉章人文社会科学奖特等奖，是第一位获此殊荣的法学家。

许崇德：自强不息 坚韧大度

毛燕 段蕾

暖暖的冬日午后，我们走进位于世纪城许崇德老师的新居。满头银发的许崇德精神矍铄，客厅那幅书法“墨翻衫袖吾方醉，腹有诗书气自华”散发出清雅之气，几盆绿色藤萝植物透着勃勃生机，似乎是主人自强不息的生命写照。

第一次被称为“法学家”

他是一位桃李芬芳的师长，从教 50 多年，培养了博士生 44 名、硕士生 10 届以及众多的本科生；他是一位潜心耕耘的学者，独著、主编、参著的学术著作和教材共 58 种之多，发表了 270 多篇文章；他更是一位中国宪政建立、发展的参与者、见证者：参与了新中国第一部宪法、现行宪法以及香港、澳门特区基本法的起草……

“您将自己定位为法学家还是法学教育家？您是如何兼顾研究和教学工作的？”面对记者的问题，这位我国著名的宪法学家讲述了第一次被称为“法学家”的由来。

“过去是不能称名称家的。”许崇德告诉我们。1951年，复旦大学法学院毕业后，许崇德进入人民大学读法学研究生；1953年起留校任教，一直被称为“教员”。“文革”结束，1978年人民大学复校以后，许崇德才被评为副教授。1980年评为教授、博导时，他已经年过半百。许崇德回忆说：“那是1982年，起草宪法的后期，记得有一天收听中央人民广播电台早间新闻节目，节目中说‘《人民日报》今天发表著名法学家张友渔、许崇德合写的文章《新宪法草案的基本精神》’。这是平生第一次被戴上‘法学家’这样一个桂冠。”

许崇德笑眯眯地告诉记者：“其实终身当个教书育人的教授也是不错的，但光教学不搞研究，质量提不高。我们这个学科发展变化大，不搞研究，知识就会老化，所以教学、研究二者都不能偏废。”他说：“我的著作许多是教材，研究和教学是结合在一起的。”

深情忆往事 宪政见证人

许崇德曾接受四任全国人大常委会委员长的任命书，参与多部重要法律的起草工作。他亲历的那些重要的历史镜头，真实地记录了新中国宪政的脚步。

“1982年，在参加现行《宪法》的起草工作时，我给彭真同志当助手，住在京西玉泉山，一般周日才放假回家。有一个周日，我没有回家。晚上，彭真来电话要我去他的住处。当时已经深夜了，我看到八十高龄的彭真同志正拿着毛笔、戴着老花镜修改《宪法》的序言草稿。周末大家都回家休息了，他老人家仍挑灯夜战，当时我特别感动，回家后便即兴写了首诗——《玉泉山之夜》：‘假日庭园寂，平楼卧室幽。逐行斟字句，对坐语喃啾。灯下词初定，纸间策已筹。宪章临十稿，尚欲益精求。’”

接着，许崇德又兴致盎然地回忆起另一件往事：“1990年香港特区基本法起草委员会举行最后一次会议，初步通过了基本法草案，并决定在4月初将草案提请全国人大最后审议通过。那次会议临结束时，邓小平会见了基本法起草委员会委员，并讲话肯定了我们的工作。”这时，许崇德起身在书柜里取出《邓小平文选》，并给我们轻声读了起来：“你们经过将近五年的辛勤劳动，写出了一部具有历史意义和国际意义的法律。”他说，那天回家后，他又写下了“五载辛劳起草完，回看白发照衣冠，邓公勉慰情真切，一夜心欢泪不干”的诗句。这些饱含深情的诗句，正是这位与国家命运息息相关的法学家情怀的写照。

坚韧大度　不屈不挠

与党和国家同呼吸、共命运，许崇德与那一代知识分子一样，经历了坎坷的命运，无论是50年代批“白专”受到歧视，还是“文革”中身处政治高压的环境，许崇德都能坦然处之，坚韧大度。“是什么精神动力使您始终保持乐观平和的心态?”

他说：“1969年人大解散下放到江西，当时上级要求我们要立志当一辈子农民，开荒、挖地、挑大粪，累了，塑料布一摊，睡地上。面对这样的政治环境，自己只是沧海一粟，无能为力。但是，我对宪法学研究和教学没有动摇过，我相信我们国家一定会走上法制的轨道。毕竟‘人心思法’，社会和民众需要法制，这是显而易见的道理。”许崇德的目光柔和而坚定。

“自强不息，艰苦奋斗，坚韧大度”——三中全会以后，许崇德尤其珍惜来之不易的学术生命，并以此为座右铭，争分夺秒，默默耕耘。1985年10月，许崇德因劳累过度眼底出血，一目失明而住院治疗。但他仍背着医师与护士，凭借一只眼睛的微光，修改了9万多字的文稿，还为《天津法制报》完成一篇文章。还有一次，1987年1月，许崇德因雪后路滑，不慎摔倒，右肘骨折，疼痛难忍。用石膏固定后，右手不能活动，但他锻炼用左手写字，终于完成了著作。

“我必须这样，否则我就愧对人生。”文质彬彬的许崇德说出话来出乎意料，“我觉得我不能倒下，说明我还是有点不屈不挠的精神。”

许崇德说：“自己是共产党员，对我来说，为党和人民工作就只有靠一支笔、一张纸，日积月累，搞好本职工作，这就是我的人生观和精神动力。”

烈士暮年　壮心不已

许崇德说自己“拿得起、放得下，不嫉妒，不眼红，从不高攀。看待得失方面，比上不足，比下有余，气量比较大，喜欢从正面看待问题，所以能保持平和乐观的心态。但是，我同时在学术上又不甘落人后，比较好强，比较勤奋。顺境也好，逆境也罢，都能执着于自己的理想”。许崇德对自己的评价，谦逊、朴实中透着自信。

许崇德曾在自选集《学而言宪》的《自序》里写道：“我只能实践古人所说的‘老骥伏枥，志在千里；烈士暮年，壮心不已’。倘若幸而来日尚多，且能保持健康的话，我将继续奋力，攀登学术高峰，为我毕生从事的专业鞠躬尽瘁。”

许崇德曾在为老干部学习班辅导时畅谈自己的体会：“离退休只不过是一个组织手续，还可以老有所为，继续为党和国家服务。大家在离退休以后不要有失落感！”许崇德现身说法：“退了休，但是我的专业没有退，做学问没有退，还可以照样做许多工作。”许崇德退休以后，一面带博士生，一面写完78万字的《中国宪法史》（此书被评为北京市优秀科研成果特等奖）；

他给以胡锦涛为总书记的中央政治局学习会讲解宪法，还担任中央马克思主义理论研究与建设工程法学课题组首席专家。去年，许崇德当选为“中国2004年度法治人物”。在香港，许崇德被称为“四大护法神之一”，因为工作关系要经常往返香港。他说，退休了，但工作担子并没有减轻。

闲时种花草　真情寄学子

提起业余爱好，许崇德似乎有点遗憾。“爱人常催促我出去走走，可是我总是舍不得时间，不敢走啊。”许崇德告诉记者，“2000年从北医三院住院回来后，我就知道这条命是捡回来的，时间对于我来说更加珍贵。”说起养生之道，他说：“我不爱运动，但养心很重要，心理健康很重要。”闲时，许崇德除了喜爱书法和古诗词外，还喜欢种花养草。原来住校园里，他在静园楼下种了好多月季，“开花的时节，好多老太太前来品头论足”。许崇德颇为得意。如今搬进新居，不管工作再累，许崇德都要亲自打理家里的花花草草。

最后，当记者恳请许崇德为年轻师生提一些建议时，他说：“我要说的是老话。有一点希望，做学问，应立足于中国的现实，多研究中国的实际。对西方的东西要有自己的主见，要立足本国，要有民族气节。小时候读历史，为鸦片战争的国耻感到痛苦，后来亲历日寇侵略，更留下切齿之恨。今天我们的青年更要居安思危，保持警觉。”他强调，“一定要有坚定正确的政治方向，做学问不要盲目崇拜西方。学问要宽，基础要厚，作为一个知识分子还应该有文学修养，虽然不可能要求像我们小时那样练毛笔字，但祖国的传统文化不能丢……”

许崇德语重心长的话语令人久久回味……

（原文刊于《北京教育（高教版）》2006年第2期）

庄福龄

(1929—2016)

出生于江苏镇江，中国共产党党员，我国著名马克思主义理论家、哲学家，中国马克思主义哲学史和马克思主义发展史学科开拓者之一，中国马克思主义哲学史学会原会长，中央马克思主义理论研究和建设工程课题组首席专家，教育部哲学教学指导委员会原委员，中宣部“五个一工程”奖、国家图书奖提名奖、吴玉章科研奖、北京市优秀共产党员称号获得者，中国人民大学荣誉一级教授、博士生导师。1953 年来到中国人民大学马列主义研究班进修，后来开始边学习边讲授哲学原理、历史唯物论专题和毛泽东思想等课程，在《红旗》《哲学研究》等发表了数十篇论文。上世纪 50 年代末 60 年代初，作为哲学教研室的负责人投入哲学教材的编写工作中，与 20 多名教员和高年级学生一起，齐心协力、不分昼夜，终于在 1960 年出版了《马克思主义哲学教科书》。1978 年后开始深入研究马克思主义哲学史、马克思主义史和马克思主义中国化等问题，并逐渐成长为我国著名的马克思主义哲学史和马克思主义史研究专家。

庄福龄：马克思主义发展史研究中国开拓者

陈骊骊　降瑞峰

庄福龄教授，人如其名，庄重厚道，和蔼可亲，是一位备受尊敬的长者。他潜心治学、披荆斩棘，为马克思主义中国化不懈注解60余载，奠基中国马克思主义哲学史和马克思主义发展史学科。他笔耕不辍、著作等身，《马克思主义哲学史》填补了我国马克思主义哲学史教材的空白，在马克思主义哲学史、马克思主义史及马克思主义中国化方面取得杰出成果，获得国家社科基金项目优秀成果一等奖、国家图书奖和“五个一工程”提名奖及各种省部级奖励。这位哲学史大家颀长瘦削，精神矍铄，言至思维激荡处，声音洪亮，手足挥动。

满腔赤诚报国志

1929年1月，庄福龄生于江苏镇江的一个城市贫民家庭。高中时，父亲病逝。母亲含辛茹苦地抚养他们姐弟几人，一直支持他到高中毕业。他不负众望，1947年考入上海商学院。除了主修的会计学专业之外，他感兴趣的还有经济学、社会学等理论学科。大学四年，他靠奖学金和夜校兼职维持学业。然而，生活的艰辛并未摧毁他上进的信心。

求知的课堂和十里洋场的现实给庄福龄以刻骨铭心的反思。凭借着自幼养成的正义感、对社会不公的愤恨，庄福龄全身心地投入了上海反饥饿、反迫害、反内战的学生运动，并被推到这一运动的前列，走上了争取光明的革命道路。

求学期间，在地下党的关怀和领导下，庄福龄虽然历经流亡和避难，却在漫漫长夜中找到了人生归宿。他如饥似渴地学习革命著作，经历了被反动派迫害并列入大逮捕黑名单的生死考验，在漫漫长夜中找到了人生归宿，于1949年加入了党组织，成为上海解放后第一批秘密发展的共产党员。

在斗争中，庄福龄从独善其身到学会做他人的思想工作，从沉默寡言到宣传鼓动，从悲观失望到投入火热的生活，人生境界经历淬炼，获得升华。1951年毕业后，他放弃了原有的财经专业，把自己和党的事业紧紧地联系在一起。

由论进史启征途

为了提高马克思主义理论素养，1953年，庄福龄进入中国人民大学马列主义研究班进修。这段经历激发了他对哲学的兴趣和追求。进修结束后，面对工资降低和南北生活差异的双重困难，27岁的庄福龄毅然选择了信仰，留在北京，边教书、边进行理论研究，开启了他治学的第一步——由论进史，先从事理论研究、原理研究，而后才进入马克思主义哲学史、马克思主义史领域。

从1964年的马列主义发展史研究所开始，庄福龄开始从事马克思主义哲学史研究，确定了终生的研究方向，这在当时来看是一个创举。党的十一届三中全会后，邓小平强调要恢复高校教学合理秩序、编写各种教科书。教育部决定编写一部马克思主义哲学史教科书，要求系统加强马克思主义哲学史学科建设。庄福龄毫不犹豫地承担起这项重任，开始了长达 20 年的“由论进史”潜心研究历程。

当时，马克思主义哲学史学科建设方面的教科书基本上是一个空白，国家没有一本像样的马克思主义哲学史教材。随着作为全国高校基本的马克思主义哲学史教材的《马克思主义哲学史》、作为马克思主义哲学学习工具书的《马克思主义哲学史辞典》《马克思主义哲学辞典》、作为马克思主义理论教师的资料书的马克思主义哲学史参考书等一大批专著的相继问世，在“由论进史”的 20 年里，庄福龄所主持编写的理论书籍基本涵盖了马克思主义哲学史教科书的方方面面，初步框定了学科建设的基本系统。

在研究不断深入的过程中，庄福龄逐渐认识到：对这段历史的研究不能局限于马克思主义的三个组成部分，马克思主义是一个整体，要对之进行整体研究而不是部分研究。上世纪 80 年代末 90 年代初，系统编写马克思主义史的设想就开始在他脑中酝酿，经年努力，最终催生了 200 多万字的《马克思主义史》四卷本，此书获全国精神文明建设“五个一工程”奖、国家图书奖提名奖，在全国引起了强烈反响。为了适应社会各界人士的需要及教育部的要求，在四卷本的基础上，庄福龄又编写了《简明马克思主义史》（50 万字），被教育部列为面向 21 世纪课程教材、“十五”国家级规划教材。

研究越深入，庄福龄发现的马克思主义史盲点越多，他带领学界同人进行了大量横向与纵向研究，填补了大量学术空白，为研究马克思主义史学科建设的系统性做出了杰出贡献。

庄福龄：
马克思主义发展史研究中国开拓者

由史立论正本原

“由论进史，由史立论”是庄福龄接触马克思主义后倾一生心血走过的大体路径，他以恩格斯所说的“在一个历史事例上，哪怕有一点收获、做出一点成绩，也是常年努力劳动的结果，如果不肯付出常年的努力劳动，就没有办法完成自己的任务”鞭策自己，终其一生乐此不疲。

十年“文革”洗礼使庄福龄更加清醒地意识到，他选择的道路没有错，从事理论工作的指导思想没有错。反思使他焕发了重新研究理论的热情。他开始研究中国哲学史上的唯物主义传统，评析和注释《荀子》的《荀子新注》在复杂曲折中开始创作，在“拨乱反正”中完成。

庄福龄的治学立场是坚定而持久的。党的十一届三中全会后，马克思主义史研究呈现出繁荣景象，研究热点越来越多，学术争论与日俱增，但是，庄福龄始终坚持“万变不离其宗”，争论分歧应该以马克思主义经典原著为主、以马克思文本的本来意义为标准。

治学中，他坐定冷板凳，心无旁骛地埋头学科建设。经过多年的反复思考，庄福龄逐步形成了对马克思主义哲学史、马克思主义史、马克思主义中国化等方面的初步理解和体会，将其渗透入马克思主义哲学史教材编写和经典著作的研究工作中去。作为国家哲学和社会科学“六五”与“七五”规划重点项目的《马克思主义哲学史》八卷本就在这样的情况下诞生了。作为主编之一，庄福龄承担了这一历时十余载、组织全国50多位专家参加的巨大工程，承担了近500万字的统稿定稿工作和大量的组织编写工作。此书问世后，获得了社会好评并获全国精神文明建设“五个一工程”提名奖、国家社科基金项目优秀成果一等奖、吴玉章奖，其中一、二、三、六、七卷获北京市哲学社会科学优秀成果特等奖。此外，庄福龄作为《中国大百科全书·哲学卷》马克思主义哲学史学科的副主编还亲自撰写重点词条，历时数载完成这项重要工程。这些国家重点项目的完成，为学科建设奠定了较为全面、坚实的基础。

1979 年，全国性的马克思主义哲学史学会建立，庄福龄被选为学会的负责人并连续六届担任会长，为学科的发展、繁荣而继续努力。

2004 年，马克思主义理论研究和建设工程开始之初，中央提出“四个分清”，庄福龄认为做好这“四个分清”尤其重要。作为马克思主义理论研究和建设工程的首席专家与主要成员，庄福龄认为，研究应该由“史”再返回到“论”，即要根据历史来研究理论，要结合历史来研究理论，要以历史为背景来研究理论。只有这样史论结合，才能真正阐发马克思主义理论的真谛。

生命不息，探索不止。庄福龄毕生致力于马克思主义哲学史和马克思主义发展史学科的建立和完善，离开讲台后，他还主编了《马克思主义研究文库》，并从发掘、理解、诠释马克思主义发展的丰富理论内容和发展经验的要求出发提议撰写《马克思主义发展史》（十卷本），即使在病中仍不忘十卷本的撰写工作进展，始终关注马克思主义理论的创新发展。

躬耕桃李育芳华

站上三尺讲台，他是一位严肃的教师；走入方寸书斋，他是一位慎思的哲人。不论面对的是求知若渴的面孔，还是面对的是带着研判与审视色彩的眼睛，庄福龄都全心投入。在 62 年的教师生涯中，每次备课他都如同初次讲授，“教理论、讲理论、修理论”，他的生活无时无刻不在理论中浸润。他遍植桃李，学生中不乏我国马克思主义哲学和马克思主义理论学科带头人和学术骨干，但他们始终都记得庄福龄教导的“要研究理论首先要博览群书，在此基础上把握基本理论和基本观点。然后考虑基本理论、观点的具体运用。这种恒心应该一贯不动摇，应该工作到老、坚持到底”。

庄福龄笃信马克思主义理论的生命力，更倾注满腔热血教书育人。他寄予年青一代学人殷切期望，常教导自己的学生：马克思主义在中国革命最为艰苦的时期证明了其正确性，引导人民改变国家面貌、取得革命胜利，更有理由在当下取得成功，关键是理论工作者对马克思主义有正确的理解、从事正确的理论研究导向。耄耋之年，他自题“硕果累累不折腰，精力充沛还不老；昂首挺进不烦恼，散尽光热才叫好；虽是一生总忙碌，然却不悔走此遭”，给青年学人做出优秀模样。

（原文刊于《中国人民大学》报 2016 年 12 月 12 日第 1596 期第 4 版）

蓝鸿文

(1929—2011)

生于四川隆昌，中国人民大学荣誉教授、博士生导师，新闻界泰斗人物。1955年10月来到中国人民大学任教，直至1999年退休。独著、合著、主编书12部。其主编的《新闻采访学》是新时期新闻采访学的拓荒之作，修订版荣获第四届吴玉章人文社会科学优秀奖；其所著《面向新闻界》一书获教育部全国普通高校第二届人文社会科学研究优秀成果奖新闻传播学系列二等奖。

蓝鸿文：为新闻教育事业奉献一生

降瑞峰　王婉

他的座右铭是“活到老，学到老，调查到老，写作到老”，他的著作《新闻采访学》体大思精，滋养了新中国的几代报人……

蓝鸿文，1929 年 4 月生于四川隆昌，中国人民大学新闻学院教授、博士生导师，中国人民大学首批“荣誉教授”。因病于 2011 年 10 月 12 日 13 时在北京逝世，享年 82 岁。

蓝鸿文早年从事记者工作，后到中国人民大学新闻学院学习并留校任教，将毕生精力都奉献给了新闻和新闻教育事业。

曲折经历　辗转求学　圆记者之梦

蓝鸿文生于四川隆昌县城。父亲在重庆一家瓷器生产公司从事技术指导和管理工作，因是公司的管理人员，又有一定股份，所以省吃俭用有了一些积蓄；后又回到隆昌老家买田，田租成了整个家庭唯一的经济来源，还要供几个孩子读书，因此家境并不富裕。

蓝鸿文的中学时代正值抗日战争时期。抗战时期是民族意识大觉醒的时期，也是生活大变动的时期。蓝鸿文家因考虑到人身安全，先后搬家六次。频繁的搬家使少年时的蓝鸿文加深了对日本侵略者的仇恨，但在农村的生活也使他开始广泛地接触社会，了解农民的生活。

这一时期还有一件对蓝鸿文影响较大的事，就是多次转学。蓝鸿文在楼峰中学读完高一，后转到上海立达学院（上海一所著名中学，由叶圣陶、丰子恺、朱光潜等创办，抗战时期迁到四川隆昌）重读高一。在立达学院，蓝鸿文开始接触一些进步文艺书籍，思想也开始发生变化。巴金、鲁迅、郭沫若、茅盾等作家的著作对他影响很大。后来读到解放区的新文艺作品，使他开始追求进步，向往光明。1946 年，立达学院停办，蓝鸿文又一次转学到成都蜀华中学，当时的他从进步同学那里看到《新华日报》，从此成了一名党报读者。党报开阔了蓝鸿文的视野，也活跃了他的新思维。

1947 年，蓝鸿文高中毕业后，报考了四川大学外文系，原因就是他所崇拜的巴金、鲁迅、茅盾等大师都精通外语和外国文学，不想却名落孙山。因喜欢读报，对新闻也有兴趣，于是他又于当年进入重庆南泉新闻会计专科学校学习新闻。在校期间，通过大量阅读进步报纸和解放区的革命文艺书籍，蓝鸿文更加积极地追求进步，向往革命，并组织了学术团体“学源社”，出壁报，宣传民主自由。与此同时，萧乾、杨刚这些在当时叱咤风云的名记者成了蓝鸿文心目中的偶像，他的梦想也由“成为一个作家”变成“当一名记者”。

1950 年 1 月，蓝鸿文进入中国人民解放军二野军政大学三分校学习。在军大的学习时间虽然只有短短的三四个月，却是蓝鸿文参加革命的起点，对他的一生都有重要意义。蓝鸿文在川东行署得到了第一次工作锻炼的机会，在民政厅下属的一个机构负责训练接收国民党的旧人员。在此期间，他在训练大队政工组的领导下，配合学员改造任务，独自一人出版了一份油印报纸，名叫《学习改造》。经历土改后，蓝鸿文被分到川东行署民政厅人事科。然而，蓝鸿文仍一心想从事新闻工作，恰逢重庆《新华日报》在川东建立记者站，急需记者，他终于圆梦，成为《新华日报》的记者。

蓝鸿文与《新华日报》有着不解之缘。中学时期，他是《新华日报》的读者，后来成为《新华日报》的记者，到中国人民大学后，又成为一名《新华日报》的研究者。在《新华日报》做记者的三年，是蓝鸿文参加党报实践，受党报教育的三年。在此期间，他还光荣地加入了中国共产党。

《新华日报》停办后，蓝鸿文又到《西康日报》做记者。1955 年 8 月，组织上派蓝鸿文到中国人民大学新闻系带薪深造。入学后一个月，西康省与四川省合并，《西康日报》也随之停办。学校领导了解此事后，便找蓝鸿文谈话，问他愿不愿意留校任教。于是，蓝鸿文便被抽调出来从事新闻教学工作。在人大教学期间，他曾担任采写教研室主任，同时负责采访写作课的教学、指导研究生和编写教材工作。

笃学不倦　孜孜以求　拓新闻采访学之荒

蓝鸿文一生不受浮华纷扰，潜心钻研学术。几十年来，他把教学与研究融为一体，苦苦求索，笔耕不辍，著作等身。

在新闻教学和学科研究工作中，蓝鸿文坚持马克思主义理论学习，并以此为指导，注重积累资料和新学科对新闻学的渗透，注重深入实际调查研究，注重新闻实践中提出的新问题，从书本和社会两个方面汲取营养，强调理论结合实际，有针对性地搞好教学科研工作，并力图把所研究的问题理论化、系统化。

在人大任教期间，蓝鸿文教授所做的一项重要工作就是编写教材。他研究历史和现状，研究中国与外国，做了大量工作。1984年，他撰写了《新闻采访学》第一版，有评价称该书是新时期新闻采访学的拓荒之作，后来同类著作的格局多半脱胎于此书。还有专家称，该书建立了一个具有中国特色的采访学体系。随着新闻工作的发展，蓝鸿文不满足于第一版的内容。经过长时间的准备和三年多的精心修订，第二版于2000年1月面世，文字从原有的20万字增加到47万多字，内容更加丰富，论述层面也大大扩展了。新闻界评价：《新闻采访学》修订版是资格最老、年事最高的新闻采访学教授出版的一部体最大、思最精的新闻采访学著作。从第一版问世到2000年第二版出版，《新闻采访学》一书发行累计接近40万册，滋养了两代报人。蓝鸿文教授在与病魔作斗争期间仍然坚持写作，完成了《新闻采访学》第三版的修订，并于2011年4月出版。加上前两版，该书已累计发行50余万册。有统计称，超过半数的新闻从业者曾经学习该书，该书是所有新闻系学生的必修书目。该书修订版荣获第四届吴玉章人文社会科学优秀奖、2002年全国普通高等学校优秀教材一等奖。

蓝鸿文的另一部代表作《面向新闻界》也是他多年心血的结晶。全书对新闻界进行了古今中外、上下左右、多侧面、多角度的深入研究与探讨。该书于1995年出版，1998年获教育部全国普通高校第二届人文社会科学研究优秀成果奖新闻传播学系列二等奖（一等奖空缺）。

退休后，蓝鸿文仍坚持科研工作，继续在新闻学研究方面发挥余热。从2000年1月到2011年，共出版了9本书，分别是《新闻采访学》第二版和第三版、《专业采访报道学》第二版、《新闻伦理学简明教程》、《面向新闻界》（增订本）、《一道靓丽的风景》、《范长江记者生涯研究》、《瞿秋白》、《蓝鸿文自选集》。

退休以后，蓝鸿文还在中央和地方的报刊上发表了上百篇各种形式的文章。这些文章主要包括五部分：（1）论新闻采写的文章；（2）论新闻伦理学的文章；（3）研究老一辈无产阶级革命家新闻理念和新闻实践的文章；（4）研究中外名记者新闻活动的文章；（5）散文，主要是东瀛探亲日记。前四部分有两大特色：一是新发现多，如《我国记者招待会的由来》《〈中国的西北角〉到底出了多少版?》《范长江通讯在海外影响的新发现——在巴黎〈救国时报〉上所见》《巴黎〈救国时报〉与红军长征》等，都有不同的发现；二是第一次论述多，如《新闻伦理学在中国形成和创立的历史透析》《毛泽东怎样写军事新闻》《追踪毛泽东赞扬的部分新闻作品》《解读毛泽东函电、批语中的范长江》等。不少文章引起了报刊的重视，在社会上产生了一定影响。

蓝鸿文在写文章时遵循一个原则：没有新发现不写，没有新思想不写，没有新材料不写。写文章如此，写书亦如此。他认为，人云亦云的东西，既浪费自己的时间和精力，也浪费读者的时间和精力。

蓝鸿文在一次采访中曾说："我在退休的这八九年间，没有双休日、节假日，不断为一个又一个的任务忙碌着，在新闻学研究方面发挥余热。就工作而言，我没有虚度光阴，这一点应该可以告慰关心我的同志们。""'莫道桑榆晚，微霞尚满天'，今天能看到'微霞尚满天'这种美丽的景致，我由衷地感到高兴!"

学高为师　身正为范　做照亮未来之园丁

蓝鸿文在新闻学研究和新闻教育领域辛勤耕耘 50 多年，不但著述甚丰，而且桃李满天下，其中包括《经济日报》前总编艾丰、《东风吹来满眼春》的作者陈锡添等，省报省台以上的总编达 200 多人。

蓝鸿文指导学生有自己独特的一套教学方法，既抓专业指导，又抓思想点拨，使学生在思想、业务、社会活动能力以及采访作风等方面得到全面锻炼。他在几十年新闻教育工作生涯中，始终坚持实践第一的原则，这也是他培养记者的秘诀。1984 年，他指导几名研究生沿当年范长江西北采访路线实地重走了一回，让学生走出校园，投入实际生活，亲身感受做记者的酸甜苦辣，做时代的记录者。

蓝鸿文是研究中国著名记者范长江的专家。就如何向范长江学习，成长为一名无愧于时代的著名记者，他给青年记者提出了如下建议：30 年代采写西北报道的记者不少，范长江并非第一人，但为什么只有《中国的西北角》一书取得了 10 年内连印 8 版、洛阳纸贵、蜚声海内外的轰动效应？这是由范长江的以下素质决定的：具有强烈的爱国主义精神，天下兴亡，匹夫有责，肩负起时代和人民赋予的历史使命；采访不惧艰险，不怕挫折，有“不入虎穴，焉得虎子”的决心和精神；做“通才”，人文社会科学知识和自然科学知识的修养深厚；善于交朋友，而且要交各式各样的朋友，正是这种广交朋友的做法，使范长江采访路子广、新闻触角多，同时代的记者几乎无人能比。蓝鸿文教授说，正是上述素质，成就了范长江当之无愧的名记者地位。

蓝鸿文还告诫新闻工作者，在当前社会转轨、价值观多元的复杂情况下，必须加强理论修养，在坚持马克思主义基本立场观点不动摇的基础上，不断发展完善新闻理念，与时俱进，保持旺盛的新闻生命力。

蓝鸿文不仅教学生作文，更重要的是他能够身体力行、以身作则地教学生做人。凡是蓝鸿文教授的学生，以及了解他的人都知道，他对自己的学生一向是甘为人梯，倾力栽培。他培养学生，除了靠自己独特的教学方法外，更主要的是靠一颗火热的心。他把自己的一腔热血全部灌注在了后辈身上，培养出了一个个时代骄子。

蓝鸿文虚怀若谷，敬业执着，精益求精，学而不倦。他的座右铭是：

“活到老，学到老，调查到老，写作到老。”人大新闻系教授马少华这样描述蓝鸿文教授：“……就是多少次一走进图书馆旧刊室就能看到的那位伏在旧报刊上钩沉考索的慈祥老人，身边是一瓶早上出门前灌好的茶水。等到中午图书馆关门的时候，蓝老师就又拎着这只水瓶，颤颤巍巍地走回家去吃午饭。”在化疗期间，蓝鸿文仍然忍着病痛坚持写作，直到完成对《新闻采访学》第三版的修订。

“苍龙日暮还行雨，老树春深更著花。”蓝鸿文一生笔墨相伴，笔耕不辍，为后人留下了弥足珍贵的知识财富。他对生活的爱心、对社会的责任心和对事业的热情与执着将会一直激励一代代新闻人不断前行。

（原文刊于《中国人民大学》报 2011 年 10 月 24 日第 1391 期第 4 版）

严瑞珍

(1929—)

浙江温州人，中国共产党党员，教授，农业经济学家。1952 年毕业于南京大学农学院农业经济系。1955 年中国人民大学农业经济系研究生毕业后留校任教。1970 年被下放江西余江中国人民大学“五七”干校劳动锻炼。返京后因学校停办，被分配到北京经济学院。1978 年，中国人民大学复校后，回校工作。1990 年被国务院学位委员会批准为博士生导师。1992 年开始享受政府特殊津贴。2005 年获评中国人民大学首批荣誉教授。曾任中国人民大学农村发展研究所所长，兼任中国农业经济学会秘书长、副理事长，国际农业经济学家协会理事，亚洲农业经济学家协会顾问，中国科学院农业委员会委员，国务院农村发展研究中心研究员、评议委员，中国科学院石家庄农业现代化研究所顾问，《农业经济问题》杂志副主编等职。被载入英国剑桥及美国传记中心的《世界名人录》。

严瑞珍：踏遍青山人未老

岳阳

身为新中国成立后第一批从事农业经济问题研究的学者，严瑞珍在农业经济领域披荆斩棘，开拓创新。他首次提出把剪刀差划分为比价和比值剪刀差，并采用把工农业劳动力折合为标准劳动力的方法来计算剪刀差；首次提出了工农业互相支持、协调发展是处理我国工农业关系的唯一正确的方针，而不是所谓的“先以农补工，然后工业反哺农业”等。多次国内外大型课题研究、多部中国农业相关出版物、百余篇学术论文彰显了严瑞珍丰硕的研究成果。他一生始终和农民联系在一起，将毕生的精力投入中国农村面貌的改造之中。

在黑暗中燃起理想之火

1929 年，严瑞珍出生在浙江温州，一出生就遇上全球经济大萧条的年代，直到 1937 年日军全面侵华，严瑞珍的童年是在苦难和战乱中度过的，“跑警报”和躲避日军炮弹轰炸成为严瑞珍的家常便饭。

严瑞珍上小学时，城市沦陷，他随家人逃到农村。严瑞珍亲眼目睹了农村破败的景象。他们借住的房东老太太家中一贫如洗，仅有几床破被子。尤其是老太太夜晚在油灯下埋头辛勤织草席的样子，深深刻印在严瑞珍脑中。“这就像一尊大理石雕像，象征着遭受了几千年苦难而仍然坚强不屈的中国农民的形象。”国民党政府的腐败、侵华日军的残酷、农民的苦难让严瑞珍迅速成长起来，触目惊心的经历点燃了他内心的熊熊火焰，“我想，一定要让国家强盛起来，一定要改变中国破败的、贫穷的农村的面貌，让农民过上好日子”。

中学时期，严瑞珍有幸接触到了马克思主义哲学、经济学，毛泽东的《新民主主义论》等马克思主义书籍，清晰认识到：农民问题是民主革命的核心问题，这个问题不彻底解决，民主革命就难以实现。马克思主义的熏陶愈发坚定严瑞珍学农业经济学的决心，高中毕业后，面对北京大学、中央大学、同济大学、复旦大学、山东医学院等五所名牌大学的选择，在众多人不解的声音中，严瑞珍毅然选择了中央大学农业经济系。

中央大学在当时国民政府所在地南京，严瑞珍求学期间再次目睹了国民党的“恐怖统治”，他加入了地下党，参加学生运动，坚定不移地为实现民主革命胜利而努力。

从进步学生到大学讲台

1948 年至 1952 年，严瑞珍就读于中央大学，这期间他经历了“三反”“五反”“镇压反革命”“抗美援朝”“参干”等一系列政治运动。大四一年恰逢新生的中国人民大学开始在南京招生，严瑞珍就怀着理想和期待报考了中国人民大学，至此开始了在中国人民大学的 60 多年的学习生活。1955 年，严瑞珍毕业后留校任教。

20 世纪 50 年代，中国在大学教科书的编写领域还是空白。为了满足普及知识，提高自身水平的需要，严瑞珍承担起农业经济系教科书的编撰工作。在苏联教材的基础上，严瑞珍广泛地调研了当时的农业领导机关、农村基层的农业合作社、人民公社，以及规模经营的国有农场，结合他研究生时期就存在的困惑（一是马克思主义的一般理论如何与中国农村的实际相结合，二是苏联的经验如何与我们中国的实际相结合），编写了《社会主义农业经济学》和《社会主义农业企业组织与管理学》，在当时全国 20 多个农业院校都产生了较大影响。1990 年，他又主编了《社会主义农业企业经营管理学》教材。

作为教师，最重要的工作是教书育人。严瑞珍走上讲台为学子授业解惑，60 年来共培养出硕士生、博士生 70 多人，这些学子也都秉承了严瑞珍严谨治学的态度和求真务实的学风，兢兢业业地工作。

新中国最早一批的农业经济学家

严瑞珍从事的主要是农业经济学、生产管理学、生产力经济学、中国农村经济改革等学科的教学与研究工作。他吸取苏联优先发展重工业，忽视农业的不平衡发展战略的教训，提出：解决我国农业滞后和农民贫困问题，关键在于处理好工农两大部门的关系问题。要改变农业作为弱质产业的现状，需要探索从工农业发展速度比、工农业产品价格剪刀差、农民工和城市工人劳动力价值与价格比、农转非土地价格形成等方面揭示农业落后的深层次原因。为此，严瑞珍开创了把工农业劳动力折合成标准劳动力的方法，量化了中国剪刀差的绝对量和相对量。

1990 年，严瑞珍首先在学术界提出，“先工后农”并非工业化客观经济规律，工农业之间的关系不应是先发展工业而后援助农业，而应是相互支援、交叉掩护、协调发展。中国的农村经济改革为严瑞珍提供了极大的研究空间。他通过山西中部的实地调查，提出了这个地区商品性支柱产业设计和产业结构调整的构想，为农民走出自给自足，融入市场经济指明方向。

此外，严瑞珍还进行了诸多研究，提出“农业投资的加速原理”、用“产量比”的方法来评估土地的经济质量、农业机械化和现代化研究等。

学术研究并非闭门造车。严瑞珍努力汲取国际农业经济中对中国有益的成果，也致力于将中国农村改革的声音传向世界。1980 年，严瑞珍陪同国际农业经济学家协会主席丹姆斯教授、副主席大川一司教授以及赫尔德利斯司库一行三人组成的代表团考察中国农村，重建中国和世界农业经济学界沟通的桥梁。严瑞珍多次参与国际研究，曾主持参与了“世界粮食体系”（美国密歇根州立大学课题）、“中日农村经济的比较研究”（日本国际开发研究中心委托课题）、“提高财政扶贫基金使用效率”（世界银行项目）等大型研究项目。

绝知此事要躬行， 探索农民脱贫路

反贫困理论是严瑞珍的又一重大成果。改革开放的春风让全国农村都发生了翻天覆地的变化，但是东、中、西部地区及城乡间的经济差距却日趋扩大。太行山区的农民生活仍然贫困，务农的父亲因无力筹齐两个孩子的学费而被逼自尽。这一幕极大地震撼了严瑞珍，他开始思考：如何让生活在僻远的山区、贫瘠的草原和沙漠地区的农民像东部地区的农民一样快速富裕起来？

为此，严瑞珍走访了太行山区、大别山区、罗霄山区、吕梁山区、武陵山区、贺兰山区以及内蒙古的阴山山脉和草原地区。他认识到，生态环境脆弱、商品经济尚未发展、交通物流条件落后、农民人文素质不高、社会发展水平低都是制约经济发展的瓶颈，改变中国贫困地区的面貌是一项系统工程，绝不是引进一项先进农业技术措施、一个新产业就能立即改变的，并由此写下了《中国贫困山区发展的道路》一书来阐述他的反贫困理论。

与此同时，严瑞珍将这一理论付诸实践。1991 年，经和德国方面合作，在太行山区的内丘县创建了反贫困试验区。历经 9 年改造，严瑞珍让土壤贫瘠、寸草不生的石山披上绿装，还建立村卫生所、希望小学等，帮助 1 万多贫苦农民摆脱了贫困，改变了当地人文环境落后的面貌。2002 年，严瑞珍又继续在内蒙古和林格尔县创建了另一个反贫困试验区，同样效果显著。

如今，年近九十高龄的严瑞珍早已退休，但他仍心系农民，矢志不渝。他潜心学术 60 年。在教学中，他治学严谨，桃李满天下；在研究上，他将理论与实践相结合，足迹遍布大江南北。他提出的农业经济的相关理论，如同润物的春雨，悄无声息地造福着广大农民。

（本文写于 2017 年）

刘铮

（1930—1993）

辽宁新民人，中国著名人口学家、统计学家，中国人民大学人口研究所名誉所长，教授，博士生导师。1948年11月入华北大学学习。1950年开始在中国人民大学任教，历任中国人民大学讲师、副教授、教授。曾任中国人民大学计划统计系工业统计教研室副主任、人口研究所所长、人口学系主任，国务院学位委员会第二届学科评议组成员，中国人口学会第一、二届副会长，中国人口学会第三届会长，中国计划生育协会第二届副会长，国际人口学研究机构联合会执行局亚洲委员。1953年加入中国共产党。1984年被评为国家级有突出贡献的中青年专家。1993年获得首届“中华人口奖”科学奖。著有《人口理论问题》，与邬沧萍等合编《人口统计学》，主编《人口学辞典》《人口理论教程》。

刘铮：在荒芜的土地上耕耘

辛铭

1974 年 11 月，位于我国人口最稠密地区的江苏无锡，在坐满听众的教室里，一位中年学者正在讲述马克思主义人口理论和马尔萨斯人口论的区别。讲者观点鲜明，分辨精辟；听者精力集中，随着讲授者的深入讲解，头脑中的疑团——控制人口是信哪个“马”——渐渐解开，感到手中有了武器。

这位学者就是现任我校人口研究所所长、人口学系主任、中国人口学会副会长刘铮。

也就是从这时起，教了 20 多年统计学的刘铮，开始了对人口问题的研究。当时，“文化大革命”的“高潮”接着“高潮”，阴风阵阵。荒芜了 20 多年的人口科学领域，更是无人敢于问津的禁地，马寅初受批挨斗的情景人们记忆犹新。敢不敢闯这个禁区，刘铮面临着艰难的抉择。然而，我们国家所面临的严重人口问题，唤起了这位共产党员的勇气，他和同志们勇敢地披挂上阵了，决心在这片荒芜的土地上耕耘、播种、收获。

1973 年，刘铮在受命筹建人口研究机构的时候，只有几个人，缺少资料，人们更缺少信心，用当时的时髦语言来形容就是“一穷二白”，而我国的人口科研工作则是一张有负担的“白纸”。从何着手？1974年，在无锡举办的计划生育统计学习班上，刘铮同学员座谈，了解在计划生育工作中，人们被“左”的绳索捆绑着，一时还难以分清我国有计划控制人口和马尔萨斯的“控制人口”的区别，人口增长对经济的影响与马尔萨斯“两个级数”的区别，人不仅是生产者同时又是消费者的马克思主义观点与马尔萨斯污蔑劳动者为多余人口的区别，等等。刚刚重视起来的计划生育工作阻力重重。社会实践提出的问题也就是社会科学工作者的研究课题。刘铮在对两种理论进行了深入研究、对我国的现状进行了大量调查之后，得出了令人信服的结论：有计划地控制人口是马克思主义人口理论与我国实际相结合的产物。刘铮先后在上海、天津、辽宁、内蒙古、山西、北京等地为广大计划生育工作者讲课，宣传马克思主义人口理论。理论问题解决了，思想豁然开朗，在党中央、周总理的亲自领导下，我国的控制人口工作大规模地开展起来了。

实践的深入，会带来新的问题。

过去在我国经济学界流传着一个传统的观点，认为在生产发展和人民生活水平提高的基础上，人口不断迅速地增长是社会主义的人口规律。由于这种理论的影响，我国人口没有得到有效的控制，1950年我国人口自然增长率为19‰，到了1965年竟达到28.5‰，到了70年代初，仅城镇每年就有350万人需要安排升学、就业，30年间，我国财政收入每年增加10.2%，而每个人每年却只增加三元五角。如今，人们不是还抱怨乘车难、住房难、入学难、就业难、生产效益低和技术水平低吗？严酷的现实向传统的观点发起了挑战。

第一个吃螃蟹的人是令人佩服的。刘铮根据我国的状况，运用马克思主义基本原理，解剖了“螃蟹”，明确地指出人口盲目增长绝不是社会主义的人口规律，社会主义人口的发展无论是数量还是素质都应该与经济发展相适应；当然，按照人口学的理解，有计划地增长，应是有负、有正，有时还可以为零，绝不只是增多。这个重大理论问题的解决，为我国的人口政策提供了十分重要的依据。正如已故的经济学老教授吴裴丹评价的那样，刘铮所做的工作，对我国人口政策的推行起了很大的推动作用，在我国人口学术上做出了突出的贡献。这个评价是公正的，也是实事求是的。

党的十一届三中全会为人口学科学研究开辟了广阔的前景。1979 年，刘铮等人从我国的劳动力就业、人口发展等方面进行了大量的研究工作，得出了“人口非控制不可”的结论，在《人民日报》上发表，这是 1957 年以后国内报纸第一次公开发表的人口问题专论。之后，他和邬沧萍、林富德向党中央、国务院写了研究报告，为我国的人口控制提出具体建议：发展社会福利事业，采取经济措施，在就业、医疗、托儿、上学等方面实行有利于控制人口的措施；坚持开展控制人口的思想教育；把控制人口增长纳入国民经济计划；大力禁止三胎，提倡一对夫妇生一个孩子；成立常设人口委员会。这个报告为党和国家制定人口政策起到了重要的参考作用。

人有两只手和一张口，在生产和消费中有着不同的作用。在“左”的思想指导下，有的人提出了“人手论”，而不愿承认还有这个人口论。基于这样一些状况，为了促进人口学的发展和人口学体系的建立，刘铮等一批学者重新提出了这个设想。这时的中国已非昔日，它为广大科学工作者提供了用武之地。在刘铮的组织下，我校的同志们编写了《人口统计学》《世界人口》《中国人口思想简史》等一系列学术专著和教材，后来，刘铮又主持了《大百科全书·世界经济卷》中的世界人口部分和我国第一部《人口学辞典》及《人口理论教程》的编写工作。他觉得，建立人口学体系，不能仅仅靠个人去写，而是要组织更多的人去攻克人口学的各个领域，要为更多的人创造条件。1979 年，在刘铮等同志的倡议下，我校设立了我国第一个人口学专业，招收了两名攻读硕士学位的研究生；1981 年起又招收了三届本科生；今年又设立了我国第一个人口学系。现在，人口学专业的学生已近百人。1980 年，刘铮同志主持创办了公开发行的《人口研究》杂志，这个综合性的人口学学术刊物在推动我国人口学的科研、教学和人口工作方面起到了重要作用，为国内外同行所重视。

刘铮曾经多次出席国际人口会议，与各国人口学者有着广泛的交往。他被推选为国际人口学研究机构联合会的理事。在这些交往中，他向各国人们宣传介绍我国的人口政策；而对于心怀叵测之士，他却是予以严词驳斥的。在一次国际会议上，某国的一位学者违反学术会议惯例，对我国人口政策进行歪曲和攻击，刘铮和与会的中国学者严正地驳斥了他的荒谬观点。刘铮的发言结束后，博得了热烈掌声，一些学者紧紧握住他的双手，表示祝贺。回国后，国务院一位领导同志称赞他们打了个胜仗。

人口学作为一门科学，已经初具规模。刘铮却没有认为自己在建立这门科学中有多么大的功劳。他感到，自己只是众多耕耘者中的一个，在那荒芜的大地上同大家一起辛勤地劳动着，用滴滴汗水滋润这块土地。

（原文刊于《中国人民大学》报 1984 年 10 月 10 日第 676 期）

陈先达

(1930—　)

江西鄱阳人，著名哲学家，中国人民大学一级教授，当代著名哲学家、教育家，我国自己培养的第一批马克思主义哲学家，享受国务院政府特殊津贴。现任全国哲学社会科学规划哲学组组长、北京市社科联顾问、中国历史唯物主义学会名誉会长、教育部社会科学委员会委员等职。曾任中国人民大学哲学系主任、第三届国务院学位委员会哲学社会科学学科评议组成员、北京市哲学学会会长、中国历史唯物主义学会会长。1953年毕业于复旦大学历史系。1956年从中国人民大学哲学研究班毕业后留校任教至今，在基础理论、马克思主义哲学史、一般哲学理论、文化理论等方面有精深的研究和著述。其《实践检验和逻辑证明》明确得出“实践是检验真理的唯一标准”的结论，是目前所知我国学术界最早探讨这一问题的文章。《走向历史的深处》被称作反映改革开放以来中国马克思主义哲学研究领域“学术进展和学术成就”的“最重要影响”的六本“哲学论著”之一。曾获教育部人文社会科学研究成果一等奖，中宣部“五个一工程”奖（第七、九届），北京市哲学社会科学研究成果特等奖及一、二等奖，吴玉章奖金一等奖等多种奖项共计15次。1991年起获政府特殊津贴。2015年入选由中央电视台和光明日报社联合主办的2015“十大最美教师”。

陈先达：为文喜读风雷笔 处世最敬雨同舟

彭国华　欧阳辉

春节前夕，中共中央政治局常委、中央书记处书记刘云山同志，代表习近平总书记和党中央专程看望我国著名哲学家、中国人民大学一级教授、校学术委员会主任陈先达，对他为党的思想理论建设工作所做的贡献予以肯定。陈先达亦就马克思主义理论研究、哲学社会科学教材教学工作建言献策。

3 月 28 日，记者来到陈先达先生家里采访。85 岁高龄的陈先生精神矍铄、思维敏捷。经过六十年如一日对马克思主义哲学的深入研究和执着传播，他成为我国哲学社会科学理论界、学术界的领军人物之一。

名师指引：踏上漫漫求索路

1930 年，陈先达出生在江西鄱阳。“我们陈家祖祖辈辈都是渔民，父亲从渔行学徒做到老板后，希望我子承父业。而我最喜爱的是文学，最美的梦是当作家，在昏暗的豆油灯下读唐诗宋词成为最大乐趣。”

陈先达：
为文喜读风雷笔　处世最敬雨同舟

1950 年，高中毕业的陈先达被复旦大学历史系和南昌大学文史系同时录取。由于复旦大学录取在先，年轻人又大多向往到更大的世界去看看，所以他选择了复旦大学历史系。他成为新中国成立后家里的第一个大学生，也是当地管驿前渔村陈氏家族最早出现的一名大学生。

“我上大学时正是全国解放初，是新旧交替的变革时期。课堂正式讲课时断时续，但社会实践较多。”陈先达参加过皖北灵璧、五河土改，参加了抗美援朝和镇压反革命运动的宣传工作。他说：“我们那时学习，不像后来那么正规，社会实践多，但对我们搞文科的人来说，这也是笔很重要的财富。”

1953 年，陈先达大学毕业，被分配到中国人民大学哲学研究班学习。他不无诙谐地说：“我与哲学是旧式婚姻，先过门，后恋爱，逐步培养起感情。我这一生，与马克思主义哲学也是不离不弃，不管风吹浪打，都不会动摇。”

在采访陈先达时，他一再强调：“饮水思源，我永远不会忘记萧前老师对我的教育和培养。他是我的哲学启蒙老师”。当时，萧前不到 30 岁，讲课生动灵活，每节课都有思想火花，很受学生们欢迎。后来，萧前成为我国马克思主义哲学学科的奠基人，为新中国培养了大批马克思主义哲学人才，对中国版的《辩证唯物主义和历史唯物主义》教科书建设功不可没。

在谈到学习马克思主义哲学的体会时，陈先达说：“学习马克思主义哲学和别的专业不同，不单纯是学习一门专业、学习一些知识，更是确立自己的终身信仰。”

陈先达还谈到学习马克思主义经典著作的重要性。他说自己得益于在研究班时抠过几本经典著作，常读常新，每读一次，都会有一次新的体会。陈先达认为，读书可以杂些，应多读点中国哲学、西方哲学的书，有时间读点小说、历史方面的著作，都是有益的。他对记者说："搞马克思主义哲学的人，不要把自己搞得太狭窄。我从小就不是一个规规矩矩的学生，喜欢听艺人说评书，读彭公施公案、七侠五义之类的小说。到老，仍然多少保留了这个兴趣。"

笃志于道：甲子耕耘结硕果

1956年，中国人民大学组建哲学系。陈先达和李秀林一道留校，为萧前当助教。1964年，陈先达调到新组建的马克思主义发展史研究所工作，专门从事马克思主义哲学史研究。1987年，他重新调回哲学系，任系主任。

"上世纪60年代的上半期，我经常为《教学与研究》写点东西。除理论性文章以外，我和哲学系其他同志经常写点哲学教科书中某章如何讲授之类的辅导性文章，常用的笔名是显达、湘达。这些文章是为教学服务的，水平不高，但也是一种练笔。"说到与《教学与研究》的感情，陈先达讲了一件有趣的往事。他刚参加工作就在《教学与研究》上发表了第一篇文章，题目是《张东荪哲学思想批判》。这篇文章是《教学与研究》的主编王南编发的，他曾多次问陈先达："是不是抄的?"陈先达说是自己写的。陈先达说，他终身记住这件事。

陈先达一生从事教学，他笑称自己是个教书匠。虽然已经80多岁了，他现在每年还招收博士生。在他历年所带的博士生中，已有三位长江特聘教授，还有一些成为大学领导和学科带头人。陈先达八十寿辰时，他的不少学生从全国各地来为老师贺寿，还举行了以"走向历史的深处"为主题的学术研讨会；教育部也发来贺信，对陈先达八十寿辰表示祝贺。

多年来，陈先达笔耕不辍，成果累累。中国人民大学出版社出版过

《陈先达文集》(6 卷)、《散步·路上》、《我的人生之路》；北京师范大学出版社出版过其哲学随笔 6 卷，还出版过其专著《处在夹缝中的哲学》《问题中的哲学》。与其他学者合著的有《马克思早期思想研究》《马克思恩格斯思想史》《被肢解的马克思》《马克思主义基础理论研究》等。此外，他还和其他同志一道主编了《马克思主义基本原理教程》《马克思主义哲学原理》《中国特色社会主义文化研究》等，参加中央马克思主义理论研究和建设工程教材《马克思主义哲学原理》《干部哲学学习二十讲》的编著工作。他所撰写的著作和论文多次获奖。

一个甲子即将过去，陈先达为何对《教学与研究》发表第一篇文章的事念念不忘呢？在记者一再追问下，他道出三条缘由：一是他到现在写文章仍坚持说自己的话、写自己的想法，这应是他第一篇文章的责任编辑的功劳。二是这件事引发了他写作的兴趣和自信心，也使他懂得写文章的基本道德——不能当“文抄公”，要“为文有道”。这个“道”不仅是文中之道，更是文外之道，即作者的人品。三是从写作这篇文章起，他既成为《教学与研究》的长年读者，也是它的作者。无论作为作者还是读者，他都获益良多，可以说《教学与研究》是他弘扬马克思主义哲学的“第二所大学”。

老骥伏枥：耄耋之年再进发

人生百味未尽尝，八十年华一瞬间。
老去岂敢忘忧国，头白仍以笔作枪。
爱读诗书不泥古，喜逐新潮耻媚尚。
不叹天晚嗟日暮，落晖尚可有余光。

这是陈先达八十寿辰当天为自己作的诗。确实如此。陈先达 65 岁开始学电脑，此后全部文章是自己用五笔字型输入法敲出来的，从不假手于人。他会发邮件，还经常在“朋友圈”内玩微信。他说自己的全部著作都是50岁后写成和出版的。

老骥伏枥，笔耕不辍。80岁以后，陈先达仍在《人民日报》《光明日报》《北京日报》和《中国社会科学》《哲学研究》《马克思主义研究》等报刊上发表了多篇文章。最近，他在《人民日报》上发表《时代需要可信又可爱的哲学》，在《光明日报》上发表《树立辩证唯物生死观》《批评、抹黑及其他》《马克思主义理论工作者的社会责任》，在《北京日报》上发表《辨析“教科书风波”中出现的几个说法》等文章，都引起强烈的社会反响。读者反映，文章针对性强、说理透彻、分析中肯，很有说服力。

临走时，陈先达先生赠送记者一首诗，以明示他坚定的马克思主义信仰：

少壮青丝暮白头，倚马才情空自踌。
晚年多病平常事，休寻旧梦莫回眸。
为文喜读风雷笔，处世最敬雨同舟。
书生老矣难荷戟，闻道犹应以身求。

（原文刊于《人民日报》2015年4月1日第6版）

李秀林

(1931—1986)

山西襄汾人，中国人民大学哲学系教授、博士生导师。曾任中国人民大学研究生院副院长、中国辩证唯物主义研究会理事、北京市哲学会常务理事、《中国大百科全书·哲学卷》历史唯物主义编写组副主编。1953年从山西大学教育系毕业后，被选送到中国人民大学马列主义研究班哲学分班深造。1955年，提前毕业留教研室任教。1956年，中国人民大学哲学系建立，他参加了该系研究班的教学工作。从1959年起，他先后参加了人民大学组织编写的《马克思主义哲学原理》、人民大学和北京大学合编的《辩证唯物主义》与《历史唯物主义》、艾思奇主编的《辩证唯物主义历史唯物主义》等哲学教科书的编写工作。1978年，人民大学复校后，他回到哲学系。他积极参加了关于实践是检验真理的唯一标准的大讨论，与人合作并发表了《实践标准与理论指导》《真理不能有阶级性》《没有剥削阶级的阶级斗争》等论文。1980年，他被评为副教授，任人民大学哲学系哲学原理教研室副主任、主任。作为新中国成立后成长起来的新一代马克思主义哲学家，李秀林的影响是广泛而又深远的。

李秀林：他赢得了学生们的心

李德顺

学生敬爱自己的老师，从道理上讲差不多是天经地义的事。“吾爱吾师，吾更爱真理”——从亚里士多德起，在有教养的人中间，尊师之爱就是与真理之爱相参差的了。然而，从实际看，也并不总是如此。除了各种历史的、社会的原因之外，老师本人的作为往往对这一点影响很大。我的老师李秀林教授，就是许许多多以自己的治学和为人深深地赢得了学生心的老师之一。

我从读本科起，到读硕士、博士研究生，都是李老师的学生，其间在工厂生活十年，心中始终未曾忘记李老师；回校后担任了老师，在他的直接领导和指导下工作，更是时时感到如在亲友身旁。是什么使李老师有如此大的吸引力呢？我发现，和我有同样感受的人远非个别。每当我们谈起这些时，一些断断续续的印象、感觉、记忆就涌现在脑海中。

李秀林：
他赢得了学生们的心

“听他讲课真是一种享受”

哲学系本科 1964 级刚入学不久，就传来了要在我们这个班试行半工半读的消息。为了多参加社会实践，授课时间将减少一半以上。这时，同学们多少都为能否学到足够的知识而担忧，当然，最担心的是专业课。为了保证教学质量，学校给我们派来了最优秀的教师。在以萧前教授为首的教学小组中，担任我们专业课教师的就是中年讲师李秀林同志。他的讲课，使我们很快消除了顾虑。我们这些刚刚从中学上来的十八九岁青年，一下子就被带进了一个新的天地；不再是在苦读、硬记、死背中度日，而是开始自由地用自己的眼睛观察、用自己的头脑思考了。李老师讲课简明扼要、深刻生动。那些与我们的感觉和生活经验相距甚远的抽象概念、范畴，被他讲解得那样明白、确切，使大家接受和运用起来并无“犯愁”之感；那些繁难的论证和逻辑上的关键之处，被他用非常简洁清晰的线索描画出来，使大家感到十分亲切、自然；凡是有歧义的地方，李老师都放手让大家自己去查材料、找根据、展开讨论，从不过早地下结论，这使我们的信心和勇气受到了极大的鼓舞……沉重的压力感和依赖灌输的惰性解除了，同学们忘情地沉浸在理论的学习、思考和争论之中，班上气氛十分活跃。由于教学小组的引导和同学们自己的努力，我们这个班从一年级下学期起，就有不少人接二连三地在《人民日报》和《光明日报》等报刊上发表专业文章。虽然随后到来的十年动乱中断了我们开始不到两年的学业，但是十几年后，我们班考取研究生的人数却不少于其他年级。谈起当年打下的基础时，同学们都忘不了李老师那出色的教学。有的说：“听李老师讲课真是一种享受，使我深深爱上了这门专业。”有的说：“李老师给我们的不只是知识，而是思维方式。”“是啊，他给我们的影响很大，差不多可以说我们这些学生的思维方式是属于‘李型’的。”这些话也许不无夸张，但它们所表达的感受内容却无疑是真实的。直到今天，“爱听李秀林老师讲课”也还是校内外许多求学者的心声。

我知道，李老师讲课的魅力，不仅来自他学问上很深的造诣和他多年教学的经验，以及对教学法的精心研究，还来自他对马克思主义的笃诚信念和一个共产党员的情操：他爱自己的事业，爱自己的学生。

“得天下英才而教之，是人生的一大幸事”

李老师对学生的爱，并不是那种私情之爱，而是一种事业之爱、理智之爱。他是从为国家、社会和未来培养人才的角度来珍爱青年的。因此，他总是把发现、造就“英才”当作自己责无旁贷的义务和权利。一旦有所收获，他那兴奋和激动的神情，是连旁观者也难免动心的。

记得在读本科一年级时，我们曾围绕一个问题发生了争论。这个问题在当时看来是有政治色彩的。以我为代表的一方，发表了一种比较“左”的、武断的看法。代表另一方的一个同学对此提出了不同意见。争执不下时，李老师准备做一次课堂讨论总结。这是很难得的一次。我和不少同学都以为，李老师一定会肯定我的观点。然而，恰恰相反，他热情地赞扬了那个同学，不点名地批评了我。尽管这个同学后来在“文革”中是站在打击李老师的人一边的，但是李老师却对他一直念念不忘。我曾多次听李老师提起说：“这个人很有思想，是难得的人才！”

“得天下英才而教之，是人生的一大幸事！”这是李老师的肺腑之言。在担任了硕士生和博士生导师以后，慕名前来的人络绎不绝，而李老师的挑选是十分严格的。这种严格，不是单凭学历和考试成绩，也不是凭推荐者的地位，而是看考生的真才实学和发展潜力。当李老师经过多方的考察和了解，看准了某个考生确有培养前途时，他就以一股极大的热情和坚定不移的精神去争取，哪怕该生的某科考试成绩有些差距，也要通过各方面的支持和配合，把他录取、招收进来，加以培养，并及时地放手使用，使其得到锻炼和提高。我看到，几年来差不多每次招收研究生，他都要为新发现的人才做这样的努力。在人才问题上，他想的不只是眼前，还有将来。当然，将来也不会是万无一失的。但是，作为一名人民教师，能够为祖国的未来输送有用的人才，还有什么是比这更大的追求和幸福呢？肯为未来流汗和担风险的人，未来是不会辜负他的。

“干这一行，做人和做学问要一致”

1978年秋天，我们这些被录取的硕士研究生到校了。在一次座谈会上，李秀林老师说：“希望我们今后在做学问和做人两个方面共勉。我们是搞马克思主义理论的，干这一行，做人和做学问应该一致。”在经历了十年坎坷，又看惯了许多虚伪之后，听到这样的至理之言，该是多么发人深省呵。

记得有位外国诗人说过：“哲学家啊，你要像鱼一样冷漠！”这话未免过于神秘。但在那发狂的年代里，它却不时地出现在我的心中。今天听李老师一说，我又重新感到了一股催人奋起的热流。我想到，作为一位哲学家，李老师从未停止过对国家兴衰、人民命运的关注和思索，总是自觉地把现实问题当作自己学术研究的重点，明知会有一些曲折和风险也不退避。这当然会引起一些人的不解和担心。有一次，李老师向一个青年披露了自己的心怀。他谈到了自己的出身和经历，谈到了个人命运与党的事业的关系等，然后由此谈到一个党的理论工作者的责任，谈得颇为动情而深沉。事后，那个青年既惊讶又佩服地对我说：“想不到一个教授竟是这样纯朴真诚!”然而，这是事实。谁都知道，马克思主义、共产主义不但是书本上的理论，而且是生活中的实践；不但是社会的科学，而且是共产主义者的道德。这在理论上一点也不难讲，但实际做到却很不容易。李老师不但要求学生，而且要求自己也努力去做，他是完全自觉的。

听李老师讲课时，我就有这样的感觉：他不只是在讲知识和方法，还在展示自己的情感和为人原则；不是在复述教材或讲义，而仿佛是在介绍自己的探索和追求，在讲心里话，在表达坚定的信念；不是在讲给别人听，而是在和你一起思考、商讨、推敲，时时在与你沟通情感和意志。这正是他讲课特别能打动人的地方。我们不少同学说，至今还记得有些老师二十年前讲课时的具体情景、他们的音容情态和所讲的话，其中就有李老师。这种效果，怕是仅仅把讲课当作“饭碗子”、冷冰冰地说话的人所收不到的。只有把知、情、意融为一体，也就是把学问与自己的为人原则都融汇进来的讲课，才能给听者留下如此深的印象。

不谋官、不图私利，只求做有利于社会和他人的事，是李老师为人的特点。以李老师的德才声望、他对事业的热心和贡献，他有几次机会被委以要职，但都被他拒绝了。他有自己的自我评价，知道自己做什么对社会更有利。在无法推托的情况下当了研究生院的副院长以后，我看到，他除了更劳累以外，没有丝毫的变化：仍然不会也不愿弄权；对下级、同事乃至学生仍然是那样亲切、谦逊、含蓄、热情；仍然不脱离“教学第一线”，像往常一样作为普通教员授课、开会、讨论、自我批评；仍然对自己个人生活中的不便缄口不言；仍然为接待校内外数不胜数的来访、来信来函，为别人求助或委托的大小事务每天无偿地奉献着自己最宝贵的东西——时间。说起李老师的乐于助人，是远近皆知的。正因为如此，把他当作自己可信赖的伙伴、可依靠的支柱、可交心的朋友、可求教的先生的人，也就特别多，他的负担也就特别重。倒是一些比较接近他的人，觉得这种“有求必应”简直成了一个缺点，宁愿少给他添事，让他能有足够的自己的时间。但是，每当看到找他求教的人中青年居多——这正合他的心愿，谁又能够过多地阻拦呢？一个自愿把光和热贡献给他人的人，他所付出的辛苦不正是说明社会和人们对他的需要吗！最近，听说李老师因病住院了，一位远在外地的老同学来信说：

“李老师不是属于他个人的，他是属于我国哲学事业的。”

这句话，代表了李老师昔日和今日的学生们的心！

（原文刊于《中国人民大学》报 1985 年 9 月 5 日第 696 期第 1、2 版）

夏甄陶

(1931—2014)

中国人民大学荣誉一级教授，国家有突出贡献专家，享受国务院政府特殊津贴。1954年7月毕业于北京大学马列主义研究部。1985年调任中国人民大学哲学系教授、博士生导师，兼任中国辩证唯物主义研究会常务理事、秘书长、副会长，认识论分会会长，中国人学学会副会长等职。20世纪70年代到80年代，在认识论研究领域取得了丰硕的成果，《真理是具体的》《实践的要素、特性与真理的标准》等论文在“实践是检验真理的唯一标准”讨论的思想解放运动中发挥了重要作用；先后出版的《关于目的的哲学》《认识论引论》等书，标志着他关于现代认识论的研究进入了系统和全面的时期，也将我国哲学的认识论研究推向了一个新阶段。进入90年代后，创作了80万字左右的巨著《中国认识论思想史稿》，对马克思主义实践唯物主义的研究趋于深化和成熟；发表了一系列论文；1996年出版了《认识的主—客体相关原理》。研究领域有认识论、符号学、人与文化。出版的《人是什么》《思维世界导论——关于思维的认识论考察》和《认识论引论》专著均获北京市一等奖，《思维世界导论——关于思维的认识论考察》《中国认识论思想史稿》分别获国家级一、二等奖，在《中国社会科学》《哲学研究》《新华文摘》《人民日报》《光明日报》等刊物上发表论文100余篇。

夏甄陶：知行结合究天人

郭湛　朱华彬

我们敬爱的老师夏甄陶先生，于 2014 年 12 月 12 日驾鹤西归了。夏先生是中国改革开放以来最有成就的哲学家之一，是我国马克思主义认识论和人学研究的主要开拓者和奠基者，在马克思主义哲学基本原理和中国哲学等领域取得杰出的学术成就，堪称一代宗师。他从事哲学研究几十年，不但重理，而且重情。正如他在词中所言："天有情，地有情，但愿人间情更浓，协和天地人。"他的志向就在于"知行结合究天人"。夏先生治学严谨，思想深邃，成果卓著，影响广泛；他师德垂范，热爱学生，诲人不倦，桃李芬芳。在夏甄陶追思会上，念及先生的深情关爱，学生们泣不成声。先生的学术贡献已永载史册，先生的人格品德将铭记在心。愿以此文勾画夏甄陶在天地人间留下的充满深情的思想者的足迹。

早年求学经历与学术道路

夏甄陶 1931 年 4 月出生于湖南省安化县二都乡（今羊角塘镇）符竹

村。这是一个山清水秀、民风淳朴但交通闭塞、贫穷落后的小山村，很多孩子都念不起书。夏甄陶小时候家境贫寒，所幸学业没有中断。在中学期间，他就喜欢静静地思索，常常被一些看似玄奥的问题所吸引，对哲学产生了兴趣。1950 年 1 月，他高中毕业后，做了半年山村小学教师。同年 7 月，他第一次走出自己的家乡，来到长沙参加新中国第一次高考。

1950 年，夏甄陶以优异的成绩同时被北京大学哲学系和武汉大学哲学系录取，因家庭困难，他选择了到离家较近的武汉大学去读书。1952 年初，由于国家对高校院系进行调整，他又来到北京大学哲学系学习直至毕业。1952 年底，他被保送到北京大学马列主义研究部读研究生，系统学习马列主义基本理论。1954 年以全优成绩毕业，在北京地质学院政治教研室任教，讲授马列主义基础和辩证唯物主义等课程。1956 年，他加入中国共产党。1957 年秋，他被下放到京郊十三陵农村劳动。“文革”期间，他又被下放到地质部江西“五七”干校劳动。1973 年，他被调到国家计委地质总局政治部工作。

由于眷恋哲学研究事业，1975 年 9 月，经夏甄陶本人申请，他被调到中国科学院哲学社会科学部哲学研究所工作。1976 年以后，社会科学研究逐步走上正轨，夏甄陶被分配到辩证唯物主义研究室认识论研究组，从此开始了自己热爱的学术事业。1978 年，哲学研究所招收首批研究生，夏甄陶负责指导认识论方向的研究生。1982 年，他担任中国社会科学院研究生院哲学系主任、研究生院院务委员和学位委员。1983 年，他被评为研究员。1984 年，他被评为全国第二批博士生导师。

1985 年，夏甄陶调入中国人民大学哲学系，任教授、博士生导师，继续从事认识论研究和教学工作，直至退休。夏甄陶以丰富的、高质量的学术成果和对哲学事业的杰出贡献，成为中国认识论和人学研究领域中的一个重要代表人物。他曾任中国辩证唯物主义研究会常务理事兼秘书长、副会长，认识论分会会长，并担任中国人学学会副会长。夏甄陶1988年获得国家有突出贡献专家称号，1992年起享受国务院颁发的政府特殊津贴。

在认识论研究领域卓越的学术贡献

夏甄陶开拓和引领了我国改革开放以来的认识论研究，建构了系统、深刻的认识论思想体系。20世纪整个80年代，认识论一直是中国马克思主义哲学关注的核心问题。中国认识论研究的兴起和繁荣，根源于我国改革开放和现代化建设的需要。夏甄陶是当时最早投入认识论研究的学者之一。他在认识论方面的研究成果，无论在数量、质量上，还是在系统性、开创性和影响力上，都最为突出。

1986年，夏甄陶完成并出版了《认识论引论》。这是我国改革开放后最早的学术性的认识论专著，也是一本很好的认识论教科书。1991年，该书获北京市第二届哲学社会科学优秀成果一等奖。该书为夏甄陶系统地从事认识论研究描绘了清晰的蓝图，也为整个学术界的认识论研究开拓了问题域，指明了基本方向，将我国认识论引入规范研究的轨道。

夏甄陶认为，认识论不只是研究已经形成的现成的认识，还要研究认识的发生，探索和揭示人类认识系统起源和发生的前提条件、基础、机制和过程。1982年，他提出并主持了研究认识发生的课题，历时近十年，于1991年出版了《认识发生论》。此书是我国第一部专门研究认识发生问题的专著，在当代中国马克思主义认识论研究中具有很高的理论价值。

在进行认识论原理研究的同时，夏甄陶还非常重视对认识论思想史的梳理。他不仅与纪虎民等合译并出版了英国哲学家海姆伦的《西方认识论简史》，还默默耕耘十余载，以人与世界的关系为线索发掘中国传统哲学，以马克思主义认识论思想为参照，对中国历史上50多位思想家的认识论思想进行总结和梳理，完成了80万字左右的《中国认识论思想史稿》上、下卷。这部著作1998年获教育部第三届人文社会科学研究成果二等奖。当时，学术界一些学者认为中国传统思想中没有认识论思想，夏甄陶以这部论著做出有力回应，填补了中国认识论史研究的一大空白。著名中国哲学专家石峻先生评价说："当前中国学术界研究马克思主义哲学原理的学者不在少数，而且取得了很大的成绩，做出了重要的贡献，但是兼攻中国哲学史而又深有造诣者，可能并不太多，而中国人民大学哲学系夏甄陶教授恰是这极少数的专家之一。"

夏甄陶与李淮春、郭湛合作主编的《思维世界导论——关于思维的认识论考察》于1992年出版。该书从认识论的角度把思维纳入认识过程加以考察，深入分析了思维的发生、思维的结构和功能、思维的本质、思维的活动和方法、思维世界和人工智能、思维世界的发展等问题。该成果的学术价值得到学术界高度评价，2004年获北京市哲学社会科学优秀成果一等奖，2005年获国家教委人文社会科学研究优秀成果一等奖。

以主客体关系为骨架的认识系统结构，是夏甄陶认识论研究的核心问题，贯穿他的认识论研究的整个历程。20世纪80年代末，他先后发表了《论认识系统》《论主体的认知定势》《试论认识系统中的主—客体相关律》《论认识的主体性的客体性基础》《人在对象性活动中的主体地位和主体性》等论文，并于1996年最终出版专著《认识的主—客体相关原理》。夏甄陶将实践的一般结构理论引入认识论，以主体、客体和中介为基本要素组成的系统作为认识的基本结构，深入分析了主体、客体、中介三个子系统的含义、内容和重要性，揭示了这三个子系统间的内在联系，把认识描述为一个动态的发展过程。

夏甄陶将科学的实践观纳入认识论，深入论述了认识的本质及主客体相关原理。他立足当代社会实践，对马克思主义认识论进行深层阐释和再创造，建构了系统的认识论思想体系，填补了认识论研究中的很多理论空白。夏甄陶不但自己在认识论研究领域取得了杰出的理论成果，而且培养了一批认识论研究人才。他以渊博的学识和宽广的胸怀精心培育自己的学生成才。学生们也都勤于钻研，在认识论领域的不同方面争芳斗艳、各领风骚。

在中国哲学、哲学原理和人学方面的成就

除了认识论研究，夏甄陶在中国哲学、马克思主义哲学基本原理，特别是实践理论、实践唯物主义以及人学研究方面也取得了丰硕的成果。

夏甄陶从小受中华传统文化熏陶，中学时代就喜欢上了中国哲学。刚被调到中国科学院哲学研究所时，他本来希望研究中国哲学史，但由于工作需要，被安排到辩证唯物主义研究室。20 世纪 50—70 年代，夏甄陶的研究兴趣主要在中国哲学上。他曾就西周的社会性质、春秋战国时代的奴隶制以及周公的天命思想等进行研究，撰文发表自己的看法。他对荀子的思想进行专门的梳理，于 1979 年出版了他的第一部著作《论荀子的哲学思想》。

1979 年底，夏甄陶提出“目的是实践的一个要素”的观点，率先对实践含义和要素进行重新审视，引起学界高度关注。这一创新性观点对于将真理标准问题的讨论引向深入，为进一步解放思想扫清障碍，实现哲学思想领域的拨乱反正，具有重大意义。夏甄陶关于实践结构的理论阐述及其所引发的讨论，是我国马克思主义哲学走向规范化研究的重要一步。夏甄陶根据马克思等经典作家的基本思想，以主客体为框架，以人与世界的关系为内容，对“实践的唯物主义”做出系统的分析和概括，阐释了马克思主义哲学作为实践的唯物主义的本质特征。

夏甄陶的人学著作《人是什么》于2000年出版。该书从人作为自然存在物、社会存在物、有意识的存在物和从事活动的存在物等方面，对人的本质进行了探究和论述。在2011年出版的另一部人学著作《人：关系 活动 发展》中，从关系、活动、发展的视角剖析人的新型发展方式、人的价值和理想、人的普遍性和以人为本等，提出很多具有理论价值和学术影响力的观点，为我国人学的发展研究提供了系统的哲学理论框架。人学研究是夏甄陶整个哲学研究的前提，这一研究也使夏甄陶的整个哲学研究更加完整和系统。

在长期的学术研究中，夏甄陶坚持独立思考，形成了自己的致思方法和研究特点。第一，注重将中国哲学、西方哲学和马克思主义哲学融会贯通。夏甄陶贯通中西马的学术底蕴，是他开拓和创新特定领域哲学研究的基础。第二，注重从存在的关系出发思考问题。他强调人与世界的大关系是哲学应该关注和研究的总课题，主张从关系、活动、发展的角度来考察个人和社会的发展。第三，注重从马克思主义的实践观点出发。他立足于马克思主义实践观，系统阐释了实践的唯物主义，实现了认识论和人学研究的思路转变。第四，注重哲学思维内在的逻辑性。在他的哲学思想中，概念界定、命题表述和推理展开的逻辑十分明晰，而且语言的表达非常严密。

淡泊明志的心态和朴实简单的生活

夏甄陶在学术上取得巨大成就，根源于他一心为学术的做人哲学。他胸怀祖国，志存高远，做事认真，治学严谨。在生活中，他朴实简单，为人谦和，从不追逐、计较私利。他在一首词中写道："遥想当年严子陵，富春江畔作渔翁。轻利禄，贱功名，一根钓竿寄娱情。"他为学孜孜以求、当仁不让，为人低调谦和、淡泊名利的品格，在当今时代浮躁喧嚣的社会环境中尤其令人钦佩。

自幼生长在青山绿水之间的夏甄陶，喜欢恬静娴雅、怡然自得的生活。他的文学功底深厚，尤善工长短句，曾出版过一本词集《菽菠集》。他时常在与大自然美景的交融中吟咏填词，抒发情感："造化神工弄巧，引我渊思遐想，情绪涌如泉。"在物我交融中，他感受到天人合一的超凡脱俗："乾坤广袤无垠，形神表里澄明，境我天人合一，无声胜似有声。"

夏甄陶这样谦虚地评价自己："我本湘中山水郎，生来愚钝带疏狂。少年不识乾坤大，老大方知学问长。研典籍，著文章，几曾闲里度时光。虽因鲁质无佳品，却喜门前桃李芳。"这首词生动地反映了夏甄陶为人、为学、为师的一生。他曾在晚年深情地说："我一生都献身于哲学理论的研究和教学，对哲学理论和师生们都充满着无比的真爱!"夏甄陶用这份真爱播撒了哲学智慧的种子，用他的高尚品格为我们铸就了一座精神丰碑。我们要继承和发扬夏甄陶留下的珍贵的精神遗产，为中国哲学学术和哲学教育的繁荣、为中华民族的伟大复兴不懈努力。

（原文刊于《光明日报》2015年1月21日第13版）

李文海
(1932—2013)

中国共产党党员，著名的马克思主义史学家、教育家，中共十四大、十五大代表，第十四届中央纪律检查委员会委员，第九届全国人大代表，中国人民大学原校长，中国人民大学一级教授，曾任中国史学会会长、国务院学位委员会历史学科评议组组长、中央马克思主义理论研究和建设工程首席专家、国家社科基金历史学学科评议组组长、教育部历史学类专业教学指导委员会主任、中国中共党史学会副会长、中华人民共和国国史学会副会长、中国高等教育学会副会长、中国延安精神研究会副会长、国家社科基金中国史学科组组长、教育部人文社会科学重点研究基地中国人民大学清史研究所学术委员会主任。

李文海：历史离我们并不遥远

赵禾

“李文海先生上的课是戊戌变法和义和团运动。他的声音洪亮，语速比戴逸先生略快，比胡绳武先生略慢。他善于根据学员的特点，抓住学术研究的最新动态展开他的教学。”上海师范大学教授周育民仍记得 30 年前做学生时听李文海讲课时的情景，“比如，讲戊戌政变，重点介绍房德邻关于戊戌政变日期的考订，让学员明白考证考据的方法。讲戊戌维新思潮，从人物、地点、学会三个方面让学员能够清晰地把握全貌。关节之点的讲述，不厌其详；而历史脉络的交代，不觉其略。”

从一个年方二十、涉世未深的青年到耄耋老人，李文海用一甲子的光阴成长为近代社会史研究的先行者、近代灾荒史研究的开拓者、新中国清史撰修工程的主要倡导者和推动者，用一甲子的人生告诉人们“历史离今天、离我们并不遥远”。

坚定的马克思主义信仰者

1932年初，李文海出生在江苏无锡农村。担任几十年小学校长的父亲和能读书、能看报的母亲对教育十分重视。因为家境清贫，李文海的初中课程最初两年是由当小学国文教师的父亲亲授。他学习了大量古文名篇，虽然偏科严重，但这为他走上历史研究道路打下了基础。

高中毕业后，李文海在家乡附近的小学开始了他的教育事业。两个月后，他在革命大潮中，投身于江苏丹阳农村土地改革工作，并于1952年初入党。这段经历为李文海开启了革命启蒙教育的第一步。是年夏，李文海因素质较好、有一定的文化基础，被列为“调干生”，考入中国人民大学，被分配到中国历史研究班学习。入学后，从未读过一本马列原著、只学过少数毛主席著作的李文海，上了整整一年的四门政治理论课，对于他来说，“真可以用‘醍醐灌顶’来形容”。自此，马克思主义深深植根于他心中。

毕业后留校任教的李文海，从中国历史教研室的一名青年教师成长为清史研究所副所长、历史系主任，再至学校党委书记，他的成长与新中国成立后学校的发展紧密联系在一起，也与中国近现代史的发展紧密联系在一起。李文海曾多次引用钱学森“马克思主义哲学是人类智慧的结晶，是法宝，是尚方宝剑，你不要这个东西是要吃亏的”的谈话来为唯物史观正名：“在学术实践中，唯物史观除了给我提供了观察问题的科学观点和方法外，并没有妨碍我对历史现象进行‘理性探索’，更没有妨碍我去探求和认识历史真相。”

校门之外，李文海也始终投身于马克思主义理论传播和发展的各项工作中。1958年，他加入中宣部组织的《中华人民共和国十年史》编写组；

人民大学停办期间，他被调入后改为北京市委宣传部理论处的北京市革委会政治组宣传小组，尽力宣传真正的马克思主义；从1994年起，他在长达18年的时间里主持教育部邓小平理论研究中心的工作，一手抓理论研究，一手抓宣传教育，主持编写了中国特色社会主义研究丛书、邓小平理论和“三个代表”重要思想研究丛书，对推动中国特色社会主义理论及其教育理论的宣传教育发挥了重要作用。1989年8月，李文海被中组部、中宣部、国家教委授予“全国优秀党务工作者”称号，1991年6月又获得“全国普通高等学校优秀思想政治工作者”称号。

李文海逝世后，中国人民大学党委书记靳诺缅怀道：“在他的带领下，人民大学在有关马克思主义中国化和邓小平理论形成过程中发挥了独特的作用，为中国特色社会主义理论的形成做出了积极的探索和贡献。”

“让人文社会科学成为知识经济发展的巨大推动力”

“人类完整知识体系是由两大部分组成的：一种是关于自然对象和现象的知识，即自然科学；一种是关于人类社会、人的活动和人的思维的知识，即人文社会科学。这两种知识相知为用，相互促进，如车之两轮、鸟之两翼，缺一不可。”2000年，在科技部、教育部、北京市政府和外经贸部举办的第三届中国北京高新技术产业国际周著名大学校长国际论坛上，李文海作为特邀嘉宾发表题为《让人文社会科学成为知识经济发展的巨大推动力》的演讲。

“他不是一位只埋首书斋的学者，把学术研究和现实关怀密切结合起来是他治学的重要特色。”中国史学会会长张海鹏曾如此评价李文海。

重视发挥历史学的社会功能，是李文海多年来进行历史研究始终坚持的理念之一。他曾多次表示，“‘学术乃天下之公器’，与世隔绝，关起门来搞科研，是不行的。我们的研究，必须要融入社会，融入学术界”，“有人认为史学文章只有离现实愈远，它的学术性和科学性才愈高，才能传之久远。不过，我倒是赞成梁启超的主张，……‘为什么要看历史？希望自己，得点东西；为什么做历史？希望读者，得点益处。学问是拿来用的，不单是为学问而学问而已’”。

李文海不仅关注如何让历史学适应时代发展，他的大局观念也让他一直致力于提升人文社会科学的地位。长期以来，社会上重理工、轻文科的观念十分浓厚，“重理轻文”的现象渗透在高校经费投入、学校评估标准、人才地位和待遇、学术水准评定等各个方面，甚至教育和教学的管理也常常以理工科思维去对待与处理文科学科的问题。当时任校领导的李文海意识到，中国人民大学是以人文社会科学为主的综合性大学，这种观念极大地限制了学校发展，甚至对中国特色社会主义事业的健康发展都产生了一定阻碍。因此，他利用一切机会，大力呼吁必须充分认识人文社会科学的地位和作用，党和政府必须对人文社会科学给予与自然科学同样的重视和同等的地位。他在一些重要会议及报刊上，先后发表了《重视基础文科的建设》《面向 21 世纪的高等文科教育》《新世纪人文、社会科学面临的三重挑战》等讲话和文章，让社会各界逐渐认识到人文社会科学的重要性。

直至李文海晚年，他仍未放弃为人文社会科学发展呼吁各方。2010 年，年近杖朝之年的他不顾车马劳顿，赶赴昆明参加云南大学等举办的灾害史年会。在会上，他振臂直呼：“学术发展史告诉我们，任何一种学术，任何一个学科，只有存在着巨大的社会需求，并且这种需求越来越深刻地为社会所认识和了解时，才可能得到迅猛的发展和进步。社会需求是推动学术发展和繁荣的最有力的杠杆。”

“不管担任什么工作，自己首先是一个教员、一位老师，这才是自己最重要、最带本质意义的角色，”李文海说，“这一种观念，一直到后来担任了学校的主要领导之后也没有改变。这是我自己觉得很满意的一点。”

始终不变的“史学工作者”

童年的经历为李文海进行历史研究打下基础，但真正学习历史却并非他的主动选择：“那个时候的人们，专业选择、志愿选择的观念很淡薄，组织观念则很强，领导分配你学什么就学什么。因为组织上调你来学习，就是国家和人民需要你学好本领来服务。加之像我这样的调干生，过去根本就没有任何专长，也谈不上有什么特别的爱好，所以是一张白纸，学什么都一样。我就是这样稀里糊涂地跨进了历史学的门槛，从此以后，历史教学与研究成了我一辈子再也分拆不开的事业，这却是当时所始料未及的。”

李文海在尚钺和戴逸等大家的引领下走进史学殿堂，又在《中华人民共和国十年史》的编写过程中选择“近代史研究成为我一辈子从事的事业”。他对学术的热情从不受外在环境的影响，三年困难时期成为李文海在学校难得能够专心读书的几个时期之一；重新回校加入清史所时，他也只提了唯一一个请求：“希望能集中精力搞科研”。

在长期担负繁重的学术和教育行政工作的同时，李文海从来没有松懈过自己的学术研究。他总是在“八小时”之外，以惊人的勤奋，在中国近代史诸多领域努力耕耘，在太平天国、戊戌变法、义和团运动、辛亥革命等领域发表了许多有见地、有影响的学术成果。

特别是在灾荒史这一长期被忽视的领域，从 1985 年开始，李文海组织了一个近代灾荒史课题组，将灾荒史研究和中国近代史研究结合起来。近三十载来，他笔耕不辍，先后主持编写了《近代中国灾荒纪年》《中国近代十大灾荒》《天有凶年——清代灾荒与中国社会》《中国荒政书集成》

等重要论著和资料集，对中国灾荒史和环境史研究的发展和深化做出了具有开拓意义的重要成就，也为整个中国近代社会史研究起到重要推动和引导作用。

李文海在晚年仍然醉心于学术研究。2012 年 8 月，他最后一部著作《清代官德丛谈》出版，从传统政治文明中发掘出至今仍有借鉴意义的珍贵历史遗产；在临终前一天，他还完成了学术论文《〈聊斋志异〉描绘的官场百态》。正如他在自己的回忆录里描述的“不管怎样，我的最基本的、始终不变的角色是一名‘史学工作者’”。

（本文写于 2017 年）

方立天

(1933—2014)

浙江永康人，著名哲学史家、宗教学家，中国人民大学一级教授，哲学院博士生导师，教育部人文社会科学重点研究基地中国人民大学佛教与宗教学理论研究所所长，中国人民大学宗教高等研究院院长，中央文史研究馆馆员，国家哲学社会科学研究专家咨询委员会委员，教育部社会科学委员会委员，中央统战部马克思主义理论工程“马克思主义宗教理论若干重大问题研究”首席专家，国家宗教事务局宗教工作专家库特聘专家，享受国务院特殊津贴专家，中国宗教学会、中国哲学史学会、中国佛教协会顾问。“全国先进工作者”，“北京市人民教师”，“中国人民大学校长特别奖”（终身成就奖）获得者。1961 年到中国人民大学哲学系中国哲学史教研室任教。1984 年被国务院学位委员会特批为教授。1987 年创建中国人民大学哲学系宗教学教研室。1991 年创建中国人民大学宗教学研究所。1999 年创建中国人民大学佛教与宗教学理论研究所，经教育部专家组评审，2000 年被批准为教育部人文社会科学重点研究基地。2009 年，创建中国人民大学宗教高等研究院。中国人民大学宗教学和中国哲学学科的重要奠基人。

方立天：在佛教哲学天地里仰望崇高

陈骊骊　杨默

在中国人民大学师生印象里，他是每天端着水杯、背着书包、等候图书馆开门的那位师长。“我可能是人民大学的教师中在图书馆里待的时间最长的一位。”他说，到中国人民大学工作几十年来，只要条件允许，他就会去图书馆看书，一坐就是一整天。

在学界的评价中，他一系列体大思精的著述，奠定了中国佛教哲学研究的基础，一部《中国佛教哲学要义》被誉为中国佛教哲学研究里程碑式的成果。

方立天，国际知名佛教学家、中国哲学史家、宗教学家。他淡看名利，淡泊纷争，一犁一锄，苦耕自己一方田地。40 年来一剑磨成，他如今已经成为中国佛教与宗教学理论研究基地的领军人物，中国人民大学也成为国内外知名的宗教学教研重镇。

9 月天高，在学校为他隆重举办的从教 50 周年庆典上，他赢得了各界的崇高赞誉。

坐守书斋治学数十载，谈起自己的成就，他仍旧谦逊：“我从一个普通的年轻学子成长为一名大学教师，取得一点成绩，也是与长期以来受惠于社会的多方面帮助、加持，分不开的。天地人和，因缘际会，成就了我的学术人生，构成了我的幸运人生。”

“确定以佛教为研究方向， 我也是经过一番艰难而痛苦的选择的”

方立天教授生于浙东风光宜人的小乡村，自幼沉静少言，喜好读书。他的母亲虽然不是佛教徒，但却敬神拜佛；他常常和同学们在庙宇间玩耍，看到那些塑像，便想到它们背后的神秘世界；家乡有男子逢十年龄要到浙东名胜方岩拜胡公、逢年过节吃斋念佛的传统，他曾随长辈半夜起身、走 40 多里的山路去拜胡公，“当时感到神圣而又神秘”……

1949 年初中毕业后，方立天于 1950 年春赴上海华东财政系统的干部学校学习，不久留校工作。6 年后，他响应党中央“向科学进军”的号召，如愿以偿地考入了北京大学哲学系，实现“人生旅途中的一大转折”。在哲人如云的学术圣殿里，他从此步入了一片广阔的思辨天地。冯友兰、汤用彤、张岱年、任继愈等哲学史界的泰斗对方立天的学者人生产生了关键性的影响。

1961 年，28 岁的方立天经历了人生旅途上的又一个转折点——来到中国人民大学哲学系中国哲学史教研室工作，漫长的学术生涯自此开跋。在教研室分选研究工作的历史时段时，方立天选择了比较冷门的魏晋南北朝隋唐时代的哲学作为重点研究的对象，而这一段中传统的儒学创造性成就比较少，佛教和道教则比较活跃，学术成果丰硕。

“确定以佛教为研究方向，我也是经过一番艰难而痛苦的选择的。”这是因为，研究佛教需要具备语言、文字、宗教、哲学、历史等多学科的知识，还需要对佛教的宗教生活实践有一定的体察和了解，这都不是容易做到的。多数佛典艰涩玄奥，读来令人如坠五里雾中，研究佛教义理的三大难关——概念术语的特定含义、佛教思维方式的独特内容以及佛教思想体系的庞杂深奥，更是难以掌握和驾驭；而且在那个年代，资料不全，舆论气氛不利，甚至研究成果的发表也会受到种种制约。研究佛教哲学的艰难显而易见。

做一个真正的学者也需要有“舍我其谁”的勇气！“凡事都有它的另一面，因为佛教研究被视为畏途，佛教研究几乎是一片处女地，所以脚踏实地投身其间，其意义或许将不同寻常，成功的机会也可能更多些。”十字路口的方立天乐观地总结出研究佛教的几个优势并坚定了信心：第一，佛教是人类历史上最庞大的思想文化体系，涉及人生、宇宙诸多方面的根本问题，其理论思维经验教训很值得总结；第二，佛教传入我国后，在和中国固有文化冲突、融合的过程中，对中国哲学、伦理、文学、艺术、习俗等都产生了极其广泛而深刻的影响，因而研究佛教对于研究中国文化各种形态都有着重大的意义；第三，从佛教哲学与中国哲学的相互关系来看，如果从哲学层面去研究佛教，尤其是中国佛教，就能使中国哲学与中国佛教哲学研究互促互补、相得益彰。

“我不是佛教的信徒，而是理性而客观的研究者”

“我们一些读者想知道的是，您作为一个佛教的研究学者，是佛教徒吗?”当谈话深入的时候，记者的问题让方立天笑了。

“我不是佛教的信徒，而是理性和客观的研究者。我认为应当肯定的就予以肯定，认为应当否定的就予以否定。”方立天说。对学术研究者来说，既要入乎其内，又要出乎其外，这样才能确保成果兼有科学性与深刻性。既然是研究，就难免有所评议，稍有不甚，就容易伤害宗教感情。方立天是怎样把握这个尺度的呢？

他采取客观态度和同情默应相结合的学术立场：一方面，他强调客观和理性，从文献资料出发，不持成见地探寻对象的内涵和特色，没有丝毫的盲目和迷狂；另一方面，对那些充满宗教情怀的人物及著作，他怀着应有的尊重，精心梳理其学说主张，探骊得珠。方立天认为："对佛教的研究不能仅仅止于分析和考证而没有合理的批判。这种批判应当是说理的、与人为善的，不能伤害宗教徒的情感与信仰。"方立天坦言，他对佛教的认识也有一个变化、提高的过程，如对宗教的本质，起初认为"宗教是鸦片"，后来才认识到"宗教是文化"。但即使是在那个研究阶段，他的观点也并不是极端"左"的，而是在一种比较冷静的研究态度指导下形成的冷静的观点。他承认宗教是具有合理因素的，而承认这一点在当时的社会环境中是非常难能可贵的。很多宗教界人士也认为，虽然方立天当时是在批判宗教，但他的批判是建立在讲道理的基础上的；在信仰上、在人格上，他十分尊重那些佛教大师。他们和方教授一直保持友好的关系。

方立天的佛教研究主要遵循由点到线再到面、渐入佳境的轨迹：中国佛教思想家的个案研究，中国佛教典籍的整理、校点、注释、今译，佛教哲学思想的宏观研究，中国佛教文化的探索，中国佛教哲学思想的系统研究。这个轨迹也是方立天对佛教哲学的认识由起步到成熟的漫长过程。

如果说1961年方立天选择佛教研究令人费解，第二年他的举动则更让人大跌眼镜：他到专门培养出家僧人的高等学府——中国佛学院去，住在宣武区名刹法源寺内，日日与晨钟暮鼓为伴，天天和僧徒相处，一进修就是八个月！在"人间另一世界"的这段殊胜因缘，使他有机会受教于法尊、正果、明真、观空诸位法师以及周叔迦副院长、虞愚教授等一流佛教学者，接受了纯正的佛学知识教育，对僧徒的生活也有了直接的了解和感受，初步地掌握了佛教的历史和理论的基本知识。他感悟到"八个月的佛学校生活，使我懂得，对待僧人的信仰，只有尊重的理由，没有蔑视的权利!”

结束佛学院进修，回到中国人民大学后，结合中国哲学史的教学工作，方立天开始了佛教思想的研究，并在这个领域里崭露头角。当时对中国佛教的研究，多局限于教内的以经解经，或流于简单化的批判。而方立天结合自己的学习，抓住道安、慧远等中国佛教史上的关键人物，从哲学视角进行个案分析，资料扎实且角度新颖，文章一经《新建设》《哲学研究》发表即引起国内外学术界的关注。美国的《中国哲学研究》杂志将其《试论慧远的佛教哲学思想》一文翻译为英文发表，而该杂志翻译刊登“文革”前的中国学者（不含港澳台学者）文章总共才只有三篇。好景不长，十年浩劫迫使方立天刚刚起步的事业搁浅。

1976 年，“文革”结束后，方立天如沐春风，研究的才能喷薄而出。十年中，他共出版专著 6 部，与人合著 4 部。他继续按照“文革”前的设想，进行了魏晋南北朝时期佛教思想家的个案研究，先后写出支遁、僧肇等人佛学思想的论文，出版了《魏晋南北朝佛教论丛》等专著。为了多读佛学著作，方立天全神贯注地从事中国佛教典籍的整理工作，从而补充了基础性的知识。他撰写了《华严金师子章校释》，该书在中华书局出版后，被时任国务院古籍规划出版小组组长的李一氓同志称为“古籍整理的范本”。方立天还非常关注佛教的中国化问题，他从宗教文化实体的角度来论述佛教，写成《中国佛教与传统文化》一书。这十年里，方立天最具影响力的著作当属 1986 年问世的、被北京大学周一良教授称为“一本真正的佛教入门书”的《佛教哲学》一书。该书一改佛教研究著作以佛教通史或断代史为切入点的传统，从宇宙论和人生论入手，对佛教哲学的基本内涵做了精确的概括，受到专家学者和佛教界乃至非专业读者的共同推崇，各种奖励也纷至沓来。

“《中国佛教哲学要义》从提笔开始写到完成一共历时 15 年，加上准备的时间，有二三十年了。”1988 年，方立天在对佛教史料、中国佛教个案、佛教哲学基本体系、中国古代哲学问题等有了充分的把握以后，致力于中国佛教哲学要义的研究和中国佛教哲学体系的概括，撰写了 100 多篇论文，最终成果凝于《中国佛教哲学要义》，2002 年由中国人民大学出版社出版。

《中国佛教哲学要义》无疑是中国佛教哲学研究里程碑式的作品，也是方立天学术思想成熟的结晶。该书勾勒的中国佛教哲学体系，其背景是在描述自古以来中国社会所特有的中国气派、中国风格的精神生活内容。全书前所未有地以人生论、宇宙论和实践论概括中国佛教哲学的体系，又特别从心性论和直觉论两个方面展现中国佛教哲学的特色，凸显了中国佛教哲学思想独具的异彩。在冷峻而细腻地描述这个哲学大厦的同时，我们也看见了作者对于传统中国文化精华的肯定以及一份期待先进文化产生的热情。

“我深受恩师影响，治学坚持三原则”

“修辞立其诚”“静心专一”“好学深思，心知其意”是方立天一以贯之的治学方法和态度。这三条原则如同一把钥匙，为方立天学术研究取得成功打开登堂入室的大门。

“恩师冯友兰和张岱年先生的治学态度、方法对我的影响很大，他们是真正的泰斗！”方立天说，“当时我是中国哲学史课程的课代表，与冯先生的接触较多，因此对先生的治学态度和治学方法更多了一层了解。”

“修辞立其诚”意思是讲话、发言、写文章、治学等应该坚持真实性。其中有三个层次的意思，即名实一致、言行一致、表里一致。“好学深思，心知其意”意思是先学习书里的意思，然后知道书里表达的意思。就是说，读书要体会其中的内涵、意思，书上的知识不能仅仅用来写论文，那样太过实用主义了，读书应该和做人联系起来。

方立天很欣赏《汉书·儒林传》中“务正学以言，无曲学以阿世”的句子，认为做人和做学问要结合起来，治学要有正确的立场，维护自己的人格，言论不能哗众取宠，也不能故弄玄虚。他做学问是立足于深切的社会关怀和社会责任感，把理论和实际密切结合起来进行研究。在《中国佛教哲学要义》的结语中，方立天针对现实分析了新世纪人类社会的基本特点和矛盾，概括出中国佛教哲学对解决当代人类难题的价值，认为弘扬中华文化价值观中的合理因素，有助于提高国民的人文素质、道德素质和心理素质，进而有利于我国现代化事业的发展。

方立天的同事有时候看见他迎面走来，本想打招呼，却看见他旁若无人、目光发直。熟悉他的人知道“方教授又沉浸到哲学的世界里去了!”方立天乐于思考、善于思考，随时随地捕捉思考的灵感，有时达到“忘我忘他”的境界，对外界的事物反应变得非常迟钝。他认为，要做好学问，就要静心专一，心无旁骛。“我去图书馆就是为了能够安静地看书和思考问题，在那里工作三小时的收获也许比在其他地方工作六小时还高。这样很好，做学问就应当甘于寂寞，能够坐住冷板凳。”他说，“我写出获奖的书也是得益于在图书馆中的钻研，在那里我能够做到静心专一。”写作《中国佛教哲学要义》的 15 年，是中国经济生活突飞猛进、跨越式大发展的时期，同时也是功利主义盛行、学风和社会风气比较浮躁的时期，但方立天拒绝浮泛、拒绝急躁、拒绝急功近利、拒绝片面追求数量，他立身有道，学术思想与时俱进。天道酬勤，他得到了学界的认同。

虽然不信佛教，但是方立天承认，佛教义理探讨安身立命之道，凝结古人深层智慧，对他的生活和思想产生了潜移默化的影响。“我的工作、事业取儒家的态度，积极有为，自强不息；生活和名利上则兼采道家、佛家思想——顺其自然，淡然处之，追一种精神价值，这也是一种不争而争吧。”

“宗教问题千万不能等闲视之，中国人民大学要继续加强宗教研究力量，走在中国高校的前列”

方立天认为，宗教是人类文化的重要组成部分。科学地研究好宗教，不仅有助于我们正确地把握中国传统文化的价值，更是社会主义新文化建设不可或缺的方面。特别是在中国和平崛起的历史进程中，包括佛教文化在内的中国传统文化具有不容忽视的现代价值。

方立天坚信宗教的价值，并积极促进宗教学科在中国的恢复和发展。早在20世纪80年代，他就参与编辑了《中国佛教思想资料选编》4卷10余册（中华书局出版），为“文革”后佛教学科的恢复和发展起了不可忽视的奠基作用。多年来，他主编中国人民大学复印报刊资料《宗教》卷，使之成为国际公认的据以了解中国宗教学科研究现状的权威刊物。1999年，方立天参与创立了中国人民大学宗教学系。2000年，他出任教育部人文社会科学重点研究基地中国人民大学佛教与宗教学理论研究所所长后，求贤若渴，放手引入一流人才，目前研究所已经从建立时的5人发展到10人，其中教授6人，拥有博士学位者7人，每年培养博士、硕士研究生30余人，被海内外公认为代表国内最高水准的佛教与宗教学研究机构。2003年，他主编出版了《宗教研究》年刊，成为反映国内宗教研究最高成果的园地。

方立天认为：“宗教问题特别重要，千万不能等闲视之。特别是对我校这所以人文社会科学为主的重点大学来讲，宗教研究要走在中国高校的前列，为建构社会主义和谐社会做出贡献。中国人民大学研究宗教队伍现有十余人，专业力量与研究需要相比显得很不对称。应当加大研究宗教的力量，让少量年轻人从大学起就研究宗教，这样就可以培养出一批一流研究人才，在国际上发出我们的声音，也有利于我国对宗教问题未雨绸缪从容应对。我衷心希望中国人民大学在宗教学研究方面能够走在全国高校的前列。”

谈到被评为“全国先进工作者”时，方教授认为自己“名不副实”，因为优秀的人还有很多，再者，取得一定的成绩，除了个人的努力外，最重要的是受益于国家改革开放的政策与学校的支持、授业恩师谆谆的教诲以及夫人子女无怨的支持。一生沐风栉雨、饱尝人情冷暖的方立天，谦辞绝对是真挚的。

方立天说，他目前的两个研究课题是研究“儒、道、佛”三教之间的关系和宗教与社会主义社会相适应的问题。他说，光阴如箭，不觉得自己已过古稀之年。人贵有自知之明，对年老人来说，少干就是多干，少干是为了多干。“我虽然只能做有限的事情，但不会停止在学术领域的耕耘。”他还有一个心愿是，希望能够在形成宗教学的“中国学派”方面做点推动工作。

（本文写于2012年10月）

胡迺武
(1934—)

山西文水人，我国国民经济管理学领域的开拓者之一。中国人民大学经济学院首批一级教授，博士生导师，校务委员，校学位评定委员会委员，应用经济学分会主席，北京市经济学总会副会长。曾任中国人民大学经济学研究所所长、校学术委员会副主任、《经济理论与经济管理》副总编、北京市哲学社会科学科研成果评奖委员会经济学组组长等。1951年2月参加工作。1959年中国人民大学国民经济计划专业本科毕业。1962年中国人民大学研究生毕业后留校任教。改革开放以来，主持多项国家社会科学基金重大和重点科研项目，出版专著（含主编、合著）30余本，发表论文200余篇。获省部级以上科研与教学奖20多项。1986年被授予“国家级有突出贡献专家”称号，第一届中国发展百人奖获得者，“十五”国家重点研究项目“五个统筹”丛书首席专家之一。1992年起享受国务院特殊津贴。

胡迺武：铺路许输头作石 攀天甘献骨为梯

杨默　吴扬炀

“三尺讲坛天下事，一方书案古今文。”5 月 8 日，学界、业界知名人士聚首中国人民大学，共贺胡迺武教授从教五十周年暨八十寿辰。

作为中国国民经济学和中国宏观经济管理学理论体系的开拓者，胡迺武如今仍然站在教学研究第一线。年届八十的他，依然住在校园 50 多平方米的房子里，吃饭也是在学校的教职工食堂。“我现在一天三个时间都在办公室研读，上午、下午、晚上，晚上一般 11 点钟左右睡觉。”

“天才在于勤奋，勤能补拙”

冬天的清晨，一路上还没有行人，只有稀疏昏黄的路灯相伴，偶尔有几个点着小灯捡煤核的人，大地仍被黑暗笼罩着。太原市东缉虎营中心国民小学的校门还关着，年少的胡迺武敲门进去，学习了一个多小时之后，大批同学才陆续到校。

“这所学校是当时太原市较好的小学，学习气氛很浓，我也不甘落后，每晚都学习到深夜，早晨天还未亮就到学校上自习去了。由于这样勤奋学习，我的学习成绩在全班一直名列前茅。”

胡遁武7岁上小学，到抗日战争胜利那年读到小学四年级。1946年，他进入太原市东缉虎营中心国民小学读高小。胡遁武认为，在这里接受的两年教育至关重要，为他以后的语文和数学学习打下了坚实的基础。在高小的学习生活中，有两件事令他记忆犹新。

一件事是全太原市小学进行的一次作文竞赛。当时，太原市有40多所小学，每校从五、六年级学生中选拔5人参加竞赛，共有200多人参赛。当时五年级在读的胡遁武在竞赛中取得了第五名的好成绩，获得了一套学生制服的奖励。另一件事是入迷地学习数学。当时所学的数学课本和老师印发的课外数学练习题已远远不能满足胡遁武的要求，于是他找到了一本《鸡兔同笼100题》中的数学四则难题来做。每晚完成作业之后，全家人都睡了，只有他一人在隔壁房间挑灯苦读，专心致志地解那一道道难题。持之以恒，他终于把100道难题全部做了出来，并把演算过程工工整整地写在一册厚厚的练习本上。

1948年夏，当胡遁武高小毕业、报考太原市第一中学时，数学试卷的答题时间是两个小时，而他只用了不到一个小时就全部做完交卷了。发榜时，他名列榜首。

“也许别人以为我天资颇高，其实也不尽然。天才在于勤奋，勤能补拙。”

“我是由党一手培养起来的知识分子”

1945年国共和谈之时，胡遁武在农村当儿童团团长。“那时候八路军经常教我们一些革命歌曲，其中就有一首《跟着共产党走》。受他们的影响，我觉得八路军是人民的军队、可以信赖的军队，我最早接受党的教育就在这个时候。”

山西晋中地区解放后，胡迺武在中国共产党一手创办的山西省立祁县中学读书。由于小学时期是全优生，胡迺武跳级插入初中二年级学习，并担任学习班长。在学校氛围的熏陶下，“为人民服务，无上光荣”这几个字深深铭记在他心中。

全国解放之初，干部缺乏。胡迺武放弃了享受人民助学金继续升学的机会，欣然报考山西省邮政管理局。他从数百名报考者中脱颖而出，以优异成绩获得录用。担任山西省邮政管理局机关干部政治理论学习班班长期间，他每周向大家传达山西省政府副主席邓初民等专家、学者的报告，并编写了10万多字的会计业务培训讲义，为县邮政局会计培训班讲授业务知识，那一年，他19岁。

发展国民经济第一个五年计划期间，鉴于适应大规模经济建设需要的专门人才奇缺，中央要求高等院校扩大招生。1955年，胡迺武经单位推荐报考大学，第一志愿填写了中国人民大学经济系。当时，报考人大竞争十分激烈，每10名考生录取1名，他被录取后任学习班长，并兼任同专业同年级五个班统一上课的大班班长。

“我们的学习目的十分明确，那就是为建设祖国而学习。那时，除了上课，就是钻图书馆，电影、跳舞等娱乐活动几乎和我无缘，周末以至寒暑假都是在学习中度过的。”

胡迺武所在的国民经济计划专业应届毕业生大约150人，大学四年期间发展了3名中共党员，他是其中之一。毕业时，作为系里推荐免试保送国民经济计划专业研究生的3名全优生之一，胡迺武被指定担任研究生班班长，后留校任教。

“文化大革命”进入1969年11月时，中国人民大学在江西省余江县刘家站建立了“五七”干校，胡迺武是第一批下放到“五七”干校的。

早春二月，凌晨4点钟就起床，背着竹篓，伴着丝丝冷风，淋着毛毛细雨，穿着硬邦邦的塑料雨衣，佝偻着背，在茶树丛中采茶；夏日，在50℃的高温下，挑着100多斤重的粪桶，在菜地里施肥；经常冒着大雨，拉着平板车，奔驰在丘陵起伏、泥泞难行的路上；整天背着刺鼻的波尔多液给果树喷药；秋天的夜里，在田间被成群的蚊子叮咬着，踏着轰鸣的脱粒机进行水稻脱粒，脱粒之后，挑着装有150斤稻谷的箩筐，沿着羊肠小道送到仓库。

在胡迺武的自述中，他这样自觉地吃大苦、耐大劳，以苦为荣、以苦为乐，来锻炼自己。

“我作为一名出身农村、由党一手培养起来的知识分子，要在劳动中为知识分子争口气，做一个有知识、会干农活、能吃苦耐劳的新一代‘农民’。”

“从事经济理论研究不能空想”

“作为大学教师，不仅要认真做好教学工作，还应该十分重视科学研究，力争使自己始终站在本专业领域的学术前沿，用科研成果丰富课堂教学内容。”

胡迺武从事经济体制改革的研究工作是比较早的。1977年，他参加了国务院政研室组织的关于经济体制改革的“理论与方法组”的工作。1979年，他提出了“社会主义经济是商品经济，应当重视价值规律和市场”的观点。1987年前后的几年里，他又参加了国家体改委委托的任务——制定“1988—1995年中国经济体制改革规划”，这项工作的研究成果以《中国改革大思路》一书形式面世，获得中国经济学最高荣誉之一——孙冶方经济科学论文奖。

1986 年，一项题为《关于改革与建设的几个问题》的研究报告积极主张，将社会主义初级阶段的理论作为党的十三大报告的重要内容，胡迺武就是这项报告的主持人之一。

重新认识社会主义是胡迺武研究社会主义经济问题的前提。他认为，解放和发展被计划经济体制束缚的生产力，必须进行经济体制改革。1987 年，胡迺武就按照社会主义市场经济条件下的宏观管理主编了《中国宏观经济管理》，当时，建立社会主义市场经济体制尚未成为中国经济体制改革的目标。著名经济学家董辅礽盛赞该书是“一项初步形成了一套宏观经济管理理论的研究成果”。

在胡迺武关于宏观调控的著述中，《经济杠杆导论》一书是我国经济学界最早问世的关于经济杠杆的专著，《中国经济非均衡发展问题研究》是我国最早深入分析非均衡发展问题的专著，《当代中国经济发展中的政策选择》是我国第一部具有理论深度的政策学专著，《汇率在货币政策中的作用：理论研究与国际经验》率先深入探讨了在中国货币政策中如何发挥汇率政策的作用问题，《社会主义和谐社会利益关系研究》首次从经济方面提出了构建社会主义和谐社会的理论分析框架……

在所有科研成果中，胡迺武最为珍视的两篇论文是《论适度积累率》和《马克思的外延与内含扩大再生产理论同我国的社会主义现代化建设》。《论适度积累率》一文阐述了适度积累率的内涵，强调保持适度积累率的重要性，并提出了确定适度积累率的三个公式。《马克思的外延与内含扩大再生产理论同我国的社会主义现代化建设》一文则论述了两种类型的扩大再生产在社会主义建设中的地位和作用，强调在奠定了工业化的基础之后应该更加重视内涵扩大再生产。上世纪 80 年代初，鉴于我国以往虽然经济发展较快，但经济效益较差，这两篇论文的发表，对于防止经济过热，转变经济发展方式，提高经济增长质量，保持国民经济持续、平稳、较快发展，具有重要意义。

理论与实践相结合、重视研究成果的实用性、从中国的改革与发展的实际情况出发是胡迺武一直坚持的学术立场，“从事经济理论研究，应该认真总结国内外的经验并升华为经济理论，而不能空想”。

“教书、育人、做学问就是我最大的快乐和追求”

上世纪80年代初，中国人民大学校刊《经济理论与经济管理》破例连续刊载一篇长达4万多字的本科应届毕业生的论文，而当时教师只能在该刊发表9 000字的文章。论文发表后，国家建设部给编辑部打来电话，除了“请教一些问题”外，还请被误认为“老教授”的作者熊盛文为其撰写特约稿。

熊盛文是中国人民大学经济计划系国民经济学专业1983届本科生。引起关注的《经济发展与环境保护之间数量关系研究》一文是他的毕业论文，指导老师正是胡迺武教授。在为熊盛文选定论文题目后，胡迺武教授亲自带他去当时全国环境污染最严重的兰州市进行毕业实习，并让他系统阅读了历届国际“环境发展”会议的全套英文文献。按照胡迺武教授的要求，“修改至少三遍，一直改到表达科学准确、没一句可有可无的话”，熊盛文最终交出的论文只被改动了一两个字。

熊盛文其后到江西省计委工作，直至任职副省长。回顾师从胡迺武教授，他认为，桃李满园、著作等身是胡迺武教授80年精彩人生的最大骄傲。

在胡迺武看来，培养人才就是自己的天职。他把教书育人的体会概括为6个字：德、严、多、思、勤、专。所谓“德”，就是始终把德育放在首位；所谓“严”，就是严格要求；所谓“多”，就是要求学生多读书；所谓“思”，就是在读书过程中要善于思考；所谓“勤”，就是要勤于写作；所谓“专”，就是要专注于自己的研究方向和研究领域。

中国人民大学经济学院院长杨瑞龙是胡迺武教授的博士生开门弟子。在他攻读博士学位期间，胡迺武要求他围绕论文所作的文献综述要写成能达到出版水平的一本专著，并吸收他参加自己主持的国家社科基金重点课题的研究，推荐他前往澳大利亚昆士兰大学合作培养一年。留校任教后，由于科研成果多且学术水平高，杨瑞龙先后破格晋升为副教授、教授。学校组建经济学院时，胡迺武婉言谢绝了校党委任命他担任院长的职务，而极力推荐青年学者担任学院领导职务。

1984—1987 年在人民大学师从卫兴华教授攻读博士学位期间，魏杰在经济学界已崭露头角。时任经济学研究所所长的胡迺武教授吸收魏杰参加了国家体改委委托的重大课题研究。后来，经济系系主任调整，著名经济学家宋涛与卫兴华教授力主胡迺武教授出任，他则极力推荐已留校任教的魏杰担任。

杨瑞龙曾当面问胡迺武：“您这样提携学生，就不怕学生超过您，影响您的发展?”他回答：“青出于蓝而胜于蓝是不以人的意志为转移的客观规律，否则科学就难以发展，社会就难以进步。一代人只能完成一代人所能完成的任务。学生超过老师，这是老师的光荣，老师应当为此而高兴。”

自 1986 年指导第一批博士研究生至今，胡迺武共培养博士生（包括博士后）70 余人。他们有的已是省部级干部，有的是高等院校教授、博士生导师，有的是商界精英。对于培养学生，胡迺武不遗余力：“前几天我给博士生讲论文一口气讲了五六个小时，一直到晚上 11 点多，和他们在一起我从来不觉得累。”

在从教五十周年之际，胡迺武捐资十万元人民币设立“胡迺武助学金”，用于资助经济学院贫困本科学生完成学业。“生活上低标准，学问上高标准，如果生活目标瞄准得很高就做不出学问。”胡迺武说，“教书、育人、做学问就是我最大的快乐和追求。”

（原文刊于《中国人民大学》报 2013 年 5 月 13 日第 1451 期第 4 版）

周新城

(1934—)

江苏常州人，经济学家，马克思主义理论家、教育家，中国人民大学一级岗位教授，享受国务院政府特殊津贴。1955年至1962年，在中国人民大学经济系读本科、研究生。1962年毕业留校工作，先后在经济系、苏联东欧研究所任教师。1979年聘为讲师。1983年聘为副教授。1984年，经国务院特批，聘为教授。1986年5月至1990年5月，任中国人民大学研究生院副院长；1990年5月至2000年10月，经国家教委批准，任院长（副校级），兼任苏联东欧研究所所长；2000年10月后任马克思主义学院教授。1983年评为北京市优秀教师。1989年评为全国教育系统劳动模范。1990年获国务院特殊贡献专家津贴。

周新城：在争论和批判中坚持和发展马克思主义

张彤

当代著名马克思主义经济学家、苏联东欧问题研究泰斗、中国特色社会主义理论研究专家、中国人民大学首批一级教授、从事学术研究工作50余年、1992年开始享受国务院政府特殊津贴，周新城始终坚持实事求是的研究态度和锐意创新的治学精神，在马克思主义理论传播发展领域形成了自己完整的学术思想体系。

"要把理论基础打好，这是一辈子的根本"

1934年10月，周新城出生于江苏省武进县蒋湾桥村。19岁的周新城在常州市工商局工作时，经常依靠阅读《资本论》理解工作中遇到的经济理论问题。初读《资本论》，他便被深深吸引，也是从这时起，开始了他与马克思主义理论的不解之缘。

1955年，周新城被中国人民大学计划统计系政治经济学专业录取。当时，人民大学非常重视基础理论教育，要求学生必须阅读马列主义经典原著，政治经济学专业的老师也严格按照《资本论》原著讲课，这种扎实的基础理论教育为周新城的学术生涯奠定了坚实的基础。在谈起本科学习经历时，周新城说："就我来说，不敢说大话，当时至少可以背出来《资本论》第一卷，说一句话我马上能告诉你在第几页。这一点让我一辈子受益匪浅。"

1959年，周新城被保送攻读研究生，当年他们本科毕业生共9人被保送，五男四女。第二年，他们9个人在《光明日报》合作发表了一篇文章，署名"伍嘉思"（5个男生加4个女生）。由于成绩优异、理论功底扎实，研究生的后两年，周新城被当时政治经济学系的副主任徐禾同志抽去编写教材《政治经济学概论》，这本书在改革开放初期作为全国普通高校的基本教材使用，直到现在还颇有影响。求学期间，周新城刻苦研读马列主义经典著作，培养了扎实的理论功底，这也使马克思主义成为他学术生涯中受用不尽的思想武器。

研究生毕业后，周新城留校工作，先后在经济系、苏联东欧研究所任教。1984年到2000年，一直从事研究生教育管理工作；2000年10月后担任中国人民大学马克思主义学院教授。从教50余年，无论是在教学、科研，还是行政管理上，周新城始终坚持理论联系实际的原则，在实际工作中不断探索新规律。他认为，掌握科学的世界观、方法论，只学习马列经典著作是不行的，必须把马列经典理论与客观历史条件结合起来去研究具体问题。多年的辛勤耕耘，使他在政治经济学、苏东问题、中国特色社会主义理论等各个学术研究领域都成果颇丰，著作等身。

现在年轻人在报考专业时不愿学政治经济学，而更愿意学金融、财政这些实用型的专业，对于这一现象，周新城十分不赞同："应用经济学必须以理论经济学为基础，理论经济学掌握得不好的话，应用经济学就发展不起来，或者发展到一定程度就停滞不前了。"他认为，操作性的知识需要实地去实践才能更好地掌握，而基础理论关系到党和国家的发展方向，需要更深入地去研究。所以，他一直教导他的学生“要把理论基础打好，这是一辈子的根本”。这是他对学生的要求，也是他一直身体力行的治学态度。

“马克思主义必须回答现实问题”

尖锐、犀利，是周新城的文章常给人留下的第一印象；在争论和批判中坚持和发展马克思主义，是他的一项治学原则。在《什么是社会主义》一书中，周新城谈到，“对于重大理论是非问题绝不能和稀泥，必须旗帜鲜明地坚持四项基本原则”。学术研究必须从坚定的政治立场出发，在学术研究中坚持批驳错误观点，树立正确观点，在批判谬误中推进学术研究。他认为，几千年的私有制统治下产生的种种非无产阶级思想在人民群众中广泛存在；而且世界范围内资产阶级的世界观、价值观占统治地位，西方国家又极力向中国灌输资产阶级自由化思想，因此马克思主义与非马克思主义在学术界的斗争和交锋不可避免，马克思主义是在实践的结合中发展的，也是在同错误思潮的斗争中发展的。马克思主义理论工作者的任务在于批判各种非马克思主义的理论和观点，在扫除错误认识的过程中坚持、发展马克思主义。

周新城坚持学术研究要适应时代发展的需要，马克思主义必须回答现实问题。他认为，必须把马列经典主义与客观历史条件结合起来去研究具体问题。1978 年以后，周新城较早地开始研究苏联经济体制改革。随着戈尔巴乔夫人道主义的民主社会主义改革路线的提出与实践，苏联、东欧国家经济改革的方向逐渐偏离社会主义，导致苏联、东欧国家政治动荡、经济衰退、思想混乱。周新城着重用马克思主义基本理论剖析几个认识十分混乱的理论问题，如对斯大林模式和苏联社会主义建设的评价、人道的民主社会主义的认识、苏联演变过程和原因的研究等。1986 年以后，周新城主要从事研究生教育管理工作。在改革开放逐步深化、经济体制从计划经济过渡到市场经济的背景下，多种思潮相互碰撞，活跃的研究生群体对国内众多现实问题有各种看法。为了做好研究生的思想工作，周新城逐渐转向研究中国特色社会主义理论，用马克思基本原理解释改革过程中的现实问题。正如他自己所说："马克思主义之所以威信不高，就是因为不回答现实问题，或者说对现实问题就有隐瞒。如果真的能够回答现实问题，说出来有道理，听者是能接受的。马克思主义是科学，一定能够征服人，问题是你能不能表达清楚。"

50 多年的学术生涯，周新城孜孜不倦，笔耕不辍，始终坚持以马克思列宁主义理论回答国际国内的重大现实问题，先后著有《什么是社会主义》《邓小平经济理论研究》《对世纪性悲剧的思考》《评人道的民主社会主义》《中国特色社会主义经济制度论》《围绕改革问题马克思主义同反马克思主义的斗争》《经济学若干理论问题——改革开放以来关于经济学的争论》等 20 余部著作，发表《完整准确地理解邓小平理论》等 300 多篇文章，并有 600 万字左右的译作，奠定了他在学界的地位。他的文章都是建立在坚定的原则性和严谨缜密的逻辑表达基础上的，学界常说他的文章尖锐、犀利，但他的每一篇文章都逻辑严密，针对性强，对事物的分析准确清晰，虽然讲的是重大理论问题，但语言通俗易懂，说服力极强。他认为，写文章如果没有研究作基础，缺乏内在逻辑统一性，就会变成材料的堆积，没有说服力，因此，理论工作者必须多思。研究以叙述的方式表达出来，就难以达到理论研究的最终目的——指导社会实践。理论本身正确与否，他人也不得而知。因此，理论工作者还需多写。

“研究生教育管理是一门学问”

1986 年，周新城出任中国人民大学研究生院副院长，从事研究生教育管理工作。14 年半的时间里，他对人民大学的研究生教育管理制度可谓有定鼎之功。接手这项工作时，国家刚开始试点研究生制度，当时的研究生院没有任何规章制度，工作应该怎么做、研究生该怎么培养成为摆在周新城面前的难题。学者出身的周新城带领同事下功夫钻研，任劳任怨，硬是想方设法把规章制度建立起来，这些规章制度一直沿用到现在，被实践证明是科学的。

周新城并不是简单地把机关工作当作行政事务对待，他总是喜欢从理论上讲些道理，把行政工作当成科学研究来对待。他说，对研究生院的工作人员来说：“应该把研究生的教育管理当作一门科学来对待，要考虑些原则问题。”他要求工作人员平时工作时加强研究、总结规律，把经验上升到理论上来，这样才能真正理解具体工作的意义。他注重培养工作人员的理论水平，要求研究生院每个人除了行政事务外，每年发表一篇文章，并想办法凑经费把这些文章印成书。在周新城的带领下，研究生院在艰苦的条件下建立了完整的研究生教育管理制度，形成了浓厚的机关学习气氛，成为学校各单位学习的榜样。

“要有独立思考的能力， 不能人云亦云”

在学术上勇于批判、敢于争论，但在教学和生活中，周新城却是个亲切随和、豁达开明的人。生活中的他“难得糊涂”，不拘小节，关系个人利益、生活细节的问题，他从不去计较。年过八旬的周新城至今仍在担任博士生导师，传道授业50余年，他是学生心目中亲切和蔼的良师益友，不管多忙，他总是挤时间认真研究、解答学生提出的问题，他对学术研究的严谨与执着感染了一批又一批学生走上学术研究的道路。

在学生培养上，周新城注重理论基础教育，要求学生认真研读马克思主义经典著作，从基础理论中把握马克思主义，“有了理论基础，再搞什么研究都行”。在教学过程中，周新城用敏锐的学术眼光不断发现社会生活中的现实问题，时刻注重了解学生的思想实际，用理论去回答现实问题，解答学生们的思想困惑，从而教会学生理论联系实际，以马克思主义基本原理为思想武器去分析实际问题。

在长期的教书育人实践中，周新城致力于培养学生的独立思考能力。他教授学生思考问题、看待问题的方法，“碰到问题时，先琢磨该怎么想，按什么思路想，应该有一种独立思考的能力，千万不能偏听偏信，不能人云亦云，一定要用马克思主义基本原理来分析问题、解决问题”。在周新城的谆谆教诲、悉心培养下，一批批优秀的青年学者秉承着他的治学态度和治学原则，以发展马克思主义为时代使命，在更广阔的学术天地中继续探索。

几十载岁月变迁，周新城数十年如一日，勤勤恳恳、兢兢业业地工作在科研和教学的第一线。伏枥之志，岂在千里，如今耄耋之年的周新城仍然在教学科研的道路上辛勤耕耘，以坚定的政治信仰教书育人，用敏锐的学术眼光洞察时事，在争论和批判中坚持和发展马克思主义。

（本文写于2017年）

张立文

(1935—　)

浙江温州人，著名哲学家，中国人民大学一级岗位教授，享受国务院政府特殊津贴。1960年，中国人民大学历史系毕业后留校，在哲学系中国哲学史教研室任教。1984年，经国务院学位委员会特批为教授。现任中国人民大学孔子研究院院长、学术委员会主席、中国传统文化研究中心主任；曾任中国人民大学和合文化研究所所长。主要代表作有《和合学概论——21世纪文化战略的构想》《中国哲学范畴发展史（人道篇）》《周易思想研究》《朱熹思想研究》《宋明理学研究》《中国哲学范畴发展史（天道篇）》《传统学引论——中国传统文化的多维反思》《周易帛书今注今译》《走向心学之路——陆象山思想的足迹》等。

张立文：赤子情怀创『和合』

陈骊骊

新党主席郁慕明先生在我校发表演讲后，学校向郁主席赠送三件礼物。其中名为“和合”的中国画引起各界的关注。画中惟妙惟肖的“和合二仙”是中国民间传说之神，有“和谐合好”“婚姻和合”“家人和合”等丰富含义，蕴含着中国哲学的核心思想。这件珍贵的礼物代表对和平统一的深切企盼，代表对两岸关系的一种解读。该画为徐庆平教授所画，画中的“和合”二字是由哲学院教授张立文所提。当两位教授把合作完成的画作亲手交给郁慕明先生的时候，满场爆发出雷鸣般的掌声。

慈眉善目、气质卓然的张立文是“和合学”的创始人。会后，他接受了本报记者采访，回顾了孜孜不倦追寻和合学的学术足迹。

采访中，张立文始终微笑着，谈吐如其为人为文，平和而简洁，深入而浅出。

“幼而学， 壮而行”

张立文 1935 年出生于浙江温州永嘉县普门村。在父亲的严格管教下，

张立文：
赤子情怀创“和合”

他从小与书为伴，沐浴在文化典籍之中；还曾专程拜师，学习传统的经学、史学和子学。当时读书诵经知其然不知其所以然，随着生活阅历的丰富，这些艰苦的积累在慢慢地发酵，其中蕴藏的精神营养不断地释放出来，为他后来的哲学研究奠定了深厚的国学基础。

1956 年 2 月，张立文以泰顺县洪口粮食转运站站长职务，调入浙江省粮食干部学校学习。在党中央发出“向科学进军”的号召后，他报名参加中国人民大学单独招生考试和全国统一招生考试，以杭州考区“中国革命史专门化”第一名的成绩被人大录取。

“人民大学一切从严的学习生活，令我心情舒畅精力充沛，这是思想的愉快。读书给我智慧的启迪和美的享受。”1960 年，张立文以优异成绩毕业留校，分配到哲学系中国哲学史教研室从事教学工作。凭借深厚的国学功底和在人民大学获得的现代知识储备与理论思维训练，他开始一步一个脚印，从史学研究走向哲学追问；一步一个台阶，从文本诠释登攀学说创建，不断开启全新的生命创造境域，渐次阐发独特的和合价值理念。

十年浩劫之后，经历过多年的人生磨砺、长期的生命煎熬的张立文研究才能一发而不可收。虽然当时已届不惑之年，但执着的学术追求使张立文充满创造的激情。从 1979 年至今，他累计发表学术论文超过 350 篇，出版学术专著 22 部近 800 万字，合著与主编的学术书籍近 50 卷，《宋明理学研究》《中国哲学范畴发展史（人道篇）》《传统文化与现代化》《走向心学之路——陆象山思想的足迹》《李退溪思想研究》《朱熹评传》等著作，分获国家社科基金和北京市哲学社会科学优秀成果等多种奖项。鉴于他在中国哲学和传统文化领域的出色成就，1984 年他由国务院学位委员会特批为正教授，后又成为享受政府津贴的专家，现任中国人民大学孔子研究院院长。他在和合学等诸多领域的创见，在一定程度上反映了当代中国哲学社会科学领域取得的丰硕成果，获退溪学国际学术奖，他的名字也被收入国内及美国、英国、印度等国家的名人录。

张立文在国内率先提出中国范畴逻辑结构论、传统学、新人学以及和合学理论，受到学术思想界的广泛关注，并在东南亚和国际社会引起积极的回应与持续的反响。随着我国构建和谐社会概念的提出，和合学的巨大价值便前所未有地凸显出来。张立文说，和合学既不是知识体系，也不是意识形态，而是关于化解价值冲突的战略思维。创建和合学的宗旨在于，切实完成传统文化的现代转生，圆满融通中西方文化的价值尺度，顺利化解人类社会的冲突。在由孔子研究院、和合文化研究所主办的“和合学与构建社会主义和谐社会”暨祝贺张立文教授从教四十五周年、七十华诞座谈会上，学者们一致认为，和合学在全面总结、提炼和提升我国古代和谐思想的基础上，提出了一套化解五种冲突、实现和谐的战略构想，对于构建社会主义和谐社会具有重要的启示。

创和合学：以纯朴心做钟情事

“当我修改此难产慢产之书，恰逢我六十花甲。在自己的人生旅途中走了一个甲子园道，或称轮回；……我走了一个轮回，这意味着回到了儿时状态，儒家称‘赤子’，道家叫‘婴儿’的心境。你看那婴儿，哭就哭，叫就叫，笑就笑，不是做给别人看，也不是为讨好别人，却有了一份纯朴和天真……一切外在的迷惑，已失去昔日的力量和光辉，内在的赤子之心、婴儿之心的呼唤，却比往时更紧迫和强烈，人也多了一份洒脱和自由!”

这是张立文在1996年出版的《和合学概论——21世纪文化战略的构想》一书自序中的内心剖白。从20世纪90年代起，张立文步入人生奋进、生命创造和学术追求的黄金时段。他带着纯真和执着，追求着心目中的和合境界，潜心研究，提出并初步构建了“和合学”体系。他出版了以《和合与东亚意识——21世纪东亚和合哲学的价值共享》为首的课题成果专著五部，独立完成并出版了以《和合学概论——21世纪文化战略的构想》为主的学术专著，把和合学的思想凝诸笔端。该学说一经提出，就受到国内外普遍关注和认同。为把研究推向深入，学校把中国文化和经济研究所更名为中国和合文化研究所；美国波士顿大学、日本东京大学、新加坡国立大学等国家的高等学府纷纷邀请张立文前去讲学。

张立文对记者解释说，“和合”是指自然、社会、人际、心灵、文明的诸多因素在冲突融合变化过程中升华为新结构、新事物、新生命，换言之，是对人类社会进入21世纪发展规律的阐述，这是中国哲学回应新时代的新的理论思维形态，它是中国传统文化精神的精髓和首要价值，它将贯通古今、融会中西的“文化综合创新”体现到了实在层面，为我国以德治国方略和世界和平与发展的主题提供了新的理论和方法。和合学主要是针对当今人类共同面临的人与自然的冲突、人与社会的冲突、人与人的冲突、人与心灵的冲突、各文明间的冲突以及由此引发的生态危机、社会危机、道德危机、精神危机，研究自然、社会、人际、人的心灵以及不同文明中存在的和合现象，与以和合的义理为依归以及既涵摄又超越冲突、融合的学说。

从思想渊源上讲，张立文潜心竭思出来的和合理念，是原始“道术”尚未被先秦百家争鸣分裂和肢解的本真价值理念。张立文教授谈到，和合学的提出，主要是为了回应三大挑战，即现代化的挑战、西方文化的挑战和价值理想的挑战。中国哲学的现代化，一直是近代中国哲学的主题，从某种意义上可以说，和合学就是“综合创新”的方法的落实和担当。中国哲学的现代化，涉及如何对待传统文化资源的问题，过去是儒、释、道，现在是中国传统文化、西方文化、马克思主义。和合学的提出，就是想将融合落在实处。张立文认为，中国之所以是中国，就是因为有五千年的传统文化。与世界接轨是中国哲学获得转生的契机，而不是由此化解、消灭中国哲学，“和合”即是中国哲学、中国文化的转生。这种转生是“融突”和合的转生，既是中国传统文化创造性地再生的延续，也是对西方文化挑战的回应。如何化解人类所面临的五大冲突和危机，需要一种新的理论思维形态作出回应。和合学确立了五大中心价值：和生、和处、和立、和达、和爱，亦即五大中心价值，合理地、道德地、审美地化解五大冲突和危机。和合学抓住和发掘了中国传统文化在当代最具有价值和生命活力的文化精神，为市场经济条件下的社会主义社会处理不同主体之间的利益冲突提供了一个思路，即在它们之间订立新的契约，把各方的意见融合进去，对于解决当代社会诸多矛盾有启发意义。

和合学创立之后，张立文并没有止步不前，他始终致力于把和合学推向前进。十年前出版的《和合学概论——21 世纪文化战略的构想》上、下两卷新近作了修订，将由人大出版社重新出版。

哲学领域苦耕耘　夯实创新基础

应该说，张立文进入和合学理论建构的哲学艺术境界，是经过中国哲学逻辑结构论、传统学和新人学的艰苦探索后超越中国传统哲学的创新尝试。

多年来，张立文恪守学者本分，甘于寂寞和清贫，勤于思考，勇于创新，在周易思想、朱熹思想、退溪思想、宋明理学、中国哲学范畴、中国传统文化等诸多领域，都有所发现、有所创新、有所建树，形成具有独立见解的理论学说，为和合学的创建夯实了基础。

为了回应西方哲学对中国哲学和民族文化的严峻挑战，20 世纪 80 年代，张立文完成并出版了《周易思想研究》《朱熹思想研究》《宋明理学研究》等7部学术专著，对中国哲学的存在性问题和传统文化的民族性特质，做出深入而具体的科学阐释。

受西汉独尊儒术经学传统的全面影响，中国哲学没有选择先秦墨家和名家所创立的名辩思维，而是借助《周易》的象数模型和义理结构，融会《九章算术》的算法体系和实用理性，形成了独具民族特色的范畴逻辑和意境思维。因此，要揭示中国哲学内在的生机和活力，就必须首先突破号称“五经之原”的《周易》，剥去经学时代给它穿上的种种神秘外衣，恢复《易经》和《易传》的思想原貌。这项工作被张立文称为“繁重的拨云去雾的工作”，其目的是“弄清我国科学思维的萌芽，是从什么时候开始的，科学思维的萌芽是怎样同宗教相联系的”。张立文在研究晦涩难懂的丰富史料的基础上完成《周易思想研究》。

《朱熹思想研究》是张立文思想解放、理论创新的奠基之作，其成果是开拓性的。50余万字的《朱熹思想研究》1981年问世之后，在海内外引起了强烈反响。该书从历史观、认识论等诸多方面对朱熹生平经历、经济思想、教育思想、伟岸人格及历史地位进行全方位论述，填补了我国哲学社会科学长期的空白。

《朱熹思想研究》和《宋明理学研究》，在研究视角和分析方法上都实现了创造性突破。张立文率先大胆超越了贴标签的公式化分析，告别了分门别类的板块式肢解，严格遵循实事求是的学术原则，真正做到了具体问题具体分析。书中所谈到的逻辑结构，正是张立文后来总结出的“中国哲学逻辑结构”。此外，张立文在哲学社会科学领域还做了许多基础性工作：他提出的“中国哲学逻辑结构论”为我国哲学史研究提供了严密的方法论体系，使西方长期以来认为中国哲学没有完整范畴体系的偏见难以立足，其意义不亚于黑格尔《小逻辑》对西方哲学史的贡献；他在1986年发表的《论传统与传统学》是我国传统学建立的标志；他于1989年撰写的

《新人学导论——中国传统人学的省察》表明了我国新人学的诞生；他的《李退溪思想研究》一书的出版，反映了中国学者对“东方百世之师”研究的成果。

“人生就在于奋进，生命就在于创造”

1984年，国家学术委员会特批张立文为教授后，他接受记者采访时说：“人生就在于奋进，生命就在于创造。只要是认定了目标，就要不断地追求，以达真、善、美的境界。”张立文的这段坦诚表白，既是他矢志不渝的治学格言，也是其人生奋进的深切体验、生命创造的真实写照、学术追求的高度浓缩。

问及治学之道，张立文谈到五点：第一，清心寡欲，甘于寂寞，要能静下心来坐冷板凳；第二，勤奋和坚持不懈是成功的基础；第三，做学问，求真精神必不可少，唯有求真，掌握本原，才能获得成功；第四，创新是学术的生命，只有创新才能使学术发展繁荣，只有创新才能使中华文化在世界之林占有一席之地；第五，做学问要有全球化观念，高屋建瓴地从学术高度看待问题。

谈及治学甘苦，张立文坦言：“其间有神交的愉悦，有遭害的悲愤，亦有闪光的启迪，有精神的激励”。在他看来，理论思维的“酸甜苦辣”、价值世界的“悲欢离合”、理想境域的“水花镜月”，都是人生奋进必遇的“故事情节”。哲学总意味着“在途中”，和合学亦是“在途中”，它将是一种生生不息之途！张立文将继续以笔墨为生命阶梯，深入探寻和合之道，不断开启全新的研究境域。

（本文写于2005年9月）

曾宪义

(1936—2011)

山东济宁人，中国共产党优秀党员，著名法学家，杰出法学教育家，法律史专业博士学位主持人和博士生导师。曾任中国人民大学法学院名誉院长、博士研究生导师，教育部人文社会科学委员会副主任，教育部高等学校法学学科教学指导委员会名誉主任，中国法学会法学教育研究会会长，全国法律硕士专业学位教育指导委员会第一副主任，中国海峡两岸法学促进会副理事长，最高人民法院特邀咨询专家，最高人民检察院专家咨询委员会委员，司法部国家司法考试协调委员会委员，中国人民大学学位评定委员会副主席，中国人民大学学术委员会副主任，中国法律史学会第四届理事会会长，《法学家》杂志社社长兼主编。

曾宪义：中国法学教育绕不过的人

柳长浩

“他工作太辛苦，太投入，太爱法学院，太爱法学教育。”曾宪义教授逝世后，时任中国人民大学法学院院长韩大元这样评价。

曾宪义病重时，包括韩大元在内的法学院的教师们，都在期盼着在他身上会出现奇迹，因为“他在中国的法学教育、法学院发展中把许多不可能的事情变为了可能”。从教50多年来，曾宪义不仅潜心从事法律史的教学与研究工作，为中国法律史学科的发展做出了重要贡献，还献身于法学教育事业，使人大法学院跻身世界一流法学院的行列，更推动了中国法学教育的繁荣。他以实际行动促进中国法学教育的国际交流与合作，维护中国法学教育的国际形象，赢得了国际法学界的尊重，为推动中国的法学教育走向世界做出了卓越贡献。

“自强”才能“自立”

曾宪义坚持“自强”才能“自立”的法学院发展理念。1990年，他担任法律系主任后，面对社会经济发展的新形势，在人大法学院率先进行了法学教育究竟应当“谁适应谁，谁服务谁”的讨论，最终取得共识：法学教育应当主动适应社会的发展和需要，教师的知识结构，学院的专业与课程设置和教学内容、教学手段、教学方法，应该主动适应和服务于建设社会主义法治国家的需要。

此后，在曾宪义带领下，人大法学院进行了一系列改革创新：开设知识产权法等30多门新课程，许多课程当时在国内还是第一次开出；将法学院“地石律师事务所”“物证技术鉴定中心”作为师生的实践基地，模拟法庭、法律援助、普法宣传理论联系实际，特色鲜明；举办全国高级法官培训班；聘请立法、司法机关具有较高研究和学术水平的领导同志为法学院兼职教授。

曾宪义在任期间，人大法学院与最高人民法院合作编辑出版了《中国审判案例要览》，这是新中国历史上首次以出版的方式公布审判案例，在全国每年400万个案例中，选出400多个案例编成此册，分别用汉字简体、汉字繁体、英文每年出版一部，延续至今，对于宣传我国的法制建设、规范各级司法审判、丰富高校案例教学，具有重要意义。在法学院原党委书记叶秋华的回忆里，此事的促成还是因为曾宪义在与来访的西方法律界人士的交流中被质疑：中国自称民主法制国家，却为何不公布审判案例？从而使曾宪义受到触动，下决心要做成此事。

经过多年努力，曾宪义为人大法学院交出了这样的答卷：全国高校博士、硕士等学科点和研究基地最多；承担国家级、省部级和国际合作项目最多；教师在海内外出版学术著作、发表论文、承担项目与获奖项目居全国法律院校之首；人大法学院教师在中共中央政治局和全国人大常委会举办的集体学习中，担任主讲人的次数最多；1998年5月荣获国家授予的全国“五一劳动奖状”，成为当时全国高校系统唯一获此殊荣的单位。

“中国传统法律文化中凝聚着巨大智慧”

作为著名的法律史学家，如何深入地挖掘中国传统法律文化的现代价值是曾宪义面临的重要课题。他曾指出，“历史地看，我们可以发现中国传统法律文化中凝聚着人类共同的精神追求，凝聚着有利于人类发展的巨大智慧。因此，在现实中不难寻找到传统法律文化与现代法治文明的契合点，也不难发现传统法律文化对我们的积极影响”。

曾宪义在担任中国法律史学会第四届理事会会长和中国人民大学法律文化研究中心主任期间，在国内外重要学术刊物发表和出版了《中国传统法的结构与基本概念辨正——兼论古代礼与法的关系》和《中国法制史》等一批具有重要学术价值的论文和著作。

2005年，教育部启动重大攻关项目——中国传统法律文化研究，曾宪义作为首席专家，为了保证研究进度和质量，在2006—2009年间召开了7次项目实施研讨会、10余次专题学术研讨会，广邀学界同人进行学术探讨。2010年上半年，曾宪义已经是重病在身，仍召集项目组在医院开会，说项目还有两件事要做。人大法学院马小红教授回忆道：“一是不管花多少钱，一定要检测一次，不要出现不规范的学术问题；二是要写一个序言，把这个项目的特色写出来。”“几十年来，曾老师为法律史学科的发展用心良多，尤其关注对中国传统法律文化的研究。在他生前的最后五年，念兹在兹的是他主编的《中国传统法律文化研究》十卷的完成与出版。他将毕生的精力都贡献给了中国当代法学教育与法律史学科的发展。”人大法学院赵晓耕教授说。

“中国法学教育绕不过的人”

曾宪义眼界开阔，思路清晰，在中国的法学教育领域有着特殊的地位。在法学界，曾有人说“要了解中国的法学教育，曾宪义先生是一个绕不过的人”。

曾宪义系统地探索中国法学教育的发展规律，把法学教育发展提高到国家发展战略的高度，提升了法学教育的地位与影响力。在担任教育部高等学校法学学科教学指导委员会主任、中国法学教育研究会会长期间，他团结全国法学教育界的同人，领导、组织和参与了法学教育改革与发展的重大决策（目前实行的法学教育的基本制度与许多改革措施是在他的任期内完成的），从而探索出了一条属于中国的法学教育之路。

1998年，曾宪义牵头举办了“中美法学院院长联席会议”，时任美国总统的克林顿向大会发来了亲笔贺信。此后，根据中美两国政府间的协议，中国教育部又组织了以曾宪义为团长的中国法学教育代表团，于1998年11月访问美国。这是新中国成立后由政府派出的第一个中国法学教育代表团。随后又举办了首届“中国—欧洲著名法学院院长论坛”“中国—亚洲法学教育论坛”“中国—非洲法学教育与法律文化论坛”。并于1998年夏季在中国人民大学开办了“中国法暑期班”，42名博士生分别来自海外20多所大学的法学院，人大法学院教师直接使用英语为学员讲授十几门中国法律课程。

在当时的条件下，做成这些事情很不容易，曾宪义以非凡的学术勇气、自信与智慧，与国外著名大学法学院开展交流，以大手笔将人大法学院以及中国法学教育推向了世界，改变了西方世界对中国法治和法学教育的认知，建立了中国法学教育与世界联通的桥梁，引领了“世界法学教育走进中国，中国法学教育走向世界”的进程。

接下来，在曾宪义的带领下，“21世纪世界百所著名大学法学院院长论坛”等一系列高端国际法学教育交流平台接连创办，使中国的法学教育在世界范围内受到广泛关注和尊重。为此，曾宪义也受到了国际上的广泛认可，先后被多个国家授予名誉法学博士学位。

“21世纪世界百所著名大学法学院院长论坛”是目前世界范围内唯一的全球性的著名大学法学院院长论坛。2000年12月3日，首届论坛举办时，时任全国人大常委会委员长的李鹏出席论坛并发表了讲话。人大法学院叶秋华教授回忆说：“这一天是人大法学院人值得骄傲的一天，是中国法学教育史上辉煌的一天!”

曾宪义搭建起的跨文化国际沟通的舞台，也使人大学子大放异彩。据人大法学院叶秋华教授回忆，当时的首批“欧洲法律培训项目”，原本名额只有10人，因包括2名“替补队员”在内的12名人大法学院同学的出色表现，欧洲方面破例同意12位学员全部赴欧。虽然之前有国内其他大学博士生滞留欧洲的不光彩记录，但人大赴欧学生在课程结束后全部如期归国返校，外方对此赞不绝口，认为人大法学院是可以信赖的，人大赴欧学子的表现也得到了我国驻法大使馆的高度评价。

“平等、宽容、真诚地对待所有人”

“他是我们中青年教师的良师益友。他关心每一位青年学者的成长，在工作中坚持平等、宽容、真诚地对待所有人。曾老师对中青年成长的关心、指导和帮助，让我们永生难忘。”时任法学院院长韩大元这样回忆曾宪义教授。

有同样感受的，还有曾宪义曾经的同事、法学院的叶秋华教授，她1995年初担任法学院党委书记后，对党和政的关系、如何更有效地开展工作有着自己不同的思考。虽然心里十分的忐忑，但当她鼓起勇气同曾宪义交流的时候，令她完全没有想到的是，曾宪义对她的想法欣然同意而且给予赞赏，并不断鼓励她。因此，1995 年法学院党委明确提出了“用事业的发展激励人，用真挚的感情团结人，用创造出来的较好的待遇留住人”的口号，法学院党政领导班子也形成共识、默契配合，促进了法学院的长足发展。

还有一件事则是在上世纪 90 年代，作为中国人民大学法学院系领导的曾宪义给 80 岁的老教师过生日，不但送蛋糕、寿袍，还送去彩电。尽管有些青年教师想不通，但曾宪义说：“现在法学院的各种条件都得到很大改善，这都是老教师为我们打下的基础，这里有他们的血汗。你们不知道，在那个年代，他们的教学和生活条件都是非常艰苦的。有的老教师，教一辈子书，最后连高级职称都未得到就退休了。他们的退休金都很少。现在你们的教学生活各方面的条件都很好！不能忘了他们的功劳。再说，人总是要老的，你们将来也会老。”曾宪义对老教师的尊重和待人的真诚，使青年教师们非常感动。之后，这种敬老尊老的风气在中国人民大学法学院首先树立，对其他大学法学院也产生了良好的影响。

在曾宪义的遗体告别仪式上，巨幅挽幛“学界泰斗明堂匡政领袖神州士林，法治园丁杏坛设教沾溉四海子弟”，概括了曾宪义一生的教学育人成就，也写满了他的朋友、同事、学生的哀思。

师风垂范，弦歌不息。中国人民大学常务副校长王利明作为曾宪义的学生，这样评价曾宪义：“曾老师是新中国法学教育事业走向世界的积极倡导者和推动者。他积极整合全国法学教育资源，创办了 21 世纪百所著名大学法学院院长论坛等系列高端国际法学教育交流平台，将新中国法学教育的成果向世界同行予以充分展示，使新中国的法学教育在世界范围内受到广泛关注和尊重。”

（本文写于 2017 年）

郑杭生
(1936—2014)

浙江乐清人，著名社会学家，社会学一级教授，博士生导师，中国人民大学首批一级教授。1961 年毕业于中国人民大学哲学系，后留校任教。1984 年创建中国人民大学社会学研究所。1987 年建立中国人民大学社会学系。1987 年 9 月至 1997 年 5 月曾任中国人民大学社会学研究所第一任所长、社会学系第一任主任、副校长。另曾任中国社会学会名誉会长，教育部社会科学委员会委员，教育部高等学校社会学学科教学指导委员会主任委员，中央马克思主义理论研究和建设工程社会学首席专家，中国人民大学社会学理论与方法研究中心主任、社会与人口学院教授；兼任华中师范大学社会学院名誉院长。1991 年开始享受政府特殊津贴，同年被授予国家有突出贡献专家荣誉奖。

郑杭生：社会学本土化的担纲者

张强

“求学与为人并重”，“方向要正确，人品要高尚，学问要扎实，身体要健康”，这是陪伴郑杭生一生的两句座右铭，也是他做人做事做学问的准则要求。

社会学界家喻户晓的学术泰斗、新时期我国社会学学科的重要奠基人、中国人民大学社会学学科奠基人、社会运行学派的开创者……从教 50 余年来，郑杭生始终秉承求实创新的学术态度、为人师表的育人原则，在中国社会学学科发展及传播领域卓越耕耘，滋养了一代代莘莘学子。

“嫁”给人大　初识哲学

1936 年，郑杭生出生在杭州，得名“杭生”。中学时代的他成绩优异、爱好广泛，学习钢琴练习曲，担任校合唱队指挥，在报刊上发表作品，多次获得作文比赛一等奖，还被评为“三好学生”和“优秀团员”。高中毕业时，郑杭生顺利保送到中国人民大学，从那以后，就没有离开过这里，他笑称“算是一辈子‘嫁’给了人大”。

在中国人民大学哲学系就读时，郑杭生开始系统学习马克思主义哲学。他认真研读马克思主义哲学经典著作，聆听校内外名师的讲课，还得到了何思敬、萧前等诸位前辈的指点。本科毕业后，他以萧前助手的身份留在人大哲学研究所。郑杭生曾回忆说，萧前老师留他做助手主要是“他觉得我对马列经典著作比较熟悉，外语较好，文笔可以，人还勤奋，为人不错”。

留校后，郑杭生的学术研究与教学活动主要在哲学领域。1961 年到 1962 年期间，萧前、吴传奇、关锋、陈先达主讲“辩证逻辑”，郑杭生担任他们的助教。此后不久，他先后为人民大学、北京大学的哲学系本科五年级独立讲授这门课程。教学工作之余，郑杭生常常撰写文章、翻译著作，曾参与苏联哲学家柯普宁的《作为逻辑的辩证法》一书的翻译工作。

此后，郑杭生经历了“四清”运动的艰苦锤炼，度过了“文革”期间“五七”干校的三年石匠生涯，因中国人民大学被停办，他随同整个哲学系被分配到北京师范大学。1972 年到 1977 年的五年间，郑杭生在北师大逐步恢复了教学和科研工作，他在各类报刊上发表文章，面向北师大哲学进修班、社会科学院研究生院、人大哲学本科生和研究生开设“反杜林论”课程，还编写了《〈反杜林论〉哲学编解说》。

粉碎“四人帮”后，郑杭生坚持唯物论与辩证法的统一，集中力量从哲学的角度进行理论上的拨乱反正，在国内主要报刊上发表了近 20 篇文章。在此之后，他的兴趣部分转移到了社会学和现代西方哲学上面，开始参加由费孝通先生主持的社会学“月谈会”，并与人合作翻译了《现代资产阶级理论社会学批判》一书。

留学归国　另开生面

“哲学看待问题的视角、透视思想的深度，以及对待各种思潮的态度、所提出的方法论，都会潜移默化地影响一个学者的学术视野和学术洞察力。就我自己来说，我的社会学思想在许多方面就受到了哲学思想的影响。”多年的教学生涯中，郑杭生一直要求自己开设的课程既要有哲学的深刻性，又要有社会学的现实感。

1979 年，依据邓小平做出的关于恢复派遣留学生的指示，中国人民大学开始陆续向不同国家选派学者留学。值此机遇，45 岁的郑杭生以访问学者的身份前往英国进修哲学，后来，因为英国伦敦大学哲学系需要交学费，他便转到免收学费的布里斯托大学社会学系。那段时间，他一边学习社会学，一边进修分析哲学。归国后的郑杭生，受学校所托，主持筹建了中国人民大学哲学系现代西方哲学教研室和中国人民大学社会学研究所，并在此基础上开展现代西方哲学以及社会学的教学和研究。

1984 年 3 月 12 日，郑杭生被正式任命为现代西方哲学教研室主任。在广纳贤才、招兵买马的同时，教研室于 1984—1985 学年第一学期正式开课，面向哲学专业本科四年级（1981 级）讲授“现代西方哲学”课程。这门课受到了学生的一致好评，后来以专业必修课的形式固定下来。随着教研室教学研究的不断深入，教研室陆续开设了“存在主义”“萨特与存在主义”“西方马克思主义”“分析哲学”“解释学”等选修课及系列讲座。

时隔 6 个月，教育部批准成立中国人民大学社会学研究所，那时，成员只有时任所长的郑杭生一人。1986 年，研究所设立社会学硕士点并开始招生，随之又一步步建立博士点、建成重点学科、成立博士后流动站。郑杭生一边培养学生，一边专心治学，发表在《光明日报》《社会学研究》上的《论马克思主义社会学的两种形态》《社会学对象问题新探》等引起学界广泛关注。“郑杭生的观点，特别是马克思主义社会学的两种形态的观点，解决了社会学领域一个多年没有解决的问题。”时任社科院院长的胡绳给予这样的评价。多年来，郑杭生带领社会学研究所取得了一系列重大成果，著名的“社会运行论”“社会转型论”“社会学本土论”“社会互构论”“实践结构论”等社会学“五论”从这里发端，社会运行学派由此创建。由郑杭生主编的《社会学概论新修》已先后出了 4 版，是国内最受欢迎的社会学教材之一。中国人民大学社会学也多次实现一级学科全国排名第一。

立足社会　耕耘卓越

“对有中国特色的社会学理论有所贡献，对转型中的中国社会的认识有所深化”，是郑杭生从事社会学研究以来给自己设定的学术目标。长期以来，郑杭生率领学术团队在中国城市及农村各地开展实地调查研究，先后提出并论证了社会运行论、社会转型论、学科本土论、社会互构论和实践结构论等理论与命题，形成了相对系统的中国特色社会学理论体系，这是当代中国社会学理论研究中最重要的学术成果之一。

针对“文化大革命”的反思，郑杭生借鉴严复用治乱兴衰来定义社会学的相关思想，提出了社会运行的概念，把社会运行分为良性、中性和恶性三种状态，并着重结合中国现代化进程的实际，系统地研究了社会运行的条件、机制，由此形成了“社会运行论”。

随着改革开放的深入，我国由传统型社会向现代型社会转变，郑杭生及其学术团队在 1987 年率先使用“转型”这个术语，并于 1989 年提出了“社会转型”“转型社会”的概念，以此对我国的社会变化做出社会学概括，更进一步提出了“转型度”“转型势”两个概念并分别设置了次级概念，为量化地研究社会转型提供理论基础。此外，他把社会的发展困境梳理为：发展困境、类发展困境、逆发展困境，用以解释中国的发展进程。在几次全国性调查的支撑下，经过一段时间的研究深化，社会转型论在学术界产生了重大影响，“社会转型”这个术语也和“良性运行”“协调发展”一样成为大众用语甚至政策用语。

为了回答产生于西方的社会学理论在中国是不是有完全的“普适性”这一问题，郑杭生总结百年中国社会学的轨迹，提出了“立足现实，提炼现实；开发传统，超越传统；借鉴国外，跳出国外；创新话语，创造特色”的学术路径，希望以此引导中国社会学的理论推进，使中国社会学成为一门有根的学问。他在“理论自觉”的目标指引下，提出并论证了“学科本土论”。

为实现对中国特色社会主义建设背景下“个人与社会”关系的理论回应，郑杭生及其学术团队提出了“社会互构论”。他们认为，“个人与社会”的差异和区别是消解不了的，关键是要揭示两者之间的正确关系，即互相建构的关系，“社会塑造了个人，个人也在塑造着社会”。个人与社会关系的演变过程既有对立冲突，也有协调整合，中间还有群体、阶级阶层、社区等一系列中间环节，因此需要一种能够将个人与社会关系处理得当的“新型现代性”。

在整个人类世界风险突现、急剧变迁、转型提速的结构性巨变背景下，郑杭生及其研究团队以“实践结构论”提出了当今中国八种代表性发展趋势，指出了马克思主义社会学必须形成对社会公平和正义的新探索，进而提出了研究中国经验的“两维视野”，倡导进行中国经验的社会学分析，应当树立一种建设性反思批判精神，不能走极端，搞单极思维，应当既具有国际眼光，又注重本土特质。

伴随社会学理论的发展，郑杭生始终坚守在教学工作第一线，培养了大批优秀人才。从教 50 余年来，他直接指导博士和硕士研究生、博士后研究人员、访问学者等 200 余人，其中多人获得全国优秀博士学位论文奖及提名奖等重要奖励。他创办的北京郑杭生社会发展基金会，从 2012 年开始实施学子项目和学者项目，共资助硕士生 30 名、博士生 34 名、青年学者 90 名，为社会学青年人才的培养发挥了重要作用。

2012 年，郑杭生与陆学艺共同获得首届“费孝通学术成就奖”，颁奖词这样评价他：“他注重和强调理论与实践的结合，并组织撰写基于大规模的经验调查资料的社会发展系列研究报告，体现了社会学的社会关怀和实践取向。他挖掘本土思想资源，结合当代中国社会现实，努力进行理论探索，为推动中国社会学发展做出了重要贡献。”

对话世界　推进交流

“借鉴国外、跳出国外”，在致力于社会学本土化研究的同时，郑杭生也积极推动中国人文社会学科“走出去”，在提升中国人民大学的国际性、促进国际交流与合作方面做出了重要贡献。

从教期间，郑杭生多次应邀到美国、英国、德国、日本等十多个国家和港澳台地区讲学或参加学术活动，受聘为秘鲁卡西拉索大学、日本立命馆大学、澳大利亚悉尼科技大学等多所国外知名大学的名誉教授或客座教授。他的《中国社会学史新编》《中国社会思想史新编》《20 世纪中国的社会学本土化》等多种学术论著也被翻译为英文、韩文、波兰文等多种文字出版。

在郑杭生担任中国人民大学副校长的 10 年间，“做的最重要的一件事情就是跟英国文化委员会合作”。那时，郑杭生与时任英国驻华使馆的文化参赞杰姆斯比较熟悉，他借机“批评”杰姆斯说：“跟一个大国的联系，语言只是一种工具，政治、国际关系、经济、社会、环境这些才是主要学科。北京是中国的政治文化中心，你们应该支持北京高校的发展，并且不仅仅是语言类学校。”郑杭生也表示，中国人民大学愿意保持与美国和欧洲交流的平衡，也希望欧洲能有自己的影响力。这番话获得了杰姆斯的赞同，此后，英国文化委员会每年资助中国人民大学 3 万英镑，人民大学 5 个学科每年获得 2 个赴英留学名额。三年间，40 位教师走出国门。继此，人民大学先后成立英国研究中心和欧洲研究中心，后来又与爱丁堡大学、伦敦政治经济学院、威尔士大学兰彼得分校等 5 所英国高校建立联系，一批人大学者拓宽了学术视野，成为各个学科的骨干力量。

忆及郑杭生教授的一生，“知者不惑、仁者无忧、勇者不惧”，他以坚定的政治立场、深刻的理论见解、不懈的工作追求，为中国社会学的理论发展、学科建设、人才培养、国际交流做出了巨大贡献。正如中共中央政治局委员、国务院副总理刘延东出席郑杭生教授的遗体告别仪式时所说：“郑杭生教授为中国社会学发展做出了重要贡献，他卓越的学术成就和崇高的精神风范将被永远铭记!”

（本文写于 2017 年）

图书在版编目（CIP）数据

大师渊范：中国人民大学名师大家专访集/中国人民大学校报编辑部编．—北京：中国人民大学出版社，2017.9

ISBN 978-7-300-24935-3

Ⅰ.①大…　Ⅱ.①中…　Ⅲ.①中国人民大学-教授-访问记　Ⅳ.①K825.46

中国版本图书馆CIP数据核字（2017）第211267号

大师渊范

——中国人民大学名师大家专访集

中国人民大学校报编辑部　编

Dashi Yuanfan

出版发行	中国人民大学出版社		
社　　址	北京中关村大街31号	**邮政编码**	100080
电　　话	010－62511242（总编室）		010－62511770（质管部）
	010－82501766（邮购部）		010－62514148（门市部）
	010－62515195（发行公司）		010－62515275（盗版举报）
网　　址	http://www.crup.com.cn		
	http://www.ttrnet.com（人大教研网）		
经　　销	新华书店		
印　　刷	涿州市星河印刷有限公司		
规　　格	170mm×230mm　16开本	**版　　次**	2017年9月第1版
印　　张	25插页5	**印　　次**	2017年9月第1次印刷
字　　数	311 000	**定　　价**	109.00元